U0835374

中国社会科学院创新工程学术出版资助项目

中国社会科学院中小银行研究基地·商业银行管理创新丛书
Innovations of Banking Management, CNBR

中小银行经济资本管理

理论与实践

Economic Capital Management for Small Banks

主　编◎曾　刚　赵学夫

副主编◎张海云　胡志浩
　　　　章　涛

经济管理出版社
ECONOMY & MANAGEMENT PUBLISHING HOUSE

图书在版编目（CIP）数据

中小银行经济资本管理：理论与实践 / 曾刚等主编. —北京：经济管理出版社，2014.4
ISBN 978-7-5096-3092-1

Ⅰ. ①中… Ⅱ. ①曾… Ⅲ. ①商业银行—资本管理—研究—中国 Ⅳ. ①F832.33

中国版本图书馆 CIP 数据核字（2014）第 079016 号

组稿编辑：宋 娜
责任编辑：宋 娜
责任印制：黄章平
责任校对：陈 颖

出版发行：经济管理出版社
（北京市海淀区北蜂窝 8 号中雅大厦 A 座 11 层 100038）
网 址：www. E-mp. com. cn
电 话：（010）51915602
印 刷：三河市延风印装厂
经 销：新华书店
开 本：720mm × 1000mm/16
印 张：17.5
字 数：290 千字
版 次：2014 年 10 月第 1 版 2014 年 10 月第 1 次印刷
书 号：ISBN 978-7-5096-3092-1
定 价：68.00 元

·版权所有 翻印必究·
凡购本社图书，如有印装错误，由本社读者服务部负责调换。
联系地址：北京阜外月坛北小街 2 号
电话：（010）68022974 邮编：100836

编委会成员

（按姓氏笔画排序）

王　博	朱七五
陈帅锋	张海云
张运华	林建华
赵学夫	胡志浩
章　涛	曾　刚

本书在编写过程中得到了中国社会科学院金融所、对外经济贸易大学金融学院以及新昌农商银行有关同志的支持与帮助，在此表示感谢！

中国银行业的挑战与转型（代序）

很长一段时期以来，规模扩张是中国银行业普遍的发展模式，不论是大型银行还是中小银行，概莫能外。2003~2013年，中国银行业的资产规模从不到30万亿元到超过了151万亿元，增长了5倍还多，年均增速在20%以上，而中小银行的增长更是远高于这一水平。规模迅猛扩张的同时，银行业绩大幅改善。2003年，银行业整体利润仅为200亿元左右（2003年之前，全行业甚至还处于亏损状态），2013年银行业整体利润超过了15000亿元，雄踞全球之首。此外，银行业的资产质量也明显改善，不良贷款余额和不良率持续保持双降。不良率从2003年的17%左右（在国有商业银行坏账剥离启动之前，不良率最高应超过了30%），降到了2013年底的0.96%，近期尽管有一定反弹，但仍维持在历史最低水平附近。单从这些数据看，中国银行业规模至上的发展模式取得了令人难以置信的成功。助推这一成功的因素何在？在银行业内外部环境急剧变化的情况下，这些积极因素是否还会继续存在？如果不是，那么，银行业又该做出怎样的应对？

一、“黄金十年”

应该说，影响中国银行业发展状况的因素很多，但总体来讲，在过去10年当中，真正重要的因素，仍然主要来自于外

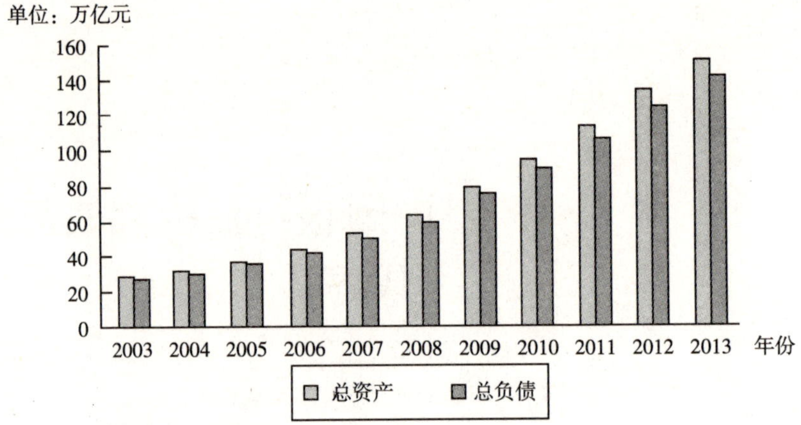

图 1　银行业机构资产、负债总量（2003~2013 年）

资料来源：中国银监会。

部，与宏观经济的高速、健康发展密切相关，也与金融体系的竞争不充分有关。

首先，中国宏观经济的持续快速增长，产生了旺盛的融资需求。在银行业占据金融体系主导地位的情况下，这意味着对银行信贷的外部需求迅速增长。而与此同时，银行业的股份制改造和上市顺利推进，建立起了规范的管理体系，并充实了巨额的资本，为银行规模扩张创造了内部条件。内外部因素两相契合，成了过去 10 年银行业高速扩张的主要支撑。

其次，竞争不充分为银行创造了较为稳定的利差空间。长久以来，中国金融行业的竞争并不充分，直接融资市场以及非银行金融机构发展都相对滞后。这意味着，随着社会融资需求的迅速增长，银行的议价能力会有所提升。另外，利率管制以及对金融创新的限制，也弱化了银行所面临的竞争。这使中国银行业平均的净利差一直稳定在 2.5%以上，高于多数利率市场化国家。在净利差收入占据绝对比重的情况下，较高且稳定的净利差，成为银行高收益的重要源泉。

最后，资产质量持续改善，大大降低了银行的信用成本。从长期来看，违约损失是决定银行业绩表现最重要的因素。过去 10 年中，随着银行坏账剥离和股改上市，历史遗留的高额不良贷款逐渐处置完毕，加之宏观经济表现良好，新增贷款质量一直保持在较高水平。由此，中国银行业的不良贷款率，从 21 世纪初高达 30%以上，一路下降到 2013 年末的 1%以下，也远低于同期其他主要经济体的水平。

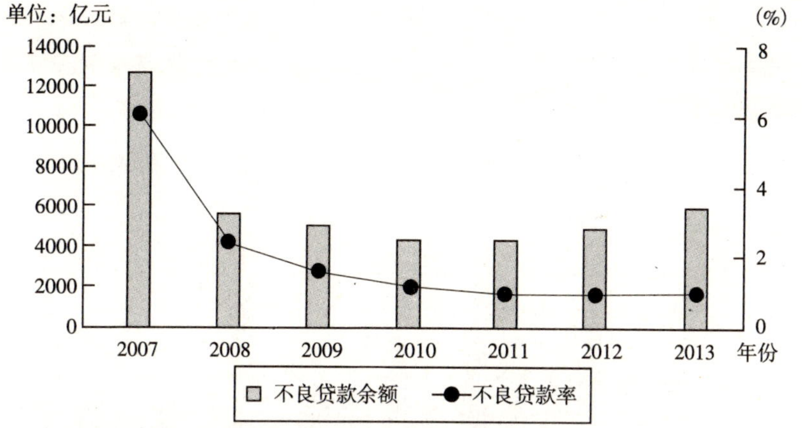

图 2　商业银行不良贷款余额和不良贷款率（2007~2013 年）

资料来源：中国银监会。

二、时移势迁

上述三个造成银行业高速发展，并大获成功的基本因素，在未来是否还会持续？这关乎对整个银行业发展前景的判断以及发展模式的选择。在我们看来，随着利率市场化的加速和宏观经济环境的变化，以上三个因素都有很大的不确定性。

首先，外部需求将持续减弱。目前我国经济虽然仍保持较快增速，但下行趋势已经较为明朗，2014 年 1 季度的年 GDP 同比增长仅为 7.4%，为 1999 年以来最低增速。经济增长放缓，社会融资需求相应减少，推动银行规模不断扩张的外部需求动力也将随之减弱。

其次，银行监管的强化也制约了银行进一步扩张的能力。一方面，为推动经济结构调整，并遏制可能的资产泡沫，政策部门在 2009 年之后，强化了对银行信贷规模的控制，法定存款准备金率、合意贷款规模以及贷存比等监管限制，都让银行的规模扩张变得更加困难。另一方面，更为严格的《新巴塞尔资本协议》的实施，提高了银行的资本监管标准。这意味着，规模扩张将消耗更多的资本。而在目前资本市场融资能力有限，且银行股普遍跌破市值的情况下，银行已很难获得充足的资金补充，只能通过自身的积累，并调整业务结构以节约资本。

再次，利率市场化的推进，导致净利差下降。在过去一段时间中，随着利率市场化的加速，银行业内部竞争以及来自银行业外部的竞争，有明显上升的迹象。影子银行、互联网金融等金融创新不断发展，在资产、负债端形成了对银行的“脱媒”，使银行净利差有所收窄，从 2013 年的上市银行的数据来看，银行业平均净利差小幅收窄，但不同银行差异较大。其中，中型银行净利差下降比较明显，最大的银行达到了 50 个 BP，还有几家银行则在 30%以上。国有大型银行则相对稳定。预计未来随着市场竞争进一步加剧，银行净利差下降的压力将越来越大。

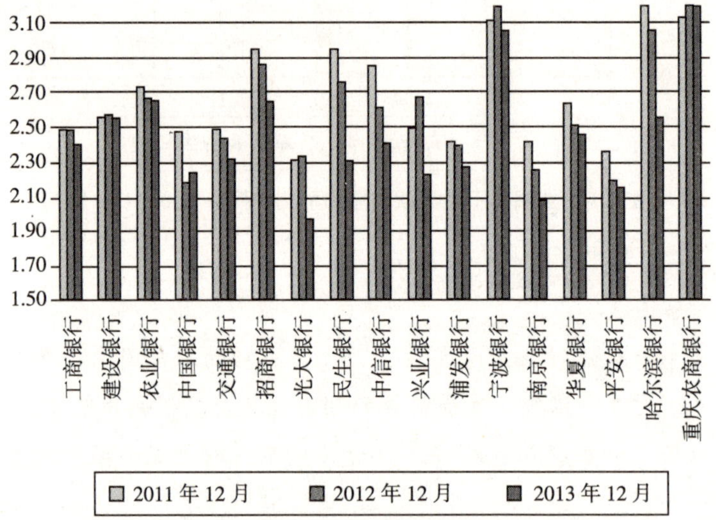

图 3　部分上市银行净利差变化

资料来源：Wind 数据。

最后，在内外部环境变化下，银行面临的风险也在明显上升。一方面，因宏观经济增速放缓和经济结构调整，银行的信用风险有所增大。不良贷款率小幅反弹，从 2013 年底的 0.96%，上升到了 2014 年 1 季度的 1.04%。不良贷款余额则从 2011 年开始上升，并在 2012 年下半年后明显加速。上市银行中，有几家银行的不良贷款余额增长几乎翻番，其他银行的增长率也大多在 20%以上。另一方面，随着利率市场化的推进，银行所面临的利率风险和流动性风险也在明显上升。2013 年 6 月发生的银行间市场流动性风波，便是这些风险的集中表现。

三、何去何从

内外部环境的深刻变化，意味着银行业规模至上的发展模式正面临越来越大的挑战，转型与创新已成为未来不可逆转的方向，具体包括以下几个方面：

第一是客户结构的调整。随着融资渠道多元化，大型企业对银行贷款的依赖程度明显下降，银行的议价能力也因此受到一定程度的影响。在资金成本不断上升的情况下，为维持净利差空间，多数银行开始对贷款的客户结构进行调整，加大了对小微企业和零售客户的投入。2013 年，商业银行的新增贷款更多流向了个人贷款领域，占比超过了 30%。而传统信贷投放的重点（如批发零售行业和制造业）占新增贷款比则大幅下降。预计类似调整在未来仍将继续。

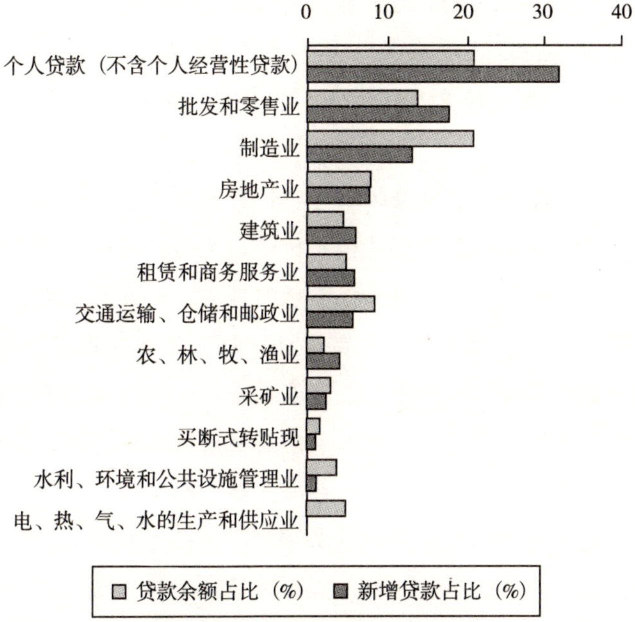

图 4　2013 年新增贷款投向结构

资料来源：中国银监会。

第二是业务结构调整。净利差收窄给银行盈利能力造成了较大的冲击，为拓展收入来源，银行普遍加快了中间业务的发展。非利息收入成了维持银行净利润增长最主要的驱动因素。从上市银行的数据看，各类银行的非利息收入占比都有上升，比较起来，大型国有银行（尤其是中国银行）中间业务收入占比一直维持在行业较高水平，增长相对平缓。而股份制银行和部分城商行，在过去几年中的收入结构变化则比较明显，有较大幅度的上升。

不过，从非利息收入构成来看，各类银行的侧重各有不同。总体上看，大型国有银行的结构相对平衡，各类业务增长都较快。而股份制银行的发力点则主要集中于新兴的“大资管类”业务（包括理财、资产托管以及投资银行相关业务等），传统的银行卡、结算等方面收入占比则相对较低。总体上看，随着利率市场化的不断推进，与金融市场相关的“大资管类”业务在银行收入结构优化中的作用将愈发重要。

第三是组织架构调整。随着规模不断扩张和业务日益复杂，大型银行过多层级的管理架构表现出了管理效率低下、市场响应较慢、风险控制僵硬等一系列弊端。客户结构和业务结构的调整，事实上给银行提出了更多的要求：一方面是专业化和标准化，在提高管理效率的同时，更好地管控风险；另一方面则是以客户为中心的个性化服务，这又要求银行差异化的创新能力。如何在上述这两方面看似矛盾的趋势中寻求一种更优的平衡，将是银行组织管理架构调整的目标和方向。

第四是精细化管理。组织架构的调整为银行精细化管理创造了基本条件，而精细化管理，则是银行迈向全新发展模式的必由之路。借此，银行将从追求规模扩张转向质量至上的发展模式。精细化管理的目标，是在各层级和各部门之间合理配置各项经营任务和管理资源，实现责任、权力和利益的有机统一。而其中，经济资本管理是最重要的一个工具。经济资本管理体系以经济资本的计量与配置为基础，将银行的风险、盈利以及资本管理有机地结合在一起，兼顾了风险与收益的平衡，并实现了银行内部管理与外部监管要求的统一。这个体系贯穿银行的各个方面，包括风险资本计量、资金成本分摊、管理成本分摊、风险资本配置以及业绩考核等，也贯穿了银行前、中、后台的管理流程，从而将风险和收益平衡的理念自上而下贯彻，建立起银行高效运作的长效机制。本书的主要内容，便是全面系统地介绍经济资本管理体系的基本架构，及其在中小银行中的实践，以期为我国银行业转型和精细化管理水平的提升，提供一些有益的参考和借鉴。

总的说来，随着内外部环境的深刻变化，银行业全面转型的大幕已然拉开。未来的发展，必然是机遇与挑战并存，其结果究竟如何，还需拭目以待。

曾刚

2014 年 8 日于北京

目录

理论篇

实践篇

理论篇

精细化管理是银行业发展到一定阶段后的必然趋势。在过去一段时间中，随着内外部环境变化以及竞争不断加剧，中国银行业开始从规模扩张的传统模式，转向质量至上的内延式发展，对精细化管理的要求也变得日益迫切。从国际实践看，经济资本管理是先进银行精细化管理的核心。该体系以经济资本的计量与配置为基础，将银行的风险、盈利以及资本管理有机地结合在一起，兼顾了风险与收益的平衡，并实现了银行内部管理与外部监管要求的统一。这个体系贯穿银行的各个方面，包括风险资本计量、资金成本分摊、管理成本分摊、风险资本配置以及业绩考核等，也贯穿了银行前、中、后台的管理流程。理论篇主要介绍经济资本管理体系的一些基本概念、整体架构及其主要构成。

第一章

银行资本与资本管理

资本决定了商业银行经营规模扩张能力、风险抵御能力和市场生存能力，而银行天然的高风险性使得资本管理与风险管理密不可分。当实业公司与消费品生产公司千方百计规避风险而专注于自己产品的生产与销售的时候，商业银行却总是主动寻找风险从而创造收益。经济资本管理概念的提出，正是连接商业银行资本、风险与收益的一道桥梁。

第一节　银行的资本

商业银行资本就是指银行投资者为了正常的经营活动及获取利润而投入的货币资金和保留在银行的利润，当资本比例增加时，银行的安全性也随之提高。从本质上看，属于商业银行的自有资金才是资本，它代表着投资者对商业银行的所有权，同时也代表着投资者对所欠债务的偿还能力。但在实际工作中，一些债务也被当作银行资本，如商业银行持有的长期债券等。这里将商业银行的资本（Capital）定义为商业银行自身拥有的或者能永久支配使用的资金。它作为商业银行业务活动的基础性资金，可以自由支配使用，而且在正常的业务经营过程中无须偿还。商业银行的资本在其日常经营和保证长期生存能力中起到了以下五方面的关键作用：

（1）资本是一种缓冲器。当银行出现非预期性或意外损失时，银行资本可用于消化这些亏损，在银行管理层注意到银行的问题并恢复其营利性之前，资本就通过吸纳财务和经营损失，减少了银行破产的风险。

(2) 在存款流入之前，资本为银行注册、组建和经营提供了所需资金。一家新银行需要启动资金购置银行提供金融服务所需的一切，如购买土地、盖新楼或租场地、装备设施甚至聘请职员等。

(3) 资本增强了公众对银行的信心，消除了债权人（包括存款人）对银行财务能力的疑虑。银行必须有足够的资本，才能使借款人相信银行在经济衰退时也能满足其信贷需求。

(4) 资本为银行的增长和新业务、新计划及新设施的发展提供资金。当银行成长时，它需要额外的资本，用来支持其增长并且承担提供新业务和购建新设施的风险。大部分银行最终的规模超过了创始时的水平，资本的注入使其在更多的地区开展业务，建立新的分支机构从而满足扩大了的市场和为客户提供便利的服务。

(5) 资本作为规范银行增长的因素，限制银行资产的无限制膨胀，有助于保证银行实现长期可持续的增长。在这方面，政府的最低资本规定有着决定的意义，管理当局和金融市场要求银行资本的增长大致和贷款及其风险资产的增长一致。因此，随着银行风险的增加，银行资本吸纳损失的能力也会增强，银行的贷款和存款如果扩大得太快，市场和管理机构会给出信号，要求它或者放慢速度，或者增加资本。

第二节　不同视角的银行资本

在研究银行资本时，不同的主体所关注的银行资本角度不尽相同，从而引出了银行资本的三种类型，它们分别是账面资本、监管资本和经济资本。在过去，银行资本谈得最多的是账面资本和监管资本，而经济资本，则是伴随 1988 年《巴塞尔资本协议》的要求，在过去十几年中提出的新的概念。

一、账面资本（Book Capital）

账面资本是从银行司库的角度定义的。司库在管理资本时，需要关注哪些资本是可用的，以及如何用现有的工具筹集资本。账面资本可以直接从资产负债表上观察到，具体由实收资本、资本公积、盈余公积、未分配利润和一般准备组成。账面资本反映金融机构实际拥有的资本水平，是银行资本金的静态反映，而不是应该拥有的资本水平。因此，账面资本与银行面对的实际风险并无直接关联。

二、监管资本（Regulatory Capital）

监管资本是从外部监管者的角度定义的。外部监管者关注的是银行是否有足够的资本以保证存款者和其他的债权人不受损失。为了消除各国银行的不公平竞争，同时也为了增加各国银行的资本实力，维持和提高公众对银行体系的信心，巴塞尔银行监管委员会（BCBS，以下简称巴塞尔委员会）于 1988 年制订了《巴塞尔资本协议》，其中提到的资本便是监管资本。

1988 年《巴塞尔资本协议》首次将监管资本分为两类：核心资本（一级资本）和附属资本（二级资本）。随着国际银行业监管的发展，2004 年的《巴塞尔新资本协议》进一步将监管资本划分为核心资本、附属资本和三级资本。2010 年底，巴塞尔委员会根据金融危机中暴露出的问题，对资本监管要求再次做出了修订。根据 2010 年 12 月公布的《巴塞尔Ⅲ：一个更稳健的银行及银行体系的全球监管框架》的要求，监管资本被调整为核心一级资本、其他一级资本和二级资本。此外，还制定了资本工具的个性标准，以提高监管资本吸收损失的能力。

1. 一级资本

金融危机之后，BCBS 针对资本的定义和构成提出了“一揽子”改革方案，将监管资本分为一级资本和二级资本两大类，并建立了普通股充足率的监管标准，从而形成了新的商业银行资本充足率和资本结构的监管指标体系，包括普通股占风险加权资产的比例、一级资本占风险加权资产的比例、总资本占风险加权资产的比例以及普通股占一级资本的比例等。

一级资本能够无条件在持续经营的条件下吸收损失。根据 BCBS 的规定，一级资本的主要构成必须是普通股和留存收益，对于非股份制银行也将建立合理的标准，确保这些银行持有与股份制银行一样的高质量一级资本。此外，对于普通股或非股份制银行的相应资本，实行全球统一的审慎扣减标准。其他一级资本是不包括普通股的部分，必须是银行发行并实缴的，受偿顺序列在存款人、一般债权人和次级债务之后，不得由发行人或关联方提供担保，以此来保证其他一级资本满足避免违约风险、避免资不抵债的银行破产以及能够在持续经营条件下吸收损失这三个重要条件。

针对次贷危机中暴露的一级资本吸收损失的能力较弱，出现明显高估的情况，BCBS 将一级资本进一步细分为核心一级资本和其他一级资本两类，其中，核心一级资本由普通股和留存收益构成，具有最强的损失吸收能力。同时，为了避免留存收益造成的影响，BCBS 规定一系列的监管资本扣减项直接从普通股中扣除。核心一级资本的提出强化了普通股权益的重要性，减轻了创新工具和优先股对一级资本可能造成的高估影响。由于这部分资本吸收损失的能力强，其质量显著优于债务资本工具，从而核心一级资本情况能够较好地反映银行的真实风险状况，更好地保障债权人利益。可以说，资本充足率只能判断银行在短期内是否有破产的可能，一级资本充足率则表明了银行股东在多大程度上可以保障银行债权人的利益，而由普通股构成的核心一级资本的提出更是将关注的重点体现到了银行资本对损失的吸收能力上。表 1-1 分析了“巴塞尔协议Ⅲ”对一级资本的规定与调整。

表 1-1　“巴塞尔协议Ⅲ”对一级资本的规定与调整

一级资本分类	计算	“巴塞尔协议Ⅲ”的调整
普通股权益资本 （核心一级资本）	普通股（含留存收益） – 商誉（扣减项） = 有形普通股资本 – 其他扣减项 = 净普通股资本 （普通股一级资本）	主要成分必须是普通股，包括留存收益 不包含类似债券的资本工具 不允许“金融创新”工具 剔除扣减项
其他一级资本	+ 优先股 + 其他无限期的损失吸收工具（仅包括无限期的、类似债权的资本工具）	资本工具必须满足严格的准入标准 仅包含无限期的类似债券的资本工具 包括诸如政府救助的例外的资本工具 提出创新混合债券工具
一级资本	= 一级资本（持续经营假设下的资本）	加强一级资本结构的披露
应急资本	或有可转换债券（应急资本）	在一定条件下可以转换为普通股或直接减记的资本工具

资料来源：转引自巴曙松、朱元倩：《巴塞尔资本协议Ⅲ研究》，中国金融出版社，2011 年版。

2. 二级资本

二级资本的特点是只能在有限的时间内起到吸收损失的作用。依据《巴塞尔资本协议Ⅲ》的规定，包括未公开储备、普通贷款损失准备、混合资本工具、重估储备和长期次级债务。

（1）未公开储备。巴塞尔银行监管委员会对未公开储备有一条标准，即“在该项目里，只包括虽未公开，但已反映在损益账上并为银行的监管机构所接受的储备”。未公开储备缺乏透明度，不利于监管，因此《巴塞尔资本协议Ⅲ》将其归为附属资本。

（2）普通贷款损失准备。普通贷款损失准备是为防备未来可能出现的一切亏损而设立的。因为它可被用于弥补未来的不可确定的任何损失，符合资本的基本特征，所以被包括在附属资本中。

（3）混合资本工具。混合型资本工具兼具某些权益和债务的特征。当银行经营状况良好时，它们与债务工具没什么区别，要定期支付利息；但在发生财务危机时，它们就转换为类似权益的工具，可以发挥吸收损失的资本“缓冲器”的作用。因此，混合型资本工具也被监管者视为附属资本。

（4）重估储备。重估储备是指对某些资产进行重估，以反映它们的市值而进行的储备。重估储备通常由两种形式产生：一是对记入资产负债表上的银行自身房产的正式重估；二是来自有隐蔽价值的资本的名义增值。

（5）长期次级债务。长期次级债务是由外部投资者提供的长期债务。在破产清算情形下，这些投资者对银行的要求权仅次于存款者。这种债务是可以转换的，银行承诺其未来可以转换成银行的股票。

三、经济资本（Economic Capital）

经济资本是从银行内部管理的角度定义的资本。对银行风险所造成的损失进行细分，是提出经济资本概念的前提。据损失发生的不确定性程度，银行内部管理者通常将银行风险引发的潜在损失分为三种类型：预期损失、非预期损失和异常损失。

预期损失是指在正常情况下，银行风险损失的统计平均值，是银行在一定时期内可以预见到的平均损失。预期损失是基于历史平均损失数据和监管要求预测的平均损失期望值，它一般可以通过调整业务定价的方式进行转移，即由客户通过贷款利息或费用，以及购买金融产品中给出的损失区间来承担。这种预期损失以提取相应的准备的方式来覆盖。由于它是直接从业务的收益中作为成本扣减掉的，因此预期损失是银行的经营成本，已不构成真正的风险。

异常损失，通常又称作灾难性损失，是指一些异常情况导致的、超出银行正常承受能力的损失。异常损失发生的概率极低，但损失巨大，譬如重大灾难袭击或战争等。异常损失一般无法预见但危害极大，银行无法通过自身的能力抵御，只能依靠政府扶持、保险赔付等特殊方式进行弥补。应对极端损失的主要方式是压力测试，即银行通过模拟各种可能发生的极端不利情景做出一些应对性策略，以防止极端损失的发生。

非预期损失是介于预期损失和异常损失之间的那部分损失，即是指在经营管理中和经营风险过程中未来可能超过预期损失的那部分潜在损失，或在预期损失之外的损失可能。非预期损失是一个变动的量，由于非预期损失难以确定，因此无法将它列作当期成本。

由于非预期损失是银行预期损失之外的部分，超出了预期平均水平的损失，因此银行必须有充足的资本来覆盖以保证其在不利情况下也能正常经营。银行遭受非预期损失的风险存在着较强的不确定性，难以通过业务经营中提取拨备的方式纳入经营成本管理，是银行真正的风险，为了避免非预期损失危及存款人和债权人的利益，需要由银行的资本来消化。事实上，只有非预期损失需要而且能够被资本所覆盖，即每一笔业务都需要以一定的资本为基础，一旦非预期损失发生就要用资本去抵补。为非预期损失匹配相应的资本进行抵御和弥补，是由资本的功能和非预期损失的波动性决定的。这部分用于抵御非预期损失的资本一般被称作经济资本，它是与银行实际承担的风险直接联系的最后的风险防线，是银行为了承担风险而真正需要的资本。

经济资本最主要的功能是防范风险和创造价值，它在实际运作中体现出了以下优点：一是保证了一定的资本水平以避免灾难并满足监管要求；二是保证了风险已被适当地加以管理，同时保证风险管理政策和风险监控手段有效；三是保证资本最有效地运用以获得最佳的收益，同时可以用于评价银行的战略并支持决策。因此，经济资本不仅是一个数字，而且涉及银行计量风险、衡量业绩、制定战略和配置资本的整体管理体系，渗透到了银行管理的各个层次和各个方面。

第三节 不同类型资本之间的关系

从前面的介绍可以看到，不同视角的银行资本之间既有关联也有区别。银行的账面资本是商业银行传统意义上的资本概念，它是根据会计准则在资产负债表上反映出来具有资本属性的几个会计项目之和，是商业银行账面实际拥有的资本金。账面资本是银行全部资本减去全部负债以后的余额，它代表着银行所有者（股东）享有的剩余权益，因此账面资本又称为所有者权益或股东权益。银行在日常经营管理中直接观察到的资本就是账面资本。

监管资本是银行监管机构为了满足监管要求、促进银行审慎经营、维持金融体系稳定而规定的银行必须执行的强制性资本标准。监管资本是监管当局规定银行必须持有的最低资本量，所以又称为最低资本，它是银行必须持有的资本，其目的在于确保银行能够有足够的资本金以抵抗风险，是监管者进行早期干预的基础。通常情况下，银行监管机构会规定资本充足率的最低额，并将资本划分为不同的等级。比如，在 2013 年 1 月 1 日开始施行的《商业银行资本充足率管理办法》（中国版的“巴塞尔协议Ⅲ”）中，监管部门要求商业银行的核心一级资本充足率不得低于 5%；一级资本充足率不得低于 6%；资本充足率不得低于 8%；等等。

经济资本是从银行所有者和管理者的角度讲，用来抵御银行承担的非预期损失所需的资本，它是银行根据自身所承担的风险计算的需要持有的最低资本量。经济资本是随着银行风险管理技术的演进而逐步形成的，它是商业银行在经营管理中考虑经营风险对资本的要求而创造的一项管理工具，可以说经济资本就是银行弥补非预期损失而对应的资本储备，这部分资本储备相当于用来弥补潜在损失的保险准备金。

账面资本是银行当前实际拥有的资本，是银行可以用来抵御风险的资本，损失的发生往往意味着账面资本的减少。然而，经济资本并不是一个财务概念，不能在资产负债表上直接反映出来，它是人们为了风险管理的需要而创造的一个虚拟资本概念，是一个“算出来的”数字，在数额上应与非预期损失相等。当非预期损失发生后，就需要通过实际冲减相应资本的方式来弥补，经济资本也就转化为账面资本，即实际资本量的概念。

商业银行的监管资本则是指按照监管当局对资本的认定标准计算出来的资本数额，是一个在一定时期内不会变动的“死标准”，这一数额可能等于银行的账面资本，也可能与账面资本不一致。监管资本的计算是按照监管机构设置的参数进行对照计算的，由于它假设相同风险权重资产对资本的要求是相同的，对风险的敏感度较低，无法反映银行资产的风险特点，对银行管理体制要求也不是很高，因此根据监管资本设定业绩目标而在各业务部门之间进行的资本配置充足性应当取决于银行“真正”的风险。经济资本的计算是以内部评级法为基础确定的，能够比较细致地反映出不同风险水平差异的资产对资本要求的差异。

经济资本的精细化程度远高于监管资本，它可以在现有 IT 基础上整合管理信息和财务信息，通过拨备调整后的法定资本回报进行绩效考核，并据此实现监管资本限额的风险管理。经济资本是银行出于内部管理与获得其所期望的信用评级和其债务的风险溢价而持有的资本，它由银行决定但受监管者的监督。监管资本是用简单但并不反映实际风险的规则估算的资本要求，它是监管者为确保银行在做出定价决策时把负外部效应内部化的结果。一般情况下，许多大银行通过精密的内部模型计算出来的经济资本量会小于监管当局所确定的监管资本量。从理论上讲，一家银行的经济资本不应超过监管资本，如果银行拥有大量不良资产，其经济资本要求就会高于用监管资本计算出的资本要求，这说明银行所面临的意外损失的风险超过了监管资本，即超过了承受能力，银行则必须采取措施增加权益资本。

第四节　银行资本管理的发展阶段

与三种不同视角的资本概念相对应，银行业的资本管理也可以划分为三个主要的发展阶段，即从账面资本管理阶段到监管资本约束阶段，再到经济资本约束与管理阶段。

一、账面资本管理阶段

在 1988 年《巴塞尔资本协议》公布之前，银行资本的定义与一般企业并没有特别的差异，即作为资金来源，为银行商业活动提供必要的资金，此外还包括为债权人利益提供保护，与此相对应的是账面资本的约束与管理。

账面资本约束阶段可以以 1979 年布雷顿森林体系的崩溃为界划分为前后两个阶段。在前期阶段，政府严格控制账面资本数量和银行营业牌照，使得银行不必担心被吞并或被竞争对手排挤。20 世纪 70 年代布雷顿森林体系崩溃后，账面资本约束进入了后期阶段。在这段时期内，汇率和利率的波动性急剧上升，外汇管制法规的逐渐放松进一步加剧了整个银行的不稳定性，账面资本约束变得松散、混乱。

账面资本约束下的资本管理主要是财务层面的管理活动，具体指维护所有者权益、资本投资和融资决策、资本结构安排等管理活动。银行管理者关注的是资本的可获得程度和投资方式，考虑的是所筹集资金的投资方式，注重的是降低资本成本的方法。

二、监管资本约束阶段

到了账面资本管理阶段的后期，由于资本约束过于松散，一些跨国银行（尤其是日本的商业银行）开始过度扩张，并引发了国际社会对竞争公平性以及金融稳定的担忧。为了促进全球银行业的公平竞争和稳健经营，1975 年库克委员会（后更名为“巴塞尔银行监管委员会”）在瑞士巴塞尔成立，意味着银行的资本管理开始进入监管资本约束阶段。

1988 年 7 月，巴塞尔委员会汇集各方意见，经过 6 个月的咨询期，终于正式颁布了《统一资本计量与资本标准的国际协议》（*International Convergence of Capital Measurement and Capital Standards*）。该协议最显著的成果就是第一次确立了国际银行业统一的资本监管原则，其总体思路是“用一套完整的、国际通用的定义并以加权方式衡量表内与表外风险的资本充足率标准，从而有效地遏制与债务危机有关的国际风险”。

1988 年的《巴塞尔资本协议》建立的监管资本约束体系是由围绕着 8%这一比率而形成的各种资本达标和补充办法为主而构成的，因此，监管资本约束的演进与监管机构规定的变化密切相关。在监管资本约束阶段，银行的资本管理围绕着资本充足率进行，主要有两个路径选择：增加资本的“分子策略”和缩减风险资产总额的“分母策略”。前者是调整资本结构的策略，可以通过股东增加资本、外部注资、引进战略投资者、上市发行新股、减免税收、扩大商业银行利润留存比例等方式增加资本。“分母策略”则是通过调整资产结构，出售高风险低盈利资产降低风险资产的比重，加大不良资产处置力度等措施来缩小风险资产总额。

1988 年《巴塞尔资本协议》中资本充足率不得低于 8%的“铁律”为银行监管者施行监管资本约束提供了可供参考的重要依据。但是，随着跨国银行间的竞争日趋激烈，以及金融创新的日新月异，对该协议的批评越来越多，主要集中在以下几个方面：

（1）风险权重的划分过于简单，没有考虑不同信用等级企业之间的差异。例如，对所有企业都给予 100%的风险权重，而不考虑企业的信用等级。

（2）只顾及信用风险，没有考虑其他风险。所以，1988 年《巴塞尔资本协议》实际上低估了银行的整体风险，有的学者甚至认为，“以风险为基础的《巴塞尔资本协议》几乎与银行的实际风险没有关系”。

（3）引发监管资本套利（Regulatory Capital Arbitrage）。监管资本套利是指银行管理层通过重新安排资产组合，使银行在资产的风险暴露增加的情况下并不必须增加监管资本；或者说使银行在没有实际减少资产风险暴露的情况下，降低所需的监管资本数量。

克里斯·马滕（Chris Matten）（2004）认为，监管资本套利的增加已经导致了一种“双输”（Lose/Lose）的局面：银行被迫持有与自身经济风险无关的资本水平，而且可能会因为降低监管资本而受到监管当局的惩罚；同时，监管当局面对不同的银行实行相同资本标准的监管变得越来越没有意义。

三、经济资本约束与管理阶段

针对 1988 年《巴塞尔资本协议》所存在的问题，巴塞尔委员会不断对资本监管框架进行修订和调整，其中主要包括 1996 年的《关于市场风险补充规定》和 1997 年的《有效银行监管的核心原则》等。1999 年，为了更好地适应国际银行业的发展趋势，巴塞尔委员会决定对旧协议进行彻底修改。在 1999 年 6 月，巴塞尔委员会发布了关于修改《巴塞尔资本协议》的第一个征求意见稿，接着分别于 2001 年 1 月和 2003 年 4 月发布了第二个和第三个征求意见稿。2004 年 6 月，十国集团的中央银行行长和银行监管当局负责人举行会议，一致通过并公布了《统一资本计量和资本标准的国际协议：修订框架》(*International Convergence of Capital Measurement and Capital Standards: A Revised Framework*)。至此,《巴塞尔新资本协议》("巴塞尔协议Ⅱ") 最终定稿，并决定于 2006 年底正式实施。

在"巴塞尔协议Ⅱ"定稿后不久，2008 年全球金融危机爆发，再次暴露出新规则中存在的诸多重大缺陷，如资本监管框架中存在的顺周期性，资本界定不够严格导致了资本充足率高估，没有考虑流动性风险，等等。为此，针对《巴塞尔新资本协议》的进一步修订迅速被提上议事日程，2010 年 12 月，经 G20 峰会确认，新的国际金融监管标准正式确立，又称为"巴塞尔协议Ⅲ"。与"巴塞尔协议Ⅱ"相比，最新的协议更加细致和全面，但并未改变其所确立的三大支柱（见图 1-1）的监管架构，特别是"巴塞尔协议Ⅱ"对银行自主管理的鼓励。

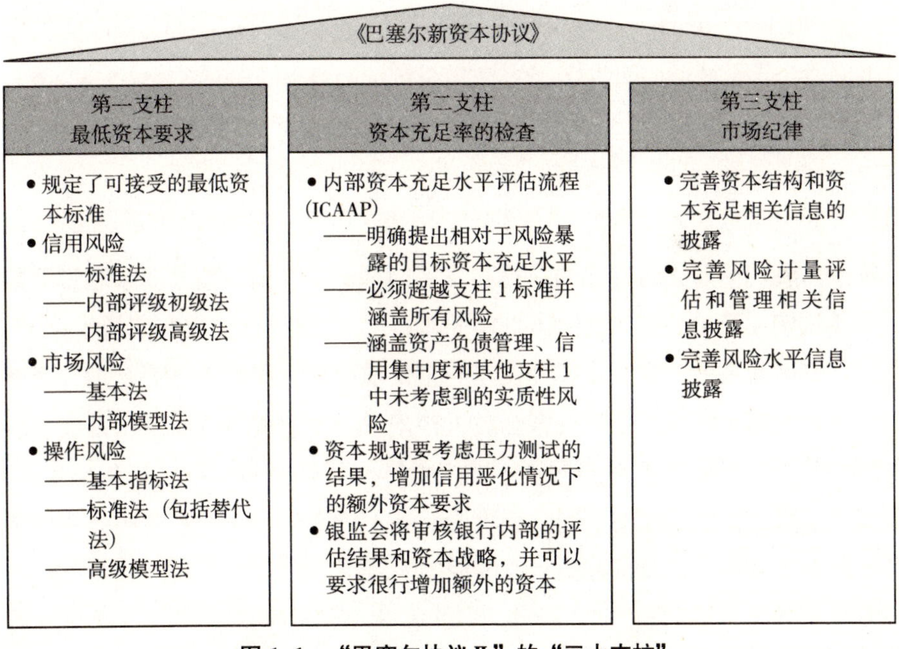

图 1-1　"巴塞尔协议Ⅱ"的"三大支柱"

"巴塞尔协议Ⅱ"提出通过银行内部风险评估系统来制定信用风险暴露的资本要求，并全采纳了银行业关于预期损失（EL）和非预期损失（UL）的概念及其和资本的关系，确定了以下计算公式：EL=PD（违约概率）×LGD（违约损失）×EAD（违约敞口）；UL＝EL×标准偏差，并明确规定EL由定价、准备金和收益弥补，只有UL由监管资本弥补，这些规定都为经济资本的计量打下了基础。新协议还要求银行不仅要在单个的贷款方面，而且要在资产组合层次上评估信用风险，并且认可了资产证券化等信用衍生产品在规避、转移和分散风险方面的作用。

“巴塞尔协议Ⅱ”的上述规定，与经济资本的概念保持了一致，它虽然并没有要求银行采用经济资本模型，但由于提高了资本监管的风险敏感度和灵活性，使得从外部监管当局角度计量的监管资本，逐渐与从银行内部管理角度计量的经济资本趋同，这为银行对自身所面临的风险进行全面评价并使资本与这些风险相联系的资本需要建立了一个监管方面的期望框架。由此，银行开始从简单的现金流量、清偿能力等财务范畴构成的监管资本管理向以经济资本管理为核心的，并借助于IRB、RAROC和VaR等技术手段支持的，覆盖全面风险的经济资本管理体系转变。银行资本管理也进入了经济资本管理阶段。

结　语

资本是现代商业银行存在的前提和发展的基础。在国际监管要求和发展趋势下，资本决定了商业银行经营规模的扩张能力、风险抵御能力和市场生存能力。到今天，资本管理、资本充足率和资本回报要求已成为国际先进商业银行经营管理的核心。事实上，对于任何一家金融机构来说，有效的资本管理都是实现股东价值最大化的基础。本章对不同资本的视角进行了区分和介绍，并在此基础上，简要回顾了银行资本管理的不同发展阶段。在下一章中，我们将主要介绍经济资本管理的基本架构，以及国际银行业的相关实践。

第二章
经济资本管理体系概要

在监管资本管理的推动下，商业银行逐渐认识到了全面风险管理的重要性，与之相应的，经济资本管理也应运而生。所谓经济资本管理，即商业银行管理者基于监管资本管理，将自身风险折算为资本需求，对风险进行全面控制的资本管理体系，是商业银行主动适应监管要求所进行的一种内部管理方式变革。

经济资本是一种虚拟资本，是从管理者的角度出发，根据银行头寸的风险状况预测潜在损失规模，进而计算出的用于弥补相应损失的资本量。从经济资本的概念可见，经济资本与监管资本一样均着眼于银行所面临的风险，是为抵御风险所准备的资本，因此经济资本与监管资本均可称为风险资本。不同的是，经济资本是站在商业银行管理者角度，充分考虑了不同银行的业务特殊性，运用更加科学的方法计量出来的资本。

然而，仅仅对于风险资本进行更加科学的计量，并不能为商业银行管理提供精细、科学的决策指导。资本是昂贵的，监管强化又进一步收窄了可用以充当资本的资金来源，因此，资本的稀缺性进一步放大。如何评判哪些产品或业务线应该占用更多的资本，又如何判断是否给该产品或业务线分配更多的资本，均需新的资本管理方法为银行管理者提供决策指导。

经济资本管理，是一套目前国际银行业广泛使用的管理体系，相较于账面资本管理和监管资本管理，更能够帮助商业银行实现综合管理水平的优化及可持续健康发展。从长期来看，商业银行管理水平的优化与可持续发展不能简单以收益或利润作为管理的核心指标，而应以银行价值增加为导向配置资本，形成以经济增加值、风险调整后的收益为核心的管理体系，实现成本、收益和风险协调一致，才能够真正提高银行的管理水平，进而实现可持续发展的过程。

第一节　商业银行资本管理的核心指标

商业银行管理体系核心与商业银行管理一样，经历了不断的发展与演变，以何种标准衡量商业银行经营状况与管理水平，一直都是银行管理必须事先解决的问题。商业银行以银行价值增加为导向，银行价值自然应为衡量经营状况与管理水平的一大标准，也是成本、收益和风险的综合体现。然而，对于具体以何种指标作为银行价值的代理问题，在历史发展中，逐渐形成了一套衡量体系。

一、净利润率与资产规模

净利润率与资产规模均是简单粗放的运营状况指标。其中，净利润率衡量了该银行将营业收入转化为净利润的能力，计算公式如下所示：

净利润率 = 净利润/总营业收入

资产规模即商业银行总资产量，由于商业银行资产多由贷款构成，因此总资产量衡量了商业银行利用储蓄发放贷款的能力，也就是其主营业务扩张能力。

由于这两个指标本身过于简单粗放，若商业银行乃至一般企业，一味追求高利润或者资产扩张，则很有可能动用不合理甚至不合法的工具，如低息贷款、产品欺诈等。

二、股本回报率与资产收益率

股本回报率（Return on Equity，ROE），又称：产权收益率、产权报酬率，是用以评估公司盈利能力的指标，计算公式如下：

股本回报率 = 净利润/股东权益 × 100%

该指标越高，说明该银行为股东创造收益的能力越强。

资产收益率也叫资产回报率（Return on Assets，ROA），它是用来衡量每单位资产创造多少净利润的指标。计算公式为：

资产收益率 = 净利润/平均资产总额 × 100%

该指标越高，表明银行资产利用效果越好，说明银行在增加收入和节约资金使用等方面取得了良好的效果；否则相反。

银行管理层出于战略管理的目的，通常非常密切地关注这两个指标。然而，这两个指标均没有考虑银行的风险因素，绝对利润，股东权益和平均资产总额均不是商业银行风险因素合理指标。此外，这两个指标均为商业银行整体性指标，并没有具体到业务线或产品，对于具体决策的调整指导有限。

三、资本收益率

将股本回报率的分母替换成资本，即可得到资本收益率（Return on Capital，ROC）计算公式如下：

资本收益率 = 净利润/资本 × 100%

该指标可用于银行整体层次、业务线层次及单笔交易层次。在考察后两种状况的时候，资本即为该业务线或单笔交易的资本要求（Capital Charges）。同时，分子也应加上为符合要求所提取出的资本应有的无风险收益，具体公式如下所示：

资本收益率 = (净利润 + 资本要求无风险收益) /资本要求 ×100%

其中，资本要求无风险收益=资本要求×无风险收益率

在计算业务线与单笔交易资本收益率的公式中加入资本要求无风险收益是由于将资本分配给业务线与交易，并不同于对其的直接投资。除了投资于业务线与交易的资产，银行需要额外持有资本。经过时间推移，这些资本理应创造时间价值，因此资本收益率就应该体现投资这部分资本所得到的额外收入。由于这些资本本身是风险资产的缓冲，其理应投资于无风险资产，因此其收益率应为无风险收益率。

由于"资本要求"在理论上是基于业务线与单笔交易的风险程度的，因此在业务线与单笔交易层面的资本收益率可视为风险调整绩效指标（Risk Adjusted Performance Metric，RAPM）。

四、风险资本利润率

虽然资本要求理论上可以体现风险，但不同的资本要求下，风险管理角度、力度均不同，为更好地在指标中体现风险对银行效益的作用，ROC 出现了几种

变体，如 RORAC 与 RAROC。

风险资本利润率（Return on Risk-Adjusted Capital，RORAC）同样是一种风险调整绩效指标（RAPM），计算公式如下：

RORAC = 净利润/经济资本

如前文所述，经济资本是从管理者的角度出发，根据银行头寸的风险状况预测潜在损失规模，进而计算出的用于弥补相应损失的资本量。在目前的知识体系下，相较于其他资本，经济资本能够更科学合理地体现银行所承担的风险。

五、经风险调整后的资本收益率

风险调整资本收益率（Risk-Adjusted Return on Capital，RAROC）同样是 ROC 的变体，也是 RAPM 的一种，相较于 RORAC，其更进一步，是先根据银行承担的风险对资本进行调整，得到风险调整后的资本，再以会计损益除以风险调整后的资本得到相应的考核指标。其计算公式为：

RAROC = (收入 - 资金成本 - 经营成本 - 预期风险成本) /经济资本

若把 ROC 和 RORAC 作比较，可理解为：

RAROC = (净利润 - 预期风险成本) /经济资本

预期风险成本的定义，将于后文详细解释，在此不再赘述。与 RORAC 指标不同的是，RAROC 不仅用经济资本替换了账面资本，其在分子上同样体现了风险调整的概念，即在净利润的基础上减去预期损失。正如本书反复强调的，银行是经营风险的金融机构，在实现利润的同时，必须考虑其业务中包含的风险因素。从这点来看，RAROC 可以更加科学合理地作为银行风险调整绩效指标。

在实践中，银行业务线中有一些业务并不直接产生会计利润，但并不代表其没有为银行创造价值，如存款业务。因此，必须通过内部资金转移定价来确定其所创造的真实收益，该收益也被称为内部利润。因此，从更广义的方面来看，RORAC 与 RAROC 的计算公式可以表示为：

RORAC = 内部利润/经济资本

RAROC = (内部利润 - 预期风险成本) /经济资本

在稍后专门的章节中，将给出有关内部资金转移定价的详细解释和说明。

六、增加值

经济增加值（EVA）同样是衡量银行风险调整后收益的重要指标，其计算公式为：

EVA = 内部利润 – 预期风险成本 – 非预期风险成本

其中，非预期风险成本即通过计算各类风险资本所得到的经济资本成本，而RAROC 计算公式的分子减去非预期风险成本即 EVA 的值。也就是：

RAROC = （EVA + 非预期风险成本）/经济资本

从发展沿革来看，以上这些关键性的指标之间存在着递进演化的关系，图 2–1 描述了资本管理体系核心指标的大致演化过程。

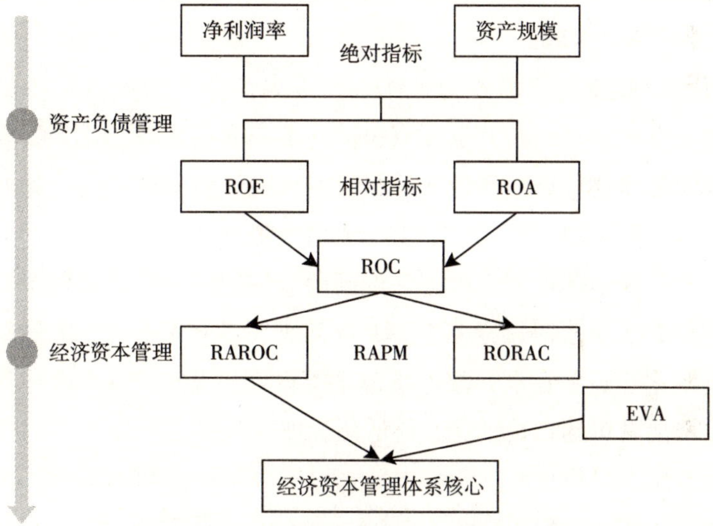

图 2–1　资本管理体系核心演变示意图

与剩余利润和权益回报率（ROE）相比较，经济增加值（EVA）和风险调整资本收益率（RAROC）均在指标计算过程中充分考虑了风险因素，均在计算过程中融入了经济资本思想，反映了分支机构业务线或交易承担风险后的盈利能力，有助于引导分支机构树立资本约束观念。例如，某项业务的风险较大，则该项业务非预期损失较高，其占用的经济资本也就相应较多，即使该项业务能带来较大的利润，与其所占用的经济资本相比，其风险调整资本收益率不一定很高。

第二节　经济资本管理体系

简单说来，经济资本管理体系主要由三个部分构成：一是经济资本的计量，二是经济资本的预算分配制度，三是以经济增加值（EVA）和风险调整资本收益率（RAROC）为核心的绩效考核制度。图 2-2 简单介绍了经济资本管理的过程。

这三个部分并非独立存在，而是相辅相成，相互影响，共同构成整个经济资本管理体系。经济资本的计量与绩效考核结果，共同影响经济资本预算分配，而预算分配的结果，引导银行改善资本结构，进一步改变经济资本计量与绩效考核结果，从而形成良性循环。

通常而言，构建经济资本管理体系，首先需要考察该体系涉及的管理维度。从概念上讲，银行的所有业务（包括各类产品、服务、业务线等）都会产生风险，因而都需要计算经济资本，以及经风险调整后的收益。此外，各个部门、员工也应计算 EVA 与 RAROC 以完成绩效考核。因此，经济资本管理是一个基于风险的全面管理框架，应当深入到商业银行各个层级和各个方面的管理过程中。如图 2-3 所示，只有在产品、业务线、各分支机构、岗位以及人员这五个维度上均建立经济资本管理体系，才能有效实现经济资本的计算、分配与绩效考核，从而真正达到精细化、科学化管理的目的。

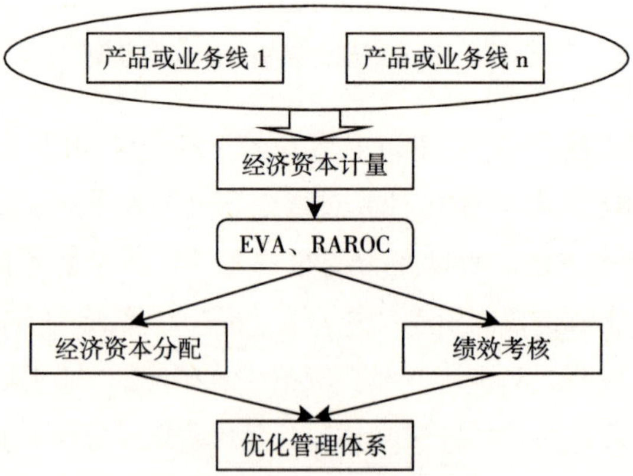

图 2-2　经济资本管理示意图

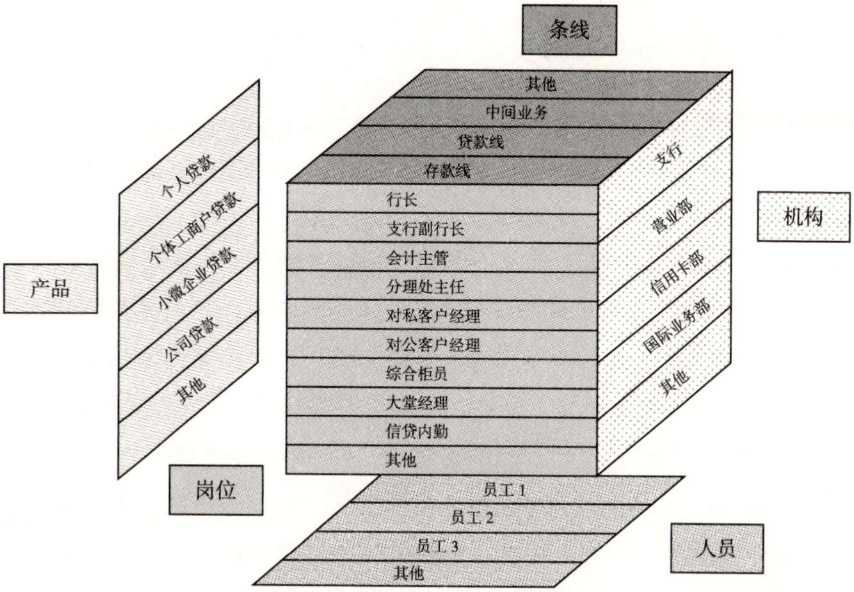

图 2-3　经济资本管理涉及的维度

一、经济资本的计量

经济资本是商业银行在一定容忍度下覆盖非预期损失所需要的资本。现代商业银行业务日益复杂，这些业务都构成了银行的潜在风险源，诸多的潜在风险源又分散于各个分支行之间。不仅不同的业务面临的潜在风险值不同，就是相同的业务发生于不同的分支行也面临着不同的潜在风险。经济资本管理要求商业银行在经营中面临的所有风险都确保得到识别，从而将银行面临的所有实质性风险都涵盖在管理框架之中。在计量出单个的经济资本值，并在银行整体层面上进行加总后，减去由于组合分散效应而重复计算的部分，最后再与监管资本量的确定相对应。这样就必然有一个"从下到上"(Bottom up)、由分到总的过程。

对于监管资本的计量，根据《巴塞尔资本协议》的要求，考虑到风险资本计量的可操作性，需要从信用风险、操作风险与市场风险三方面进行计算，分别运用《巴塞尔资本协议》规定认可的方法计算出商业银行所必需的监管资本，也就是该种风险的非预期损失，进而将三种风险监管资本加总整合得出整个商业银行所需的监管资本，作为经济资本计量的替代。三种风险经济资本计量的理论和方法，将于随后章节进行详细介绍。

二、经济资本预算分配

资本是发展任何业务必须准备的资金，一直以来都是稀缺资源，商业银行不可能在资本一定的前提下无限扩张，也不可能短时间内得到大量的资本注入，因此必须将有限的资本合理分配到各项业务之上。

经济资本预算分配，顾名思义，是对下一期的经济资本的分配进行预算的过程，而经济资本计量则是对当期的经济资本进行测算的过程。在测算了当期的经济资本，得到商业银行目前的经济资本总量之后，再在预算过程中，对下一期各产品与业务线所应占用的经济资本进行分配，实际上就是给商业银行管理的各个维度分配了一个经济资本限额。如前文所述，经济资本在数量上等于该维度的非预期损失，用以缓冲潜在的风险损失。经济资本限额，也就是在下一期该维度所能够承担的最大额度的风险，若这个限额大于上一期该维度的经济资本，则说明商业银行意图扩张该维度，进而达到指导业务发展导向的目的。

可以通过下面这个例子来简单了解经济资本配置的过程。

A 银行一直以来发展信贷类业务、非信贷类业务以及中间业务。三项业务均需资本支持，这一方面为三项业务提供启动资金，另一方面为三项业务吸收潜在的风险损失。在经过若干年发展之后，银行在第 t 年底的经济资本计量结果为，信贷类业务需占用 8 亿元经济资本，非信贷类业务需占用 1 亿元经济资本，中间业务占用 1 亿元经济资本，经济资本总量为 10 亿元。

若当前市场贷款利率下降，信贷业务无力为银行创造更多价值，该银行决定更多拓展中间业务。预期第 t+1 年，由于业务的扩张以及资产负债的增加，经济资本总量将扩充到 12 亿元。这一举措，一方面为了限制信贷业务继续大幅扩张，以免过度承担风险；另一方面则是为了扶持中间业务发展，在资本预算中，A 银行为信贷类业务分配了 9 亿元经济资本，非信贷类业务分配了 1.2 亿元，中间业务分配了 1.8 亿元。

以上分配意味着，在第 t+1 年，信贷类业务仍可扩张，但当其所占用的经济资本达到或接近 9 亿元时，该银行将不会再为信贷类业务分配资本，信贷类业务的扩张也将停止，而中间业务则可以继续发展，直至资本占用到 1.8 亿元。

如上例所示，资本的预算分配的确能够帮助商业银行控制风险，并且实现战略导向的变化。经济资本配置更加科学严谨的阐释，是指在理论上或形式上计算支持一项业务所需要的资本额（经济资本额），再对银行经济资本的总体水平进行评估，充分考虑信用评级、监管当局规定、股东目标与偏好和经营中承担的风险等因素，在资本充足率水平的总体规划之下，制定经济资本目标。然后，再根据银行内各业务部门的风险调整的绩效测量，在各部门、各个机构、各项业务间进行风险资本限额分配，并动态调整，使得银行经营活动所面临的意外风险与资本水平保持一致。

经济资本配置管理强调了资本的稀缺性和高成本性，具有效益约束和风险约束的双效应。一方面，通过经济资本重新配置程序，将经济资本从效率低的使用者转向效率高的使用者，从而提高整体经济资本利用效率；另一方面，在尽量增加经营收益的同时，应尽量少地占用经济资本，以推动业务规模的合理发展。

三、经济资本评价

经济资本评价，是指通过建立以风险调整后的资本回报率（RAROC）和经济增加值（EVA）为核心的指标体系，对各分支机构、业务部门和产品维度的经营绩效进行考核评价。

在经济资本配置的过程中，资本必须以一定的标准向各产品或业务线配置。但是在配置了经济资本后，如何在管理流程中促使员工配合战略导向，以提升经济资本管理的执行力，还需要绩效考核的介入。从这个意义上讲，绩效考核不仅是商业银行员工管理的重要手段，也是经济资本管理体系不可分割的有机组成部分。

权益资本的成本十分高昂，从股东价值的角度来评估绩效，仅有盈利是不够的，盈利必须超过股权成本才算创造了价值，否则就是在侵蚀价值。另外，传统考核体系的最大缺点就是考核指标不反映风险，从而导致员工专注于当期盈利而忽视长期潜在的风险，然而风险滞后正是银行业最基本的特征。由于风险对应着资本占用，所以要将风险控制纳入考核体系，这就需要引入资本成本，从而形成以经济资本为核心的绩效考核体系，其中的核心总额指标是经济增加值（EVA），常用的比率指标有风险资本利润率（RORAC）和（RAROC）。这些指标的引入就是要在经济效益和风险控制间找到一个平衡，如图 2-4 所示。

再回到经济资本配置中 A 银行的示例，如果贷款利率下降，信贷业务的价值创造能力也会受到影响，根据前文给出的 EVA 的计算公式：

EVA = 内部利润 – 预期风险成本 – 非预期风险成本

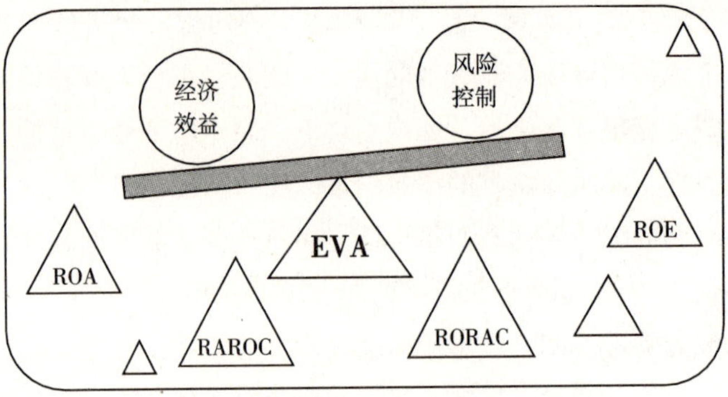

图 2-4 绩效考核平衡示意图

贷款利率下降意味着信贷业务收入下降，其创造的内部利润也将减少。在风险成本不变的情况下，信贷业务 EVA 也将下降，中间业务的 EVA 则显得更有吸引力，发展中间业务便顺理成章。

若 A 银行没有选择放缓信贷业务发展，反而进一步推动信贷扩张，则为了追求更高的内部利润，A 银行就不得不转向风险更大的贷款（为获得更高的贷款利率），虽然内部利润增大，但预期风险成本与非预期风险成本同样会增大。在考虑经济资本成本的情况下，信贷业务的 EVA 不仅不会增加，反而可能减少，这对 A 银行整体的运营绩效有害无益。

经济资本预算分配之后，信贷业务分得 9 亿元资本，若排除贷款到期的因素，当期增量资本为 1 亿元，若信贷业务部门单纯为了高收益而选择高风险贷款，则增量贷款必然会占用大量的经济资本，则原本就不多的经济资本增量必然会快速耗尽，这不但不能增加 EVA，反而由于经济资本的快速占用而减少了 EVA，致使信贷部门员工绩效考核表现较差。因此，有了经济资本预算分配的指导，信贷部门自然会放缓信贷资产扩张速度，以配合银行的发展战略。

总体上，以 EVA 和 RAROC 为核心的绩效考核事实上与经济资本分配相互影响、相辅相成，共同构成了经济资本管理中运用经济资本改善商业银行管理水平的过程。

四、经济资本管理流程

经济资本计量、经济资本预算分配与以 EVA 和 RAROC 为核心的绩效考核体系有机构成了整个经济资本管理，其具体的操作流程如图 2-5 所示。

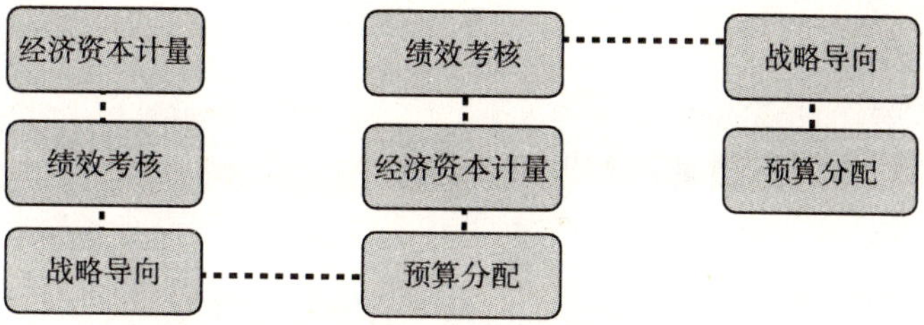

图 2-5 经济资本管理流程示意图

计量出本银行各产品或业务线的经济资本之后，即可运用 EVA 和 RAROC 对其进行绩效考核，根据绩效考核结果，挑选 EVA 最大化的整体方案，结合其他因素，对下一期银行发展拟定战略导向。银行基于该战略导向与市场状况及银行发展状况，制定经济资本预算分配方案。

在新一期的银行发展过程中，人们需要不断地在日常管理中计量增量业务经济资本，以确保各产品或业务线所占用的经济资本不会逾越预算分配所设定的限额，也确保各部门不会铤而走险，擅自发展需要大量经济资本的业务。与此同时，绩效考核也要同时进行，引导员工开拓 EVA 较大的业务，帮助银行整体价值的增加。

之后仍需运用日常管理以及期末计算的绩效考核结果，调整战略导向，进而进行新一次的经济资本预算分配，从而进入下一个循环，也就是目标管理、日常管理与绩效管理协同作用，形成银行的高效运营模式，如图 2-6 所示。

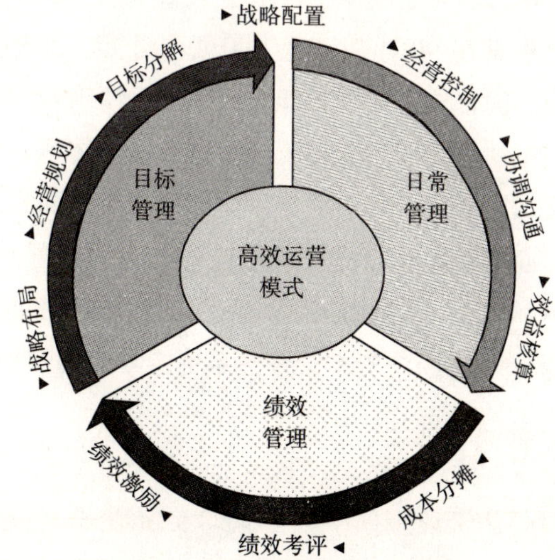

图 2-6 高效运营模式形成示意图

第三节 经济资本管理的实践

从 20 世纪 80 年代开始，由于受到大量贷款损失的冲击，一些在国际上领先的银行感觉需要一个更好的量化信用风险的方法。以此为契机，经济资本管理的概念开始被引入，并在实践中得到不断完善。到目前，国际先进银行的经济资本管理体系包括全面风险管理系统、内部风险评级系统和绩效考核分析系统等。这些系统围绕着经济资本这个核心，通过经济增加值（EVA）和经风险调整的资本收益率（RAROC）等指标，来平衡和处理风险与收益的关联，在银行总体范围内建立一个横向联系各管理部门，纵向贯穿各业务层面，统一协调银行内部各利益主体的关系，正确引导银行经营决策的综合资本管理体系。在建立经济资本管理体系的尝试中，早期的开拓者包括 J.P.摩根、花旗银行、美国银行和荷兰银行等，并逐渐被广泛接受。

一、花旗银行（Citi Bank）

美国花旗银行是世界最著名、最先进的银行之一，但即使是这样的银行，也曾受到来自各方面的压力。先是花旗银行被迫为 20 世纪 80 年代对南美洲的贷款进行巨额的冲销，然后又在 90 年代遭受了美国住房贷款损失的巨大打击，经营出现了困难。花旗银行的管理者认为未能对风险进行精确的测量无疑是一切损失的根源，因此花旗银行的信贷部门实施了经济资本管理体系，通过将诸如信用风险、市场风险等因素加以量化，将资源集中到那些能提供高实际收益（即风险调整后收益）的领域，而不是那些只提供高的名义收益的领域。如此一来，花旗银行的风险管理水平大大提高了，相应的收益也大幅增长。1998 年花旗集团与旅行者集团合并后，进一步将经济资本管理体系引入集团内其他部门，从那以后，花旗集团便开始在更多的领域里运用经济资本的理念。

花旗银行的经济资本管理体系是由数十个内部模型组成的。例如，最重要的信用风险计量模型——内部评级模型从 1990 年开始使用，它由花旗银行自主开发，同时引进和借鉴了穆迪与 KMV 的部分技术，到目前已经过十多年的检验和数据提炼，具有较强的分析和鉴别能力。

花旗银行的内部评级模型由客户评级和债项评级构成。其中，客户评级通过使用已验证过的统计模型、外部评级、打分模型或主观判断方法得出；债项评级以客户评级结果作为起点，然后再考虑其他一些影响贷款损失的因素，如母公司支持、抵押品或贷款结构状况（如优先偿还的次序）等确定最终评级结果。花旗银行的思路是通过两级评级尽可能地覆盖住绝大多数的信息点，比如为反映财务的健康和业绩状况，内部评级模型选择九大财务指标，包括税前利息保障比率（Pre-tax Coverage）、税前资产收益（Pre-tax Returnon Assets）等，每项指标都根据其重要程度加权；此外，定性输入指标主要包括管理层状况、技术、营销、运营、财务灵活性、监管和法律环境等，公司的规模也纳入模型当中，并且占有较大的权重。花旗银行内部评级模型的目标是在不同的地区和不同的行业之间，在缺乏有效的资本市场的情况下，抑或在缺乏外部评级的情况下，采用一致的评级框架来评估借款人的信用风险，在风险评估方面获得较大的一致性，并通过对地区和行业违约概率（PD）及损失率（LGD）的度量，把风险评级和客观的损失度量联系起来。

花旗银行是一家跨国企业，在全球不同地区开展业务时，该行会根据各地的具体情况对内部评级模型的部分参数进行调节，但调节参数必须经过总行同意。事实上，经济发展水平、财务会计制度等方面的差异，会使违约概率（PD）对相同指标的敏感度不同。

有鉴于此，花旗银行根据区域的不同建立不同的评级模型，目前投入使用的模型已经达到 17 个，涵盖了工商贷款、商业银行业务及其他业务，每年有 15000 个借款人评级由这些模型得出。

此外，花旗银行也非常注重模型的质量管理。该行定期对模型进行内、外部双重检验，并对数据的输入等影响模型精度的关键环节加强控制，减少人为误差，因此模型具有很高的精度和预测性。利用模型体系较高的预测性，花旗银行还建立了自己的风险预警体系。据该银行介绍，其预警体系较早地对安然事件、东南亚金融危机、阿根廷金融危机等进行了警示，大大减少了损失。

在经济资本的配置和绩效考核方面，花旗银行运用内部评级等方法计量三种主要风险类型的经济资本要求，即信用风险经济资本要求、市场风险经济资本要求和操作风险经济资本要求，以确保单独的业务风险之和不超过整个集团可以承受的范围。然后会通过 RAROC 和 EVA 等标尺对业务产品进行考核，从分析与管理产品线的风险调整的资本收益率（RAROC）出发，经过战略目标、风险偏好和业务组合取向的调整，确定产品线的发展思路和行动决策，并以产品线回报为出发点，经过不同层次的汇总，形成不同事业部、不同地区和不同网点等的经济资本配置和回报要求，从而将整个银行的经济资本配置到其所有产品线和各个地区。例如，2006 年，花旗银行信用风险、市场风险、操作风险、保险风险配置经济资本比例为 55∶32∶12∶1，同时其各条产品线的 RAROC 表现如图 2-7 所示。

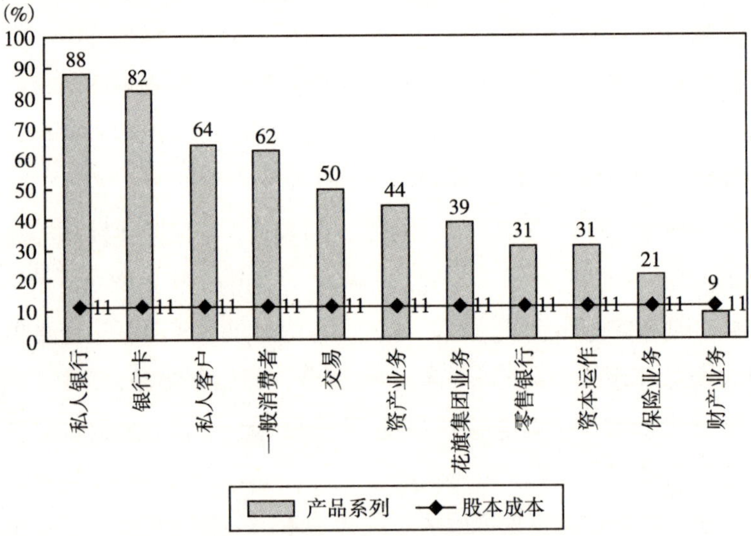

图 2-7　花旗银行各业务条线的 RAROC

二、美国银行（Bank of America）

美国银行的经济资本管理体系中，内部风险评级模块的特点及先进性是最突出的，而且为了适应《巴塞尔新资本协议》的要求，美国银行对其原先的评级模型进行了升级和整合。

起初，美国银行在企业风险评级方面强调对公司贷款，无论是大型客户还是中型客户，评级的方法都一样。但美国银行另外针对零售业务的特点，对零售贷款设计了专门的评级方法，主要是针对消费者个人、个体业主以及新发起的小公司使用。当前根据内部评级法的要求，美国银行正在对原有的风险评级体系进行整合。整合的目标是创建一个一致的、量化的风险评级过程，并开发一些工具使不同业务之间的风险评级结果具有可比、清晰、准确和前后一致的特点，最后需要对风险评级的方法、工具和过程能够持续进行改善和验证。据了解，美国银行风险评级体系的整合包括四部分内容，即客户评级、债项评级、标准范围和风险评级打分卡。其中，客户评级结果要和违约概率（PD）对应起来，其中客户违约概率的对应值有一高一低两个值；债项评级结果要和债项或贷款的平均预期损失（LGD）对应起来，平均预期损失也有一高一低两个值。高低标准设定的目的是要有一个共同的标准或范围，使得不同产品线和不同地区的评级结果有对应关系，目标客户的违约率以及目标产品的预期损失率将在高低值之间再次进行细化定位。

美国银行的经济资本管理体系在具体应用上主要有以下几个方面：

（1）贷款定价。美国银行将信贷预期损失视为贷款定价的成本因素。根据《巴塞尔新资本协议》的公式，预期损失（EL）= 预期违约率（PD）× 违约损失率（LGD）× 风险暴露（EAD）。计算预期损失（EL）的关键是要计算预期违约率（PD）和违约损失率（LGD），而它们均可以通过内部评级结果得到。

（2）风险调整后的绩效考核。美国银行定期根据风险调整的资本收益率对银行产品和业务人员进行业绩考核，并根据考核结果将经济资本在各类风险、各个业务部门和各类业务之间进行配置，以有效控制银行的总体风险；同时，将股东回报要求转化为对全行、各业务部门和各个业务线的经营目标，使银行实现在可承受风险水平之下的收益最大化，并且最终实现股东价值的最大化。

（3）信贷审批与授权。信用评级最高的客户，贷款申请可以立刻批准；评级最低的客户一般被拒绝；评分介于中间区域的贷款需要分析师审查。此外，不同信用评级享受不同的贷款期限，如最高信用等级（1 级）的客户，信贷业务的期限可以长达 10 年，而最低信用等级（12 级）的客户，信贷业务的期限最高不能超过 1 个月。最特殊的是，考虑到成本与收益的平衡，美国银行的小额零售信贷不做独立的信贷审查，直接根据内部评级结果发放贷款。

（4）风险管理资源的配备。美国银行强调，内部风险评级、银行内部各部门之间的价格转移、贷款组合的整合是风险管理系统的主要部分。经过了内部评级体系的评级，可以定量给出某一客户债项的风险状况，在此基础上，将客户债项进行分类，将有限的风险管理资源集中配置到高风险的业务中。具体就是：高风险、大额的信贷由经验丰富的专家做进一步的审批，且每个专家处理的客户数量较少；低风险、中小金额的信贷由资历较浅的信贷人员审查，且每个信贷人员审批的贷款数量较多。

三、荷兰银行（ABNAMRO Bank）

荷兰银行在全球60个国家和地区拥有3000个分支机构和10万名员工，是在国际范围内广泛参与的一家先进银行。早在2000年，荷兰银行就已经形成了新的战略：以股东价值，即“股东总回报（股东总回报=股价升值+红利收益）”最大化为经营目标，而实现这一目标的手段则是通过经济资本管理体系进行，即“风险管理”与“价值管理”（Managing for Value，MfV）相结合。在荷兰银行中，经济资本管理的具体战略实施通过“巴塞尔新协议项目”展开，而该项目又是由集团董事会和高级经理组成的单一指导委员会全权负责并进行管理的。

截至目前，荷兰银行的经济资本模型已经在该银行的批发事业单位中全面铺开，且逐步扩大到组织的其他部门。总体来看，荷兰银行的经济资本管理体系是围绕着风险（经济资本）计量和资本有效配置这两个中心进行的。

首先，荷兰银行具有先进的风险计量模型。虽说单个数值不能提供一家银行的全部风险评估，但是量化是管理风险和改善风险/收益决策的重要基础。荷兰银行根据《巴塞尔新资本协议》提供的不同实施方法（从标准法到高级法），结合该银行实际，开发设计出了针对信用、市场和操作风险的高级计量方法。通过这些模型，荷兰银行可以计量出各类风险的风险值（VaR）。在此基础上，荷兰银行在计算整个集团的经济资本时，风险的分散化效应也得到了考虑。由于荷兰银行经济资本系统中包括不同的风险类型，不同风险类型不太可能同时发生重大损失（除非存在很高相关性）；而且，该银行作为活跃的国际银行，在全球范围的许多市场开展业务且从事多样化投资活动，银行内部不同部门和不同事业单位同时发生重大损失的可能性也是很小的。因此，整个集团层面上的经济资本计量要小于各事业单位和各风险类型的简单加总。由于荷兰银行强大的风险管理与对冲技术，各风险之间的分散效应是很明显的，具体见表2–1。

伴随着风险识别的演进和度量技术的改进，国际银行实务界的经济资本度量方法正在不断地被升级并提高精度，而荷兰银行为了维持并推进自身经济资本管理体系的实效性，一直不断开发合适的模型和操作程序，以精确地量化风险和度

表 2-1 荷兰银行各类风险和各事业单位经济资本占比

单位：%

风险类型	总经济资本占比	分散效应	事业单位	总经济资本占比	分散效应
信用风险	63	10	欧洲 SBU	37	13
市场风险	11	36	北美 SBU	24	17
操作风险	16	33	亚洲 SBU	11	20
利率风险	8	79	拉美 SBU	5	37
其他风险	2	20	荷兰 SBU	23	25

资料来源：荷兰银行年报。

量经济资本。

在准确计量经济资本总量的基础上，荷兰银行经济资本管理体系的下一个关键环节是将有限的经济资本进行有效配置，以实现股东收益最大化的目标。荷兰银行通过经济资本管理和相应的风险/收益考核指标将不同产品、不同事业单位的风险和收益进行比较，在比较的基础上优先发展扣除风险成本后收益最大的产品，或向考核靠前的事业单位配置更多资本与各项技术人才支持，对于考核靠后的事业单位则进一步分析其问题或者进行撤并。总之，在荷兰银行中，经济资本被用于支持组织中各个层次的风险/收益型的决策。此外，荷兰银行还将经济资本看作是支持交易决策的定价工具中的一种重要因素，并且在不同部门中使用融合了经济资本内涵的定价工具。

战略决定组织，要真正体现出经济资本管理的实效性，必须对组织架构和管理模式做出相应调整。因此，在荷兰银行确定新的战略之后，以服务客户和改进管理为出发点，结合经济资本管理体系推出了创新型组织模式，即战略业务单位（Strategic Business Unit，SBU）。荷兰银行分别按地区、客户和产品划分出了 10 个 SBUs，其中有 5 个按地区划分的 SBUs，2 个按客户标准划分的 SBUs 和 3 个按产品划分的 SBUs。

5 个按地区划分的 SBUs 分别为欧洲 SBU、北美 SBU、亚洲 SBU、拉美 SBU 和荷兰 SBU，每个事业部负责为本区域的所有客户提供适合客户需要的产品和服务。2 个按客户标准划分的 SBUs 分别是跨国客户 SBU 和私人客户 SBU，分别负责对跨国公司和富裕人群提供专属服务。3 个按产品划分的 SBUs 包括环球市场 SBU、交易结算 SBU 和资产管理 SBU，其中环球市场 SBU 主要负责金融衍生产品开发、外汇交易等业务，交易结算 SBU 主要向客户提供结算产品和清算服务，资产管理SBU主要负责为客户提供基金等产品。

根据荷兰银行的标准，一个合格的SBU必须具有独立的、可以区别于其他部门的业务产品组合；具有自己的客户群；具有自己的竞争者；能够独立核算成本和利润。但在集团层面上，荷兰银行采取横向支持保障部门派驻制，这些支持保障部门分为10个，分别是审计、组织协调、法规、财务、企划、人力资源、风险管理、欧洲事务与市场基础、投资者关系、后勤服务。根据业务需要，支持保障部门向事业部派驻工作人员，尤其是审计、风险管理、财务等部门都强调派驻，其派出人员向派出部门负责，与所在事业部一起工作并提供支持、服务和监督。这样，荷兰银行就形成了典型的以SBUs为利润中心的矩阵式结构，10个SBUs和10个支持保障部门从纵横两个纬度相互配合以实施荷兰银行的全球战略（见图2-8）。

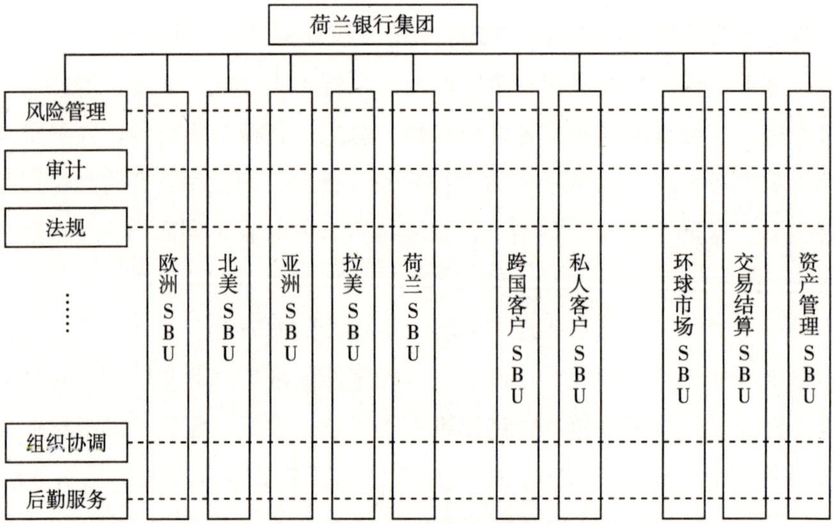

图2-8　荷兰银行组织架构

结　语

经济资本管理是集风险、资本以及绩效为一体的管理体系，其中，经济资本的计量（全面的风险计量）是管理体系的基础，而以经济增加值（EVA）和经风险调整的资本回报率（RAROC）为核心的绩效考核则是落实管理导向的关键。本章对经济资本管理体系的主要架构进行了简要介绍。在接下来的章节中，我们将逐一深入经济资本管理体系的各个组成部分，更详细地了解其运行原理。

第三章
经济资本的计量：信用风险

经济资本的计量需采用自下而上分层次计量，进而加总为整体经济资本的方法，以涵盖商业银行所面临的各类风险，体现计量的科学性与准确性。也就是说，具体到任何一笔交易，都会存在一定的风险，根据定义，经济资本在数量上等同于该交易的非预期损失，因此只要识别出该笔交易所面临的风险，再根据这种风险的参数与损失可能，即可得到该笔交易的经济资本。若以监管资本代替经济资本，则根据资产分类，计算出其风险加权资产之后，将其与资本充足率相乘，即可得到监管资本。因此，经济资本的计算关键在于非预期损失与风险加权资产的计算。

不同类型的风险，其损失分布的特征不一样，相应的计量方法、模型和参数设计等也不一样，因此经济资本的计量层次应以风险类别为维度。

由此，经济资本计量的步骤如下：第一，对商业银行所面临的风险进行分类；第二，在此基础上对分出的每一类风险进行测度；第三，计算出不同风险类型的经济资本；第四，选择适当的加总方法进行经济资本整合。

巴塞尔委员会根据商业银行的业务特征及诱发风险的原因，把商业银行面临的风险分为信用风险、市场风险、操作风险、流动性风险、国家风险、声誉风险、法律风险以及战略风险八大类。在经济资本的计量中，考虑到风险发生的频率和损失，主要计量的是信用风险、市场风险与操作风险三类经济资本。由于各种风险具有一定的相关性，三种风险的经济资本加总要做到准确合理有一定难度，需要处理几个关联的矩阵，常用的方法有：搭积木法、椭圆分布法、Copula 连接函数法、集成风险法，在实际操作过程中可视前提条件而定。

对三大风险进行量化采用的数理模型可以分为两类：第一类由《巴塞尔新资本协议》（“巴塞尔协议Ⅱ”）提供，基于监管资本建立风险量化模型；第二类由国际先进银行在统计分析的基础上自主研发，主要用以满足风险管理的市场要求，即经济资本计量。综上所述，经济资本计量的过程可由图 3–1 简单体现。

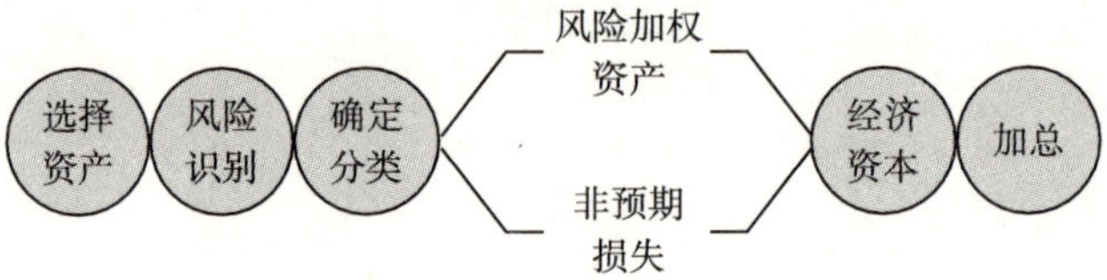

图 3–1　经济资本计量流程示意图

举例而言，如 A 银行持有 1000 万元公司债，已归入持有到期账户，则首先识别该资产风险类别，为信用风险。在信用风险监管资本计算分类中，寻找到公司债的位置，也就是确定其风险加权系数，一般而言风险较高的资产，风险加权系数较高。之后，运用一定计算方式计算出该资产的风险加权资产，再乘以资本充足率，即可得到监管资本要求。若要运用高级计量法计算经济资本，则在运用一定方法得到该公司债损失分布之后，计算其非预期损失，即可得到其经济资本。

信用风险（Credit Risk），也称违约风险（Default Risk），一般是指借款人到期不能或不愿履行还贷付息协议而使银行面临贷款损失的可能性，随借贷行为的发生而产生，直到借款人归还本息或贷款人冲销呆账而结束。现代意义的信用风险还包括由于交易对手（债务人）信用状况和履约能力的变化导致债权人资产价值发生变动遭受损失的风险，也称为信贷利差风险，由于贷款违约是信贷资产质量恶化的极端状态，两种风险并无本质上的区别。但这种定义更有利于银行风险管理者动态评价信用资产的风险水平，从而更好地防范风险。

例如，A 银行在 2013 年买入了 1000 万元 B 公司债，外部评级 BBB。2014 年 2 月，该公司因为经营问题使债务评级下降为 BB。2014 年 7 月，该公司中报显示其发生大规模亏损，债务评级下降为 CCC。2015 年 1 月，公司年报显示因战略错误，该公司产生了巨额亏损，而不得不申请破产清算。因此，A 银行该笔 1000 万元公司债，由于一连串的评级下降而价值下降，直至破产清算，而彻底面临无力偿付。这种由于信用、价值下降直至无力偿付的风险，即为信用风险。

作为银行最基本的业务活动，吸收存款和发放贷款为商业银行信用风险的主要载体。近年来，随着银行表外业务的迅速发展，银行也越来越多地面临着除贷款之外的其他金融工具所包含的信用风险，如同业拆放、外汇交易结算、承兑汇票、备用信用证、金融衍生工具交易、贷款承诺和担保，等等。对于信用风险资本的计量，《巴塞尔新资本协议》给出了三种方法：标准法、内部评级初级法和内部评级高级法，如图 3–2 所示。

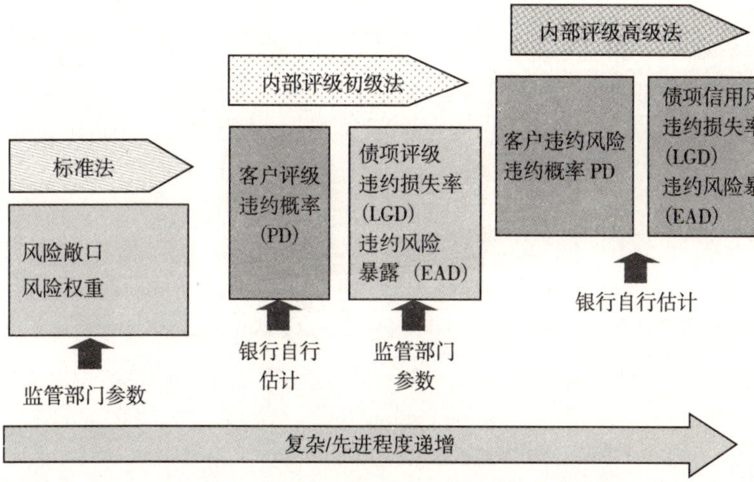

图 3–2 《巴塞尔新资本协议》中信用风险度量方法

如图 3–2 所示，根据《巴塞尔新资本协议》，计量信用风险监管资本的方法从标准法到内部评级初级法，再到内部评级高级法，方法复杂程度逐级递增，计量的科学性与准确性也逐级递增。我国《商业银行资本管理办法（试行）》基于《巴塞尔新资本协议》，也给出了标准法与内部计量法的具体计量指导方法。

第一节 信用风险资本计量的标准法

《巴塞尔新资本协议》中规定的标准法是在 1988 年《巴塞尔资本协议》的信用风险方法基础上发展而来，它对于银行持有的各种不同资产类型的债权按照银行认定的外部评级机构的评级结果给出不同权重对应关系。权重包括 0%、20%、50%、100%和 150%五个类别，以此来计算风险加权资产，进而计算信用风险资本占用额。在《巴塞尔新资本协议》中分别规定了对主权国家、非中央政府公共部门实体、多边开发银行、证券公司、零售资产、银行、公司、居民房产抵押、逾期贷款、高风险的债权以及表外项目的风险权重。资产加权信用风险由风险资产和监管规定的风险权重相乘计算，并考虑抵质押等缓释因素。如图 3-3 所示。

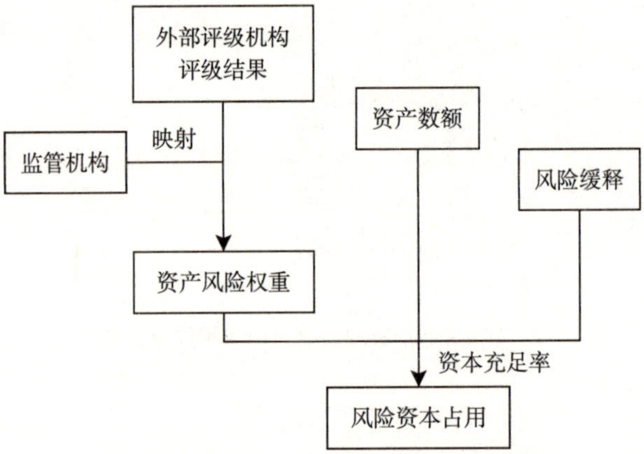

图 3-3 标准法信用风险资本占用计量流程

以公式表示即：

$$\text{信用风险资本占用额} = \sum(\text{资产数额} \times \text{风险权重} - \text{风险缓释}) \times \text{资本充足率}$$

中国银行业监督管理委员会在巴塞尔委员会监管要求的基础上，结合中国银行业的特点，于 2012 年 6 月发布了《商业银行资本管理办法（试行）》，对信用风险标准法计量监管资本给予了详细的参考标准，其中包括表内资产风险权重、表外项目信用转换系数及合格信用风险缓释工具等。在标准法下，信用风险加权资产包括银行账户表内项目信用风险加权资产与表外项目信用风险加权资产之和。

一、表内项目信用风险加权资产

所谓表内项目信用风险加权资产，是各类表内资产扣除相应的贷款损失专项准备或减值准备后与对应风险权重的乘积，即：

表内风险加权资产 =（表内资产 – 贷款损失专项准备/减值准备）风险权重

贷款损失专项准备或减值准备为针对每笔贷款根据借款人的还款能力、贷款本息的偿还情况、抵押品的市价、担保人的支持度等因素，分析风险程度和回收的可能性合理计提，资产减值损失属于损益类科目，贷款损失准备属于资产类科目。其中，表内资产风险权重如附录 1 所示。假如 A 银行现持有：

1 亿元现金；

20 亿元对我国政策性银行的债权（不包括次级债权）；

20 亿元对我国商业银行的次级债权（未扣除部分）；

50 亿元对一般企业的债权；

50 亿元个人住房抵押贷款；

4 亿元对金融机构的股权投资（未扣除部分）。

假设贷款损失专项准备与减值准备为 0，则表内风险加权资产为：

$(1-0)\times 0\% + (20-0)\times 100\% + (50-0)\times 100\% + (50-0)\times 50\% + (4-0)\times 250\% = 85$ 亿元

因此，A 银行表内项目信用风险加权资产为 85 亿元。

二、表外项目信用风险加权资产

对于表外项目信用风险加权资产，其为表外项目名义本金扣除相应的减值准备后，乘以对应的信用转换系数，获得等同于表内资产的风险加权资产，再按表内资产信用风险加权资产计算规则计量信用风险加权资产。

等价表内风险资产 =（表外项目名义本金 – 减值准备）× 信用转换系数

表外项目信用风险加权资产转换系数如表 3–1 所示。

根据表 3–1 所示，如果 A 银行持有：

5000 万元已使用信用卡授信额度，也就是等同于贷款的授信业务；

5000 万元原始期限 1 年以上的贷款承诺；

表 3-1 表外项目信用转换系数表

项目	信用转换系数（%）
1. 等同于贷款的授信业务	100
2. 贷款承诺	
2.1 原始期限不超过 1 年的贷款承诺	20
2.2 原始期限 1 年以上的贷款承诺	50
2.3 可随时无条件撤销的贷款承诺	0
3. 未使用的信用卡授信额度	
3.1 一般未使用额度	50
3.2 符合标准的未使用额度	20
4. 票据发行便利	50
5. 循环认购便利	50
6. 银行借出的证券或用作抵押物的证券	100
7. 与贸易直接相关的短期或有项目	20
8. 与交易直接相关的或有项目	50
9. 信用风险仍在银行的资产销售与购买协议	100
10. 远期资产购买、远期定期存款、部分交款的股票及证券	100
11. 其他表外项目	100

资料来源：中国银行业监督管理委员会。

2000 万元未使用的信用卡额度，其中一般额度 1000 万元，符合标准 1000 万元；

2000 万元银行借出的证券或用作抵押物的证券；

1 亿元其他表外项目。

假设减值准备为 0，则 A 银行表外项目风险加权资产即：

$(5000-0)\times100\%+(5000-0)\times50\%+(1000-0)\times50\%+(1000-0)\times20\%+(2000-0)\times100\%+(10000-0)\times100\%=2.02$ 亿元

考虑前面的 85 亿元的表内风险加权资产，A 银行总的信用风险加权资产规模为 85+2.02=87.02 亿元，与之相应的信用风险监管资本要求则为 $87.02\times8\%=6.96$ 亿元。

三、信用风险缓释工具

常见的信用风险缓释工具主要包括抵押、表内净扣、担保和信用衍生工具。风险缓释效应主要取决于风险缓释工具和风险敞口的匹配程度：一是价值匹配，即缓释工具本身的市值与标的敞口市值之间的对应关系，前者之于后者的比例越大，缓释工具的缓释能力越强；二是期限匹配，即缓释工具的有效期限与标的敞口的有效期限是否匹配，如果缓释工具的有效期短于标的敞口的有效期，其风险缓释效应也大打折扣。

《巴塞尔新资本协议》提供简单法和综合法两种方法考虑风险缓释后的资本要求。根据简单法，风险敞口中有信用保护的部分可以采用风险缓释工具的风险权重，对于信用未覆盖的敞口部分，可以采取交易对手风险权重。根据综合法，需要考虑多种因素对信用缓释工具提供的信用保护价值进行扣减，计算出一个审慎的市值，然后与风险敞口相对应，确定相应的风险权重。

1. 简单法

根据替代原则，简单法将抵押部分与风险暴露部分分开计算风险权重。

合格质押的贷款：采用与质押物相同的风险权重，或采用对质押物发行人或承兑人直接债权的风险权重。

部分质押的贷款：受质押物保护部分采用抵押物风险权重，风险暴露部分采用借款人风险权重。

合格保证主体提供全额保证的贷款：采用对保证人直接债权的风险权重。

合格保证主体提供部分保证的贷款：被保证部分采用对保证人直接债权的风险权重，风险暴露部分采用借款人风险权重。

需要注意的是，质押物和保证主体担保期限短于被担保债权期限的，不具备风险缓释作用。

中国银行业监督管理委员会在 2012 年 6 月发布的《商业银行资本管理办法(试行)》，对监管资本计量采用简单法，合格信用风险缓释工具受到了严格的限制，只认可如表 3–2 所示的金融工具。

表 3–2 受许可的信用风险缓释工具

信用风险缓释工具	种类
质物	(一) 以特户、封金或保证金等形式特定化后的现金 (二) 黄金 (三) 银行存单 (四) 我国财政部发行的国债 (五) 中国人民银行发行的票据 (六) 我国政策性银行、公共部门实体、商业银行发行的债券、票据和承兑的汇票 (七) 金融资产管理公司为收购国有银行而定向发行的债券 (八) 评级为 BBB–（含 BBB–）以上国家或地区政府和中央银行发行的债券

续表

信用风险缓释工具	种类
质物	（九）注册地所在国家或地区的评级在 A-（含 A-）以上的境外商业银行和公共部门实体发行的债券、票据和承兑的汇票 （十）多边开发银行、国际清算银行和国际货币基金组织发行的债券
保证	（一）我国中央政府、中国人民银行、政策性银行、公共部门实体和商业银行 （二）评级为 BBB-（含 BBB-）以上国家或地区政府和中央银行 （三）注册地所在国家或地区的评级在 A-（含 A-）以上的境外商业银行和公共部门实体 （四）多边开发银行、国际清算银行和国际货币基金组织

资料来源：中国银行业监督管理委员会。

2. 综合法

综合信用风险缓释方法应用于抵押交易，控制合格抵押品的要求和简单信用风险缓释方法的要求基本一样，只是综合法还提供了一些额外的折扣。虽然抵押交易试图减少交易方的风险，但它并不能消除所有的风险。和使用抵押品相关的两类主要风险是：①抵押品或者是资产风险暴露的价值随着时间波动；②银行有可能不能及时地查封或者变现抵押品。为了解决这些风险，综合法提出了一个折扣系数。折扣用于被抵押的抵押品的价值和银行风险暴露的价值。其采用公式如下：

$$E^* = \max\{0,\ [E \times (1 + H_e) - C \times (1 - H_c - H_{fx})]\}$$

其中：H_e 为风险暴露的折扣系数；C 为接受抵质押品的当前价值；H_c 为抵质押品的折扣系数；H_{fx} 为处理抵质押品和风险暴露币种错配的折扣系数。如果抵质押品为“一篮子”资产，该资产的折扣系数按 $H = \sum_i a_i H_i$ 计算，其中 a_i 为该资产在“篮子”中的份额，H_i 为适用于该资产的折扣系数。

商业银行可以自行估计折扣系数 H_e、H_c 及 H_{fx}，也可以采用监管部门给定的标准折扣系数。

如果信用风险缓释工具的期限比当前风险暴露的期限短时，商业银行应考虑期限错配的影响，需继续调整抵质押工具所提供信用保护的市值，其公式如下：

$$P_a = P \times (t - 0.25)/(T - 0.25)$$

其中：P_a 为将期限错配因素调整后的信用风险缓释价值；P 为期限错配因素调整前经各种折扣系数调整后的信用风险缓释价值；T 为风险暴露的剩余期限，以年表示；t 为信用保护的剩余期限与 T 之间的较小值，以年表示。

第二节 信用风险资本计量的内部评级法

对于商业银行来说，相当数量的客户规模较小，并无相应的公开评级，在标准法下的风险权重没有太大的差别。这意味着，标准法对客户风险的区分度很差。针对这种缺陷，《巴塞尔新资本协议》推行了更加精细化的内部评级法来增加风险计量的敏感性。

一、内部评级法简述

内部评级法是《巴塞尔新资本协议》中的核心之一，是巴塞尔银行监管委员会经过对业界中典型的信贷风险评估模型的研究和比较后，根据其成熟度及可操作性进行调整后最后确定的基础方法，其关键在于尽可能提高模型的“一般化”的适用性，其过程经历了几次大的变动。例如，《巴塞尔新资本协议》第二次征求意见稿中，委员会采用一个两阶段的处理方法：首先以业界平均水平为基准计量资产的信用风险权重，然后在组合层次上按照“多退少补”的原则对资本要求进行修正，而《巴塞尔新资本协议》第三次征求意见稿中则采用另一种新的方法：一步到位，直接通过信用风险因子计算资本要求和风险加权资产，其风险因子分别为违约概率、违约损失率、违约风险暴露和有效期限。

有效期限即该风险存在的时间跨度；违约概率即为债务人不能或不愿履行还款义务的可能性；风险暴露即存在违约风险的资金量；违约损失率即违约发生后资金的损失程度。如图 3-4 所示。

内部评级高级法与初级法之间的区别，即为信用敞口风险参数的计算主体。初级法仅允许银行测算与每个借款人相关的违约概率，其他数值由监管部门提供，但是零售风险资产需要银行自己测算所有的风险要素。高级法则允许银行测算其他必需的数值，如表 3-3 所示。

然而，无论是运用内部评级初级法还是高级法计量信用风险监管资本，不同的信用敞口风险要素的计算方法理应不同，因此，在计算风险要素之前，首先应确认信用敞口分类。

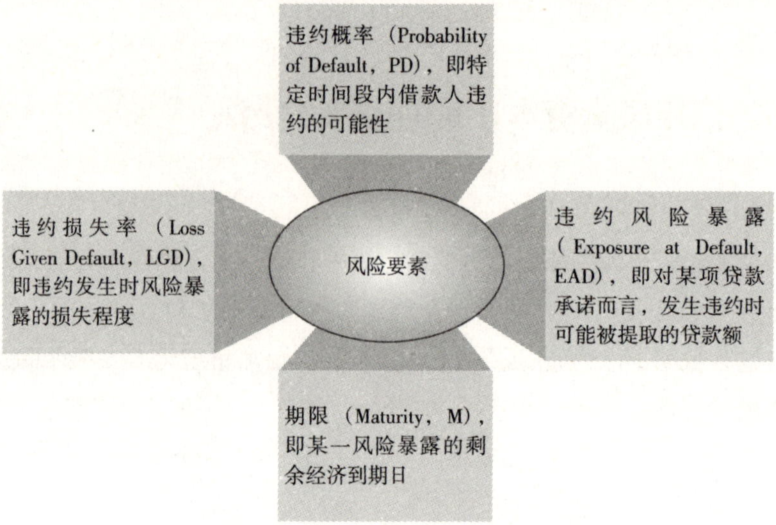

图 3-4　内部评级体系的风险参数

表 3-3　内部评级初级法与高级法异同

	公司		金融机构		主权		零售
	初级法	高级法	初级法	高级法	初级法	高级法	
PD	√	√	√	√	√	√	√
LGD		√		√		√	√
EAD		√		√		√	√
M		√		√		√	√

注：①打"√"风险参数是由银行通过内部模型计量提供，而空白的风险要素则由监管当局提供。
②零售类资产风险参数的计量，不管是内部评级初级法还是高级法都由银行内部根据计量提供。

得到信用敞口分类之后即可运用《商业银行资本管理办法试行》中的方法或是银行自择方法计算其风险要素。得到风险要素之后，运用一定的计算方式，即可得到一定的违约风险暴露（EAD）所需要的资本要求率。信用风险监管资本即为各类信用敞口，也就是违约风险暴露与资本要求率（K）乘积的累加，即：

信用风险资本占用额=∑K×违约风险暴露（EAD）

综上所述，运用内部评级法计量信用风险监管资本的大体流程如图 3-5 所示。

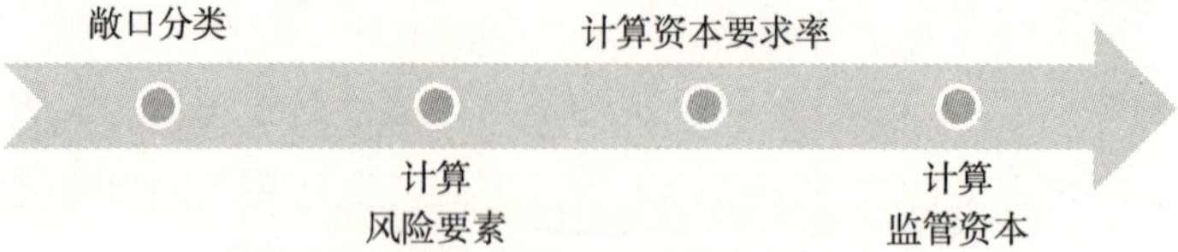

图 3-5　信用风险监管资本内部评级法简单流程图

二、信用敞口分类

如前所述，在计算信用敞口风险因素之前，必须先对信用敞口进行分类。中国银行业监督管理委员会参考《巴塞尔新资本协议》，在《商业银行资本管理办法(试行)》中将信用敞口分为零售类风险暴露与非零售类风险暴露两大类。

其中，非零售类风险暴露包括主权、金融机构以及公司类风险暴露，而零售类风险暴露包括零售、股权以及其他类风险暴露。

更进一步的，由于已违约未确认损失的风险暴露已经确定必将会发生损失，不确定的是其损失的程度，也就是其违约损失率，以及确定违约损失率的时间，因此，仍需将六大类风险暴露更进一步分为未违约风险暴露与已违约风险暴露。因此，信用敞口的具体分类如图 3-6 所示。

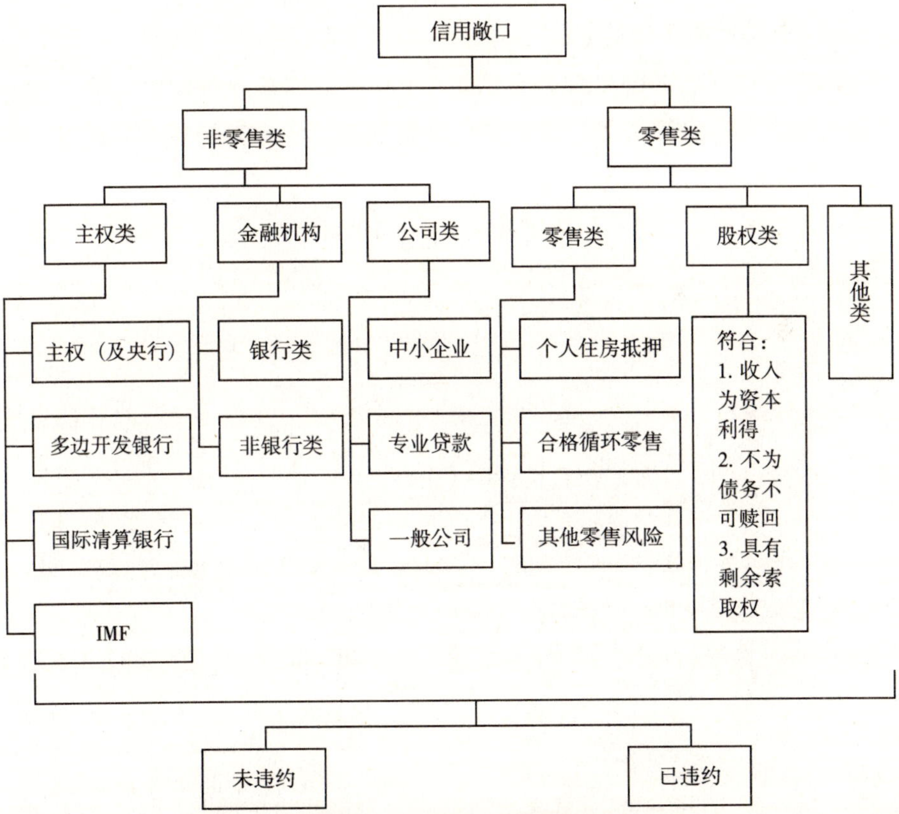

图 3-6　信用敞口分类示意图

其他类风险暴露包括购入应收款及资产证券化风险暴露等，其与前五类风险暴露具体释义，详见附件 2 《商业银行资本管理办法（试行）》：信用风险内部评级法风险暴露分类标准。零售类与非零售类，已违约与未违约风险暴露分类，均为更方便地计算风险暴露因素，进而计算监管资本。

三、内部评级法计量监管资本的步骤

在确定了信用敞口的分类之后，即可正式在内部评级法下计算信用风险监管资本，具体计算方式如下。若该风险敞口未违约，则：

第一步：根据信用敞口是六种风险暴露中的哪一种而计算风险因子：包括违约概率（PD）、违约损失率（LGD）、违约风险暴露（EAD）和到期期限（M）。

第二步：计算资产相关性参数（R），资产相关性是违约概率的函数。

第三步：对资产的期限根据违约概率进行调整，计算期限调整因子（b）。调整后的期限是违约概率的函数。

第四步：根据是零售类或非零售类风险敞口，计算资本要求（K）。资本要求是违约概率、违约损失率、违约风险暴露和第二步计算的资产相关性参数的函数。

第五步：计算风险暴露的风险加权资产（RWA）。

如图 3-7 所示。

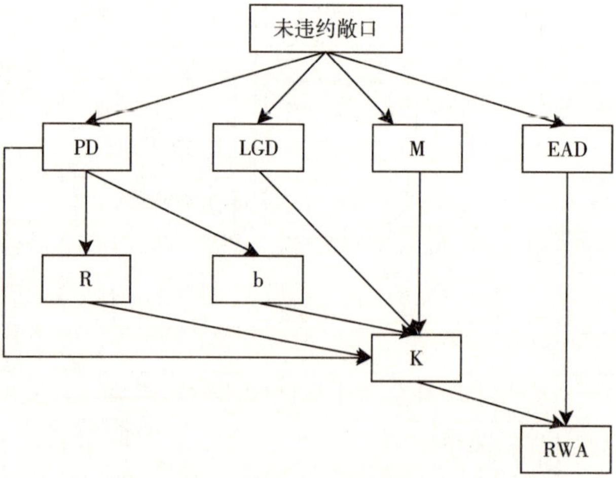

图 3-7　未违约敞口内部评级法监管资本计量流程示意图

特别的，未违约零售类风险暴露的风险加权资产计量是基于单个资产池风险暴露的违约概率、违约损失率、违约风险暴露和相关性的，而非单笔交易的风险敞口。

若该风险敞口已违约，则：

第一步：根据六种风险暴露分类，确定违约损失率（LGD）与违约风险暴露（EAD），考虑经济环境、法律地位等条件下对已违约风险暴露的预期损失率的最大估计值（BEEL）。

第二步：计算资本要求（K）。

第三步：计算风险加权资产（RWA），见图 3-8。

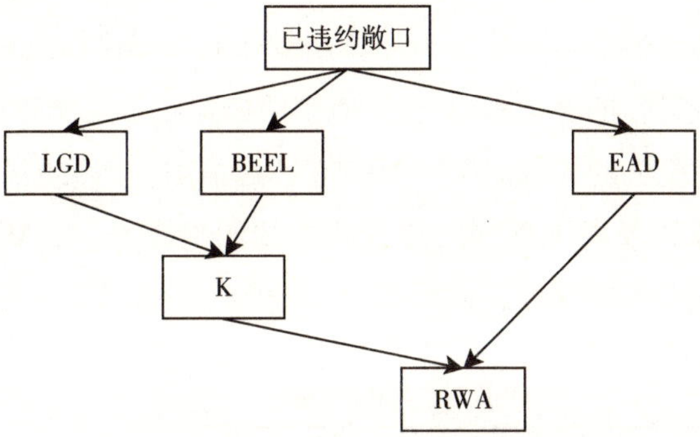

图 3-8 已违约敞口内部评级法监管资本计量流程示意图

第三节 信用风险资本计量模型

20 世纪 90 年代以来，由于银行业的激烈竞争和表外衍生产品交易的快速发展以及《巴塞尔新资本协议》的推动，国际上出现了以 J.P.摩根等金融机构为代表开发的新兴信用风险量化模型。这些风险量化模型对于历史数据的要求以及风险管理人才数量分析的要求较高，对于我国中小银行来说，其适用性有限，因此本节将仅对该计量方法作简单介绍。

目前国际上比较有影响的信用风险量化模型主要有四个：瑞士银行的 Credit Risk+模型、KMV 公司的 KMV 模型、麦肯锡公司的 Credit Portfolio View 模型和

J.P.摩根的 Credit Metrics 模型。其中，Credit Metrics 模型和 KMV 模型基于默顿的期权定价理论，Credit Risk+模型是应用保险经济学中的保险精算理论的违约式模型，Credit Portfolio View 模型则采用了将宏观经济变量和单个债务人的信贷质量联系在一起的计量经济学方法。

一、Credit Metrics 模型

Credit Metrics 模型是 J.P.摩根 1997 年 4 月推出的用于量化信用风险的风险管理产品，其主导思想同 1994 年市场风险量化模型 Risk Metrics，都通过在险价值（Value at Risk，VaR）来对贷款和非交易资产进行估价和风险计算。该方法是基于借款人的信用评级、历年评级发生变化的概率（评级转移矩阵）、违约贷款的回收率、债券市场上的信用风险价差计算出贷款的市场价值及其波动性，进而得出个别贷款和贷款组合的 VaR 值。与其他信用风险度量模型相比，Credit Metrics 模型第一次用一个统一的综合的架构形式来考虑信用资产的信用质量转换、违约概率、违约回收率以及相关性等问题。图 3–9 给出了 Credit Metrics 模型的整个风险度量框架。

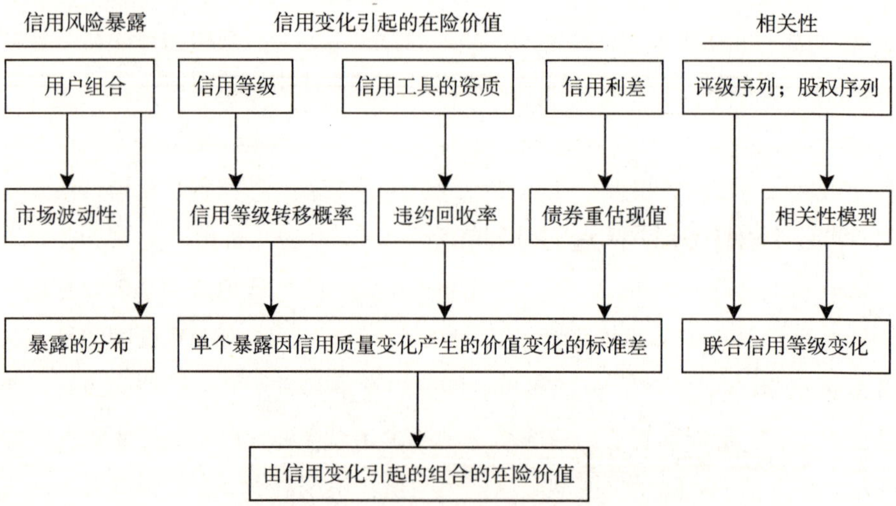

图 3–9 Credit Metrics 模型的整个风险度量框架

二、KMV 模型

1993 年美国的 KMV 公司利用期权定价理论创立了违约预测模型——信用监测模型（Credit Monitor），也称 KMV 模型，主要对上市公司的预期违约频率（EDF）进行预测。

在债务到期日，如果公司资产的市场价值高于公司债务值（违约点），则公司股权价值为公司资产市场价值与债务值之间的差额；如果此时公司资产价值低于公司债务值，则公司变卖所有资产用以偿还债务，股权价值变为零。因此，公司股权价值的损益情况类似于欧式看涨期权的损益情况。KMV 模型的基本思想是把公司权益和负债看作期权，而把公司资本作为标的资产，公司股权价值可看作基于公司资产价值、执行价为公司债务值的看涨期权，负债看作看跌期权，风险贷款与期权具有同构性（Isomorphic），而公司价值遵循几何布朗运动。资本结构与公司价值密切相关，违约概率则是与债务额和公司资产结构相关的内生变量。

KMV 模型假设投资组合是高度分散的，市场利率和总体经济状态是可以预先确定的，当公司资产价值低于某个水平时，违约就会发生，在这个水平点的公司资产价值被定义为违约点 DP（Default Point），度量公司预期违约频率 EDF（Expected Default Frequency）需要以下三个步骤：第一，利用期权定价公式从公司股本的市场价值及其波动率和公司负债的账面价值推算出公司资产的市场价值及其波动率；第二，根据公司的负债计算出公司的违约点，根据公司资产的现有价值确定出公司资产的预期价值，然后用这两个价值和公司资产价值的波动率即可构建出一个度量指标——违约距离 DD（Distance to Default），它是指公司资产的预期价值降低到违约实施点的百分比幅度，是其资产价值波动率即百分比标准差的倍数；第三，确定违约距离和违约频率之间的映射。KMV 模型的基本框架可由图 3-10 表示。

三、Credit Risk+模型

Credit Risk+模型是由瑞士信贷金融产品公司（CSFP）于 1997 年下半年推出的信用风险模型。模型的主要思想是将违约事件看成连续随机变量的纯粹的统计过程，违约风险与债务人的资本结构无关。通过泊松分布模拟违约事件的分布，将信贷敞口划分成 n 个区间，解出信用损失概率生成函数的闭合解，得出信用

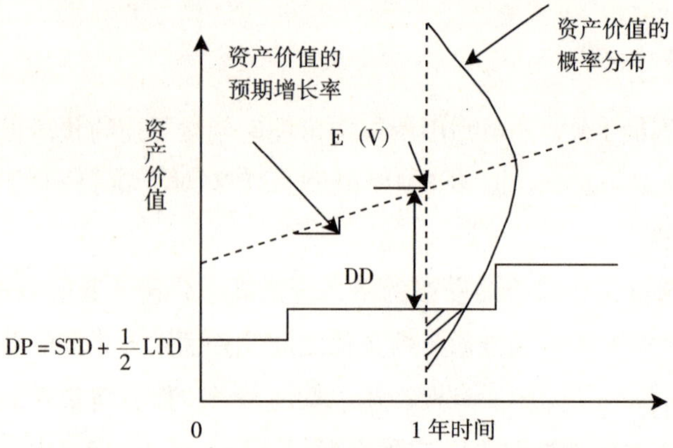

图 3–10　违约距离、违约点和资产波动性的关系

损失的概率分布，计算出预期损失和非预期损失，借以确定经济资本等。Credit Risk+模型的基本内容分为三个部分，各部分之间的关系如图 3–11 所示。

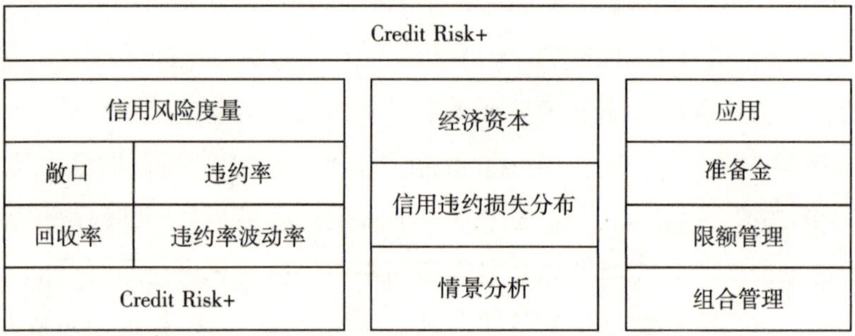

图 3–11　Credit Risk+模型组成部分 CPV 信贷组合模型

四、Credit Portfolio View 模型

CPV 模型由麦肯锡公司的 Wilson 提出，直接利用宏观经济因子来模拟条件违约概率。该模型直接对条件违约概率或者信用等级转移概率与宏观经济因子之间的关系进行模型化，应用经济计量学和蒙特卡罗模拟来实现模拟联合条件违约概率分布，以及每个国家不同行业中各种信用等级群体的信用等级转移概率。

CPV 模型假设决定违约概率的不是资产价格、经验参数或者随机模拟结果，而是 GDP 增长率、失业率、利率、汇率、政府支出等宏观经济变量。由于系统性信用风险的变化跟随着信贷周期，而信贷周期又跟随着经济周期，所以从信贷组合的角度看，经济状态是决定信用风险的共同因素，是系统性信用风险的最终来源。

CPV 模型的原理是基于以下几点关于信用风险的经验观察：

第一，贷款组合的多样化可以有效分散特异风险（Idiosyncratic Risk），但是风险分散作用并非无限，不能把全部风险都分散掉，“这部分剩余的风险即可称为不可分散风险，或系统性风险”，对不可分散风险的度量是贷款组合信用风险度量的主要任务。

第二，信用风险中的不可分散风险主要受宏观经济环境的影响，“信用风险的基本要素如违约概率、信用等级迁移概率、违约损失率、风险暴露等也都与宏观经济紧密相关”。当经济形势恶化时，违约事件以及信用评级下调的情况都会随之增加；当经济环境改善时，违约事件则随之减少，信用评级上调的情况则会增加。Wilson（1998）采用德国公司 1960~1994 年的数据样本研究了平均违约率和宏观经济形势之间的关系，发现 GDP 增长率、失业率等宏观经济变量可以解释平均违约率时间序列中变化的 90%。

第三，单个宏观经济变量不能解释全部的宏观经济风险，必须采用多个宏观经济变量。Wilson（1998）采用标准普尔、美国、英国、德国以及日本的数据，通过主成分分析研究了相关经济变量对国家平均违约率的解释能力。结果发现，对于汇总后的数据样本，第一个变量能够解释平均违约率全部变化的 77.5%；但对于具体国别的数据样本，第一个变量的解释能力差别很大，如只能解释美国数据的 23.9%，所以不同国家的信用风险对不同宏观经济因子的反应不同。Wilson 等（1998）的经验研究还显示：美国企业的资不抵债比率主要受利率水平的影响，瑞典的造纸业主要受贸易条件的影响，而住房抵押贷款的违约率则主要受住房价格以及地区经济形势的影响。CPV 模型的基本建模策略如图 3-12 所示。

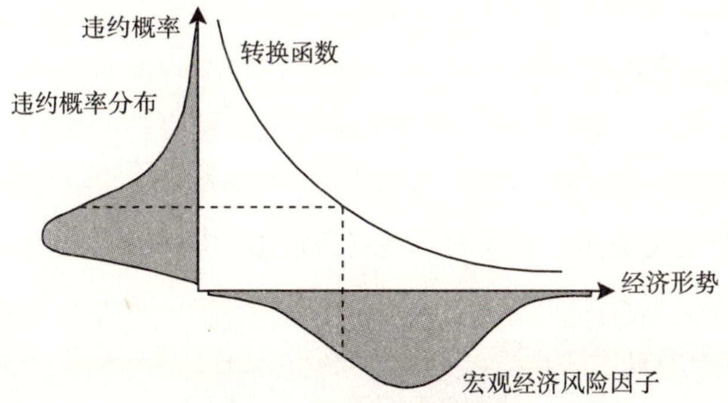

图 3-12　CPV 模型的理论框架

结 语

资本计量是经济资本管理的前提和基础。只有在全面、准确测度风险的基础之上，我们才有可能根据银行的发展战略，来更有效地配置稀缺的资本。在全面风险管理的视野内，风险资本的计量涉及信用风险、操作风险和市场风险三大类。本章主要介绍了信用风险的主要计量方法及过程。接下来一章则主要介绍操作风险和市场风险的计量方法。

第四章
经济资本的计量：市场风险与操作风险

根据巴塞尔委员会的官方定义，市场风险被定义为由于市场价格（包括金融资产价格和商品价格）波动而导致金融机构表内表外头寸遭受损失的风险。更具体的划分，市场风险可以分为利率风险（Interest Rate Risk）、股票风险（Equity Position Risk）、汇率风险（Foreign Exchange Risk）和商品风险（Commodities Risk）四种。

与信用风险相比，市场风险的计量方法更为成熟，这主要得益于市场风险基本服从正态分布的特征，即市场价格的波动（以及由此带来的收益波动）以其期望值为中心，主要集中于与期望相近的两侧，而远离期望值的极端情况则很少发生，因此市场风险的概率分布形状大致是呈钟形对称的正态分布，这一性质使其更易于统计模型的应用。

第一节　市场风险有关的基本概念

要充分理解市场风险概念及涵盖范围，首先需区分交易账户与银行账户。银行账户、交易账户是监管方面对银行资产的一种分类方式，主要是从监管角度出发对账户头寸进行的划分。

所谓交易账户又称交易组合（Trading Portfolio），简单而言，就是指能够在有组织的金融市场上被迅速买卖且持有时间较短的资产、负债和衍生产品头寸，包括债券、股票、外汇、某些商品以及与这些头寸相关联的衍生产品，其目的是获得短期收益。

针对交易账户，《巴塞尔资本协议》规定：交易账户包括以交易为目的或以规避交易账户其他项目的风险为目的而持有的金融工具和商品的头寸。符合进入交易账户计算资本要求的金融工具必须在交易方面不包含任何限制性条款，或者能够被完全套期保值而规避风险。

银行账户主要包括存款、贷款等传统银行业务，也包括为银行账户头寸进行避险用的衍生产品，如掉期（这些衍生产品表面上看可以构成交易账户的组成部分，但实际上不属于交易账户，因此要排除在市场风险计量指标之外，但要受关于信用风险的资本要求的约束）。总体上讲，归入银行账户的业务不以交易为目的，性质上较为被动，较少考虑短期市场因素波动的影响。

根据市场风险，交易账户与银行账户定义市场风险包括：交易账户中受利率影响的各类金融工具及股票所涉及的风险，以及商业银行全部的外汇风险和商品风险。具体界定如下：

利率风险，包括交易账户中的债券（固定利率和浮动利率债券、可转让存款证、不可转换优先股及按照债券交易规则进行交易的可转换债券）、利率及债券衍生工具头寸的风险。

股票风险，是指交易账户中股票及股票衍生工具头寸的风险。其中，股票是指按照股票交易规则进行交易的所有金融工具，包括普通股（不考虑是否具有投票权）、可转换债券和买卖股票的承诺。

外汇风险，是指外汇（包括黄金）及外汇衍生工具头寸的风险。

商品风险，商品是指在或可以在二级市场买卖的实物产品，如贵金属（不包括黄金）、农产品和矿物（包括石油）等，适用于商品、商品远期、商品期货、商品掉期。

第二节 市场风险经济资本计量

与信用风险类似，对于市场风险经济资本计量，《巴塞尔资本协议》也规定银行可运用两种方法：一种为标准法，另一种为内部模型法。

一、标准法

《巴塞尔新资本协议》规定的市场风险经济资本计量标准法，建立在将市场风险分类、各部分经济资本分别计量的基础上，然后加总得到总的市场风险经济资本。目前的分类是将市场风险分为利率风险、股票风险、外汇风险、商品风险及期权风险五类，其中期权风险为前述四种风险有关的期权合约所承担的风险。具体如表 4–1 所示。

表 4–1 市场风险经济资本分类

风险种类	账户分类	工具
利率风险	交易账户	债券、债券衍生工具、利率衍生工具、股票衍生工具、商品衍生工具
其中：特定风险	交易账户	债券、债券衍生工具
一般市场风险	交易账户	债券、债券衍生工具、利率衍生工具、股票衍生工具、商品衍生工具
股票风险	交易账户	股票、股票衍生工具
外汇风险	银行账户、交易账户	各货币和黄金的多头和空头头寸
商品风险	银行账户、交易账户	商品、商品衍生工具
期权风险	交易账户	上述风险类别有关的期权合约

资料来源：中国银行业监督管理委员会。

运用标准法计算市场风险经济资本，各分块资本要求需要用不同的方法：

1. 利率风险

利率风险的资本要求包括特定市场风险和一般市场风险的资本要求两部分。

（1）特定市场风险。它是由单一证券的价格因其发行人的原因而出现的不利波动带来的表内外业务发生损失的风险。其计量方法是按照监管部门规定的风险权重，将不同种类、到期日的风险敞口与风险权重相乘得到。其风险敞口主要包括三个方面：

1）政府证券。它包含各国中央政府和中央银行发行的各类债券和短期融资工具。

2）合格证券。它包含①多边开发银行、国际清算银行和国际货币基金组织发行的债券。②我国公共部门实体和商业银行发行的债券。③被至少两家合格外部评级机构评为投资级别（BB+以上）的发行主体发行的债券。

表 4–2　特定市场风险资本的风险权重

类别	发行主体外部评级	特定市场风险资本的风险权重（%）
政府证券	AA–以上（含 AA–）	0
	A+ 至 BBB–（含 BBB–）	0.25（剩余期限不超过 6 个月）
		1.00（剩余期限为 6~24 个月）
		1.60（剩余期限为 24 个月以上）
	BB+ 至 B–（含 B–）	8.00
	B–以下	12.00
	未评级	8.00
合格证券	BB+以上（不含 BB+）	0.25（剩余期限不超过 6 个月）
		1.00（剩余期限为 6~24 个月）
		1.60（剩余期限为 24 个月以上）
其他	外部评级为 BB+以下（含）的证券以及未评级证券的资本计提比率为证券主体所适用的信用风险权重除以 12.5，风险权重《商业银行资本管理办法》附件 2。	

资料来源：中国银行业监督管理委员会。

3）其他证券。它包括外部评级为 BB+以下（含）的证券以及未评级证券。

（2）一般市场风险。它主要是指因多种市场价格因素的不利变动而使商业银行表内和表外业务发生损失的风险。商业银行可以采用到期日法或久期法计量市场风险。资本要求包含三个部分：

1）每时段内加权多头和空头头寸可相互对冲的部分所对应的垂直资本要求。

2）不同时段间加权多头和空头头寸可相互对冲的部分所对应的横向资本要求。

3）整个交易账户的加权净多头或净空头头寸所对应的资本要求。

需要注意的是，在计算利率（利率期货、远期利率协议、利率互换及交叉货币互换合约、利率期权及远期外汇头寸），债券（债券的远期、期货和债券期权）等衍生工具风险时，应转换为基础工具进行计量。以利率掉期为例，如银行收取按浮动利率计算的利息，并支付按固定利率计算的利息，则应被视为持有期限等于直至下一个重新定价日期的浮动利率工具多头，以及期限等于掉期合约剩余期限的固定利率工具空头。又如远期外汇头寸，应视为与该远期合约期限相同的两种货币的零息政府债券的多头和空头，一项债券期货多头被视为可交割债券的多头和一项在期货交割日到期的零息债券空头。利率风险资本要求计算流程如图4-1 所示。

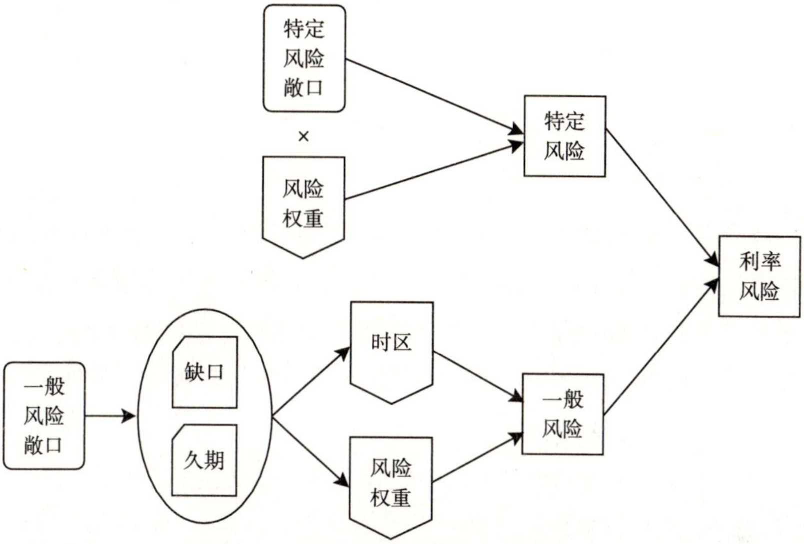

图 4-1 利率风险资本要求计算流程

2. 股票风险

股票风险是指交易账户中股票及股票衍生金融工具头寸的风险，其中股票是指按照股票交易规则进行交易的所有金融工具，包括普通股（不考虑是否具有投票权）、可转换债券和买卖股票的承诺。股票衍生工具包括股票和股票指数的远期、期货及掉期合约，衍生工具应要转换为基础工具。

同利率风险处理方法一样，标准法将股价风险的资本要求也分为两部分：特定市场风险和一般市场风险。对于特定市场风险的资本要求等于各个不同市场中各类股票多头头寸绝对值及空头头寸绝对值之和乘以 8%后所得各项之和。一般市场风险对应的资本要求等于各个不同市场中各类多头及空头头寸抵消后股票净头寸（取绝对值）乘以 8%后所得的各项数值之和。股票风险资本要求计量流程如图 4-2 所示。

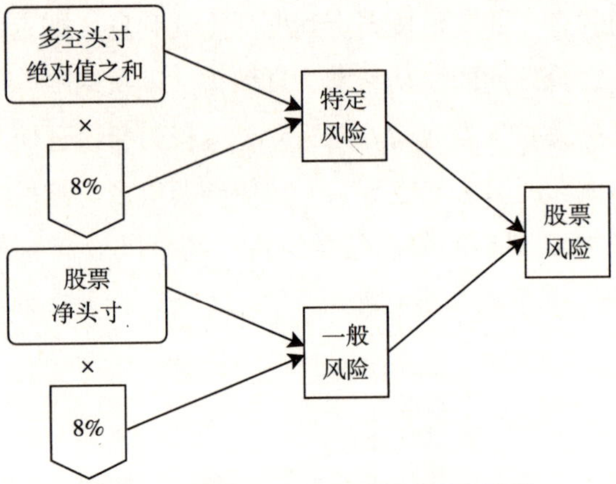

图 4-2　股票风险资本要求计量流程图

3. 外汇风险

外汇风险是指银行账户及交易账户中外汇（包括黄金）及外汇衍生金融工具头寸的风险，外汇衍生工具应转换为基础工具，并按基础工具的方法计算市场风险资本要求。外汇风险的资本要求等于净风险暴露头寸总额乘以 8%。净风险暴露头寸总额等于以下两项之和：①外币资产组合（不包括黄金）的净多头头寸之和（净头寸为多头的所有币种的净头寸之和）与净空头头寸之和（净头寸为空头的所有币种的净头寸之和的绝对值）中的较大者；②黄金的净头寸。外汇风险资本要求计量流程如图 4-3 所示。

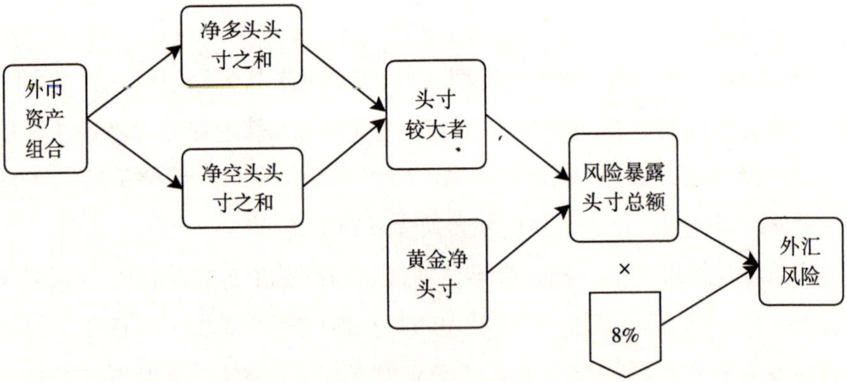

图 4-3　外汇风险资本要求计量流程图

4. 商品风险

商品风险是指银行账户及交易账户上可以在二级市场买卖的实物产品头寸产

生的风险，如贵金属（不包括黄金）、农产品和矿物（包括石油）等，包括商品、商品远期、商品期货、商品掉期。由于市场的流动性较差，商品价格受供求的季节性影响，同其他金融商品相比，商品的风险衡量非常复杂。

存货在决定均衡价格方面发挥着重要作用，其使银行面临的市场风险主要包括：直接的价格风险，即即期价格的变化；基差风险，即两种相关商品价格之间的变化差异，比如能源产品的报价就采取在基准指数之上加减利差的形式；利率风险，即存储成本变化的风险；时间利差风险或远期缺口风险，即由于利率变化之外的其他原因导致远期商品价格变化的风险，远期曲线的形状主要取决于近期供求因素以及远期基本因素；期权风险，即 Delta、Gamma、Gega 风险。

商品风险对应的资本要求等于以下两项之和：①各项商品净头寸的绝对值之和乘以 15%；②各项商品总头寸（多头头寸加上空头头寸的绝对值）之和乘以 3%，以承担基准风险、利率风险与远期差价风险。商品衍生工具应转换为名义商品计算资本要求。

商品风险资本要求计量流程如图 4–4 所示。

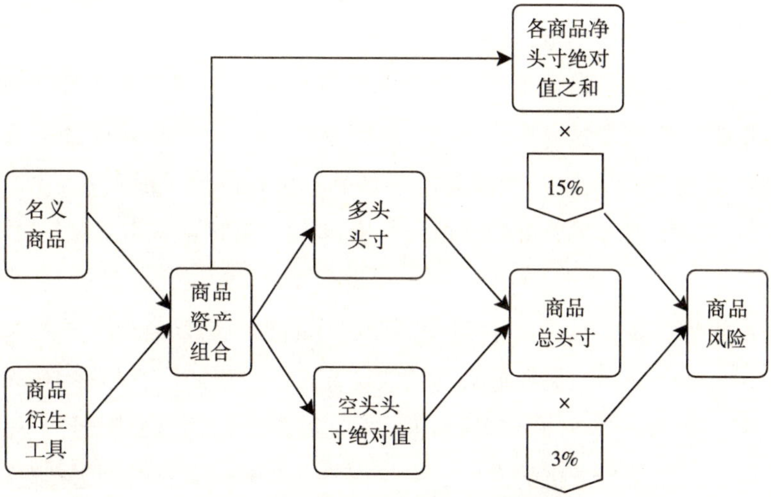

图 4–4　商品风险资本要求计量流程图

5. 期权风险

期权的处理有三种方式，即简化法、高级法和情景法，其中简化法只适用于仅购买期权的银行，高级法及情景法适用于同时具有期权空头头寸的银行。

二、内部模型法

如前文所述，市场风险是由于市场价格的波动引发银行表内外资产减值或负债增值，从而导致损失的风险。经济资本在数量上等同于金融资产的非预期损失。也就是说，市场风险经济资本应该等于市场价格的非预期波动所引起的银行交易账户资产减值。

如何衡量由于市价波动而引起的金融产品减值是内部模型法的核心。在险价值（Value at Risk，VaR）概念的提出，为衡量该种损失提供了良好的载体。

VaR 通常被定义为在正常的市场条件和给定的置信水平（Confidence Level）下，某一投资组合在给定的持有期间内可能发生的最大的损失。通俗来说，持有一只金融产品，其一段时间后的价格变化在当前并不确定，如某投资者认为该金融产品一段时间之后，价格有 50%的概率保持不变，25%的概率上涨 10%，15%的概率下跌 5%，10%的概率下跌 10%，则该金融产品一段时间之后损失小于等于 5%的概率即为 25%+50%+15%=90%。因此，该金融产品在 90%置信水平下的 VaR 即为（5%当前价值），也就是该投资者有 90%的把握，此金融产品的损失不会超过 5%。也就是说，VaR 定量描述了金融产品可能面临的损失。

因此，由经济资本的定义，市场风险经济资本的计算过程可用 VaR 来作为金融产品损失的代理变量。根据《巴塞尔资本协议》，市场风险的经济资本计量，可用金融产品的 VaR 乘以一个调整因子得到。调整因子一般由各国监管当局根据其对银行风险管理体系质量的评估自行确定，《巴塞尔新资本协议》规定该值不得低于 3。

然而由上例可见，虽然 VaR 量化了金融产品在一定置信水平下的最大损失，但事实上，金融产品产生更大损失的可能是存在的，正如该产品有 10%的概率下跌 10%，但 VaR 仅仅得出了 5%的结果。也正是部分因为这个原因，不完备的风险度量导致了美国次贷危机的发生。因此，《巴塞尔新资本协议》要求在 VaR 的基础上对极端状况下交易账户的损失进行量化，即假设市场长期处于疲弱状态、各金融产品的可能损失要明显高于市场正常状态时，交易账户金融资产的 VaR（也就是压力风险价值），同样需要计算监管资本。

1. VaR 的定义及原理

如前文所述，VaR 通常被定义为在正常的市场条件和给定的置信水平下，某一投资组合在给定的持有期间内可能发生的最大损失。从统计的角度看，VaR 实际上是投资组合回报分布的一个百分位数（Percentile），从这个角度看，VaR 和回报的期望值在原理上是一致的。正如投资组合回报的期望值实际上是对投资回报分布的第 50 个百分位数的预测值一样，在 99%的置信水平上，VaR 值实际上就是对投资回报分布的第 99 个百分位数（较低一侧）的预测值。一个在 99%置信水平上的一日 VaR 值表示投资组合在一天之内损失到 VaR 水平的可能性为 1%，或者说 100 天内出现损失状况超过 VaR 的天数为一天。

用数学语言来描述，假设给定置信水平为 α，持有期为 t，则在 t 日内预计损失超过 VaR 的概率只有 1–α。假设 R 为收益率，R* 为资产在置信水平下的最低收益率，φ(R) 为收益率的概率分布函数，则有：

$$\varphi(R \leqslant R) = \int_{-\infty}^{R^*} \varphi(R)dR = \alpha$$

如图 4–5 所示。

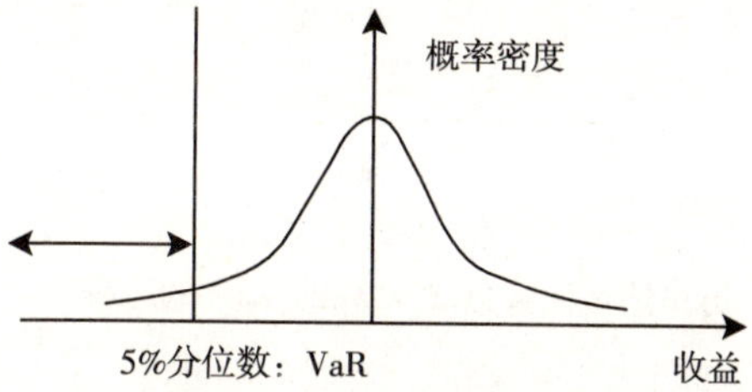

图 4–5　VaR 概率密度函数曲线示意图

VaR 的计算涉及一些重要的参数，如一定置信水平的选择、资产持有期的选择和资产收益的分布情况，等等。在实际估计市场风险时，持有期通常可以设置为 1 周、10 天或 1 个月，置信水平可以设置为 95%或 99%。巴塞尔委员会对金融机构的要求通常是在 99%的置信水平下计算持有期为 10 天的 VaR 值。

根据当前金融界的实践和研究界对风险价值的研究情况，计量风险价值应用得最多的是历史模拟法、方差—协方差法和蒙特卡罗模拟法。

(1) 历史法/历史模拟法。要计算一个组合的 VaR，通过前 T 期的历史价 P_t(t = 1，2，…，T) 就可以获得一个价格波动序列 ΔP_t(t = 1，2，…，T–1)。如果已知当前时刻的价格 P_0，则未来可能的价格序列 P_{0+t}（t = 1，2，…，T–1）就可以用当前的价格 P_0 加上前面获得的价格波动序列 ΔP_t 计算，即：

$P_{0+t} = P_0 + \Delta P$

将所得到的未来价格波动序列按照从小到大的顺序排列，即可获得投资组合的历史分布，再根据风险管理者设定的信赖水平，找出相对应的分位数即可求得VaR。例如，如果得到了1000个未来的可能价格序列，在95%的信赖水平下，预期将会有50个观测值超过VaR，于是第51个值就是VaR的估计值。如果分位数不是整数则可以采用插值法求解。通过历史法既可以计算绝对VaR，也可以计算相对VaR。上面的例子获得的就是绝对VaR。只要将上面例子中的价格换成收益，就可以得到相对的VaR。具体流程如图4-6所示。

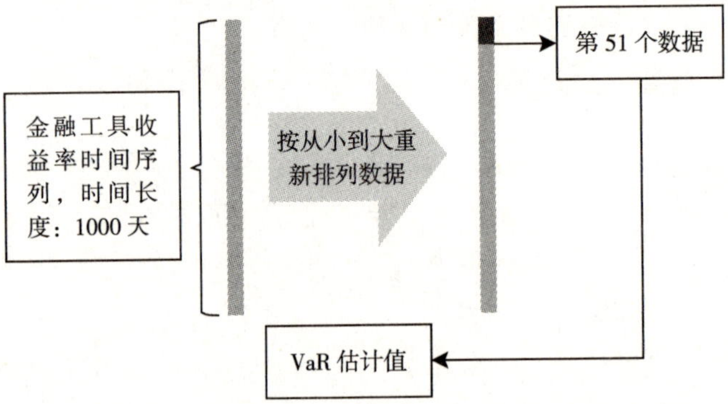

图4-6　历史法估计置信度95%的VaR的流程

当某些金融衍生产品价值的历史资料不便直接取得时，便可以通过该金融资产的风险因子（Risk Factor）采用历史模拟法来计算该资产或组合的VaR，而不是由该资产本身的价格来算出。

（2）方差—协方差法。这种方法的核心是基于对资产报酬的方差—协方差矩阵进行估计。该方法基于线性假定和正态假定，即假定持有期内资产价值的变化与其风险因素报酬呈线性关系，风险因素报酬均服从正态分布。尽管这与实际情况不相吻合，仅限于线性的投资工具，金融资产收益率的分布与正态分布相比具有厚尾性，使金融风险的VaR值被低估，但由于它的可操作性和易于参数的敏感性分析，使其仍被广泛使用。

（3）蒙特卡罗模拟法。假设资产组合价格为某随机变量的函数，即：

$P = f(X, Y)$

其中，P 为资产价格，受 X，Y 二因素影响，X 为某随机变量，Y 为某非随机变量，若 X 的概率分布明确，则可于该分布中抽取随机数，代入公式，可得资产价格。该模拟过程重复进行多次，即可得到资产价格可能值的集合，再与期初值运算得到收益率可能值集合，运用历史法或参数法，即可得到 VaR。蒙特卡罗模拟法流程如图 4-7 所示。

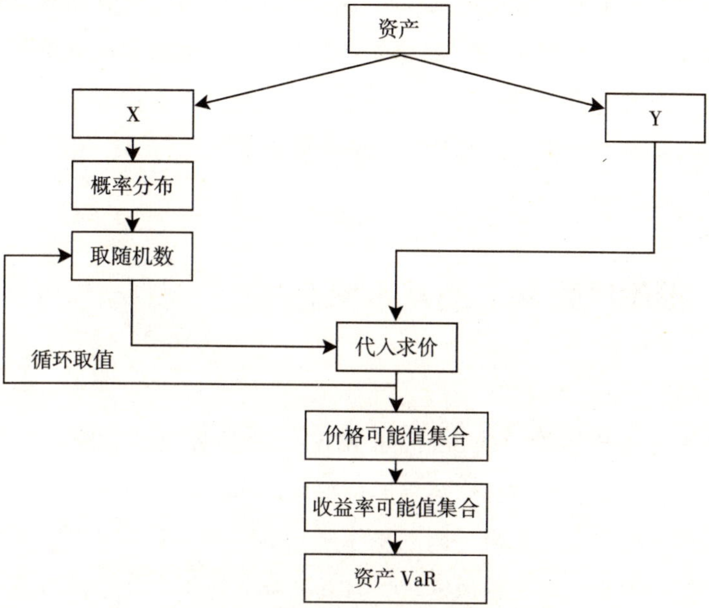

图 4-7　蒙特卡罗模拟法流程图

2. 运用 VaR 方法计算市场资本要求

和标准法相同，内部模型法下利率风险和股票风险均需分为特定市场风险与一般市场风险，标准相同。

运用计算公式得到金融产品一般风险的 VaR，并没有直接得到市场风险的监管资本要求，如前文所述，仍需乘以一个调整因子，在内部模型法下，计算一般市场风险的监管资本。如《商业银行资本管理办法（试行）》所示，内部模型法计算市场风险监管资本的公式为：

$$K = Max(VaR_{t-1},\ mc \times VaR_{avg}) + Max(sVaR_{t-1},\ ms \times sVaR_{avg})$$

其中，mc 和 ms 均为调整因子，最小值为 3；VaR_{t-1} 为该金融产品上一期的 VaR；VaR_{avg} 为最近 60 个交易日风险价值的均值；$sVaR_{t-1}$ 为该金融产品上一期的压力风险价值；$sVaR_{avg}$ 为最近 60 个交易日压力风险价值的均值；Max 为比较函数，即取两者中值较大者。

VaR 与 sVaR 均使用单尾、99%的置信区间，持有期为 10 个交易日，VaR 观察期长度为一年或 250 个交易日，sVaR 需选用给商业银行造成重大损失的连续的 12 个月期间作为显著金融压力情景，并使用经该期间历史数据校准后的数据作为计算基础。

除符合以上要求外，采用内部模型法计量特定市场风险资本要求时，内部模型应包含能反映所有引起价格风险的重要因素，并且可对市场状况和交易组合变化做出反应，符合《商业银行资本管理办法（试行）》（附件2 所示）的要求；否则，商业银行应使用标准法计量特定市场风险资本要求。

第三节　操作风险相关的基本概念

关于什么是操作风险（Operational Risk），理论界尚缺乏统一的、规范的定义，在实务中，金融机构对操作风险的理解也不尽相同。巴塞尔委员会的风险管理小组将操作风险定义为：由于内部操作流程不完善、人为过失、系统故障或外部突发事件等因素造成损失的风险。并且其还补充说明：为了进行第一支柱下的有关资本金分配，战略风险、名誉风险、所有非间接损失或机会成本都未包括在内。其中，操作流程因素引起的操作风险包括流程设计不科学和流程执行不严格两种情况；人为因素引起的操作风险包括操作失误、违法行为、违反用工法、关键人员流失等情况；系统因素引起的操作风险主要是系统失灵和系统漏洞；外部事件引起的操作风险主要是外部欺诈、突发事件及银行经营环境的不利变化等情况。

巴塞尔委员会的定义意味着只有造成损失的操作失败或操作事件才被认为是操作风险，这存在不足之处。并非所有的操作风险事件都会导致银行发生损失，即使某些事件导致利润，也不可因此忽视，倘若该类事件再次发生，就有可能导致损失。该类事件的记录必不可少，并需采取措施防止事件再次发生。如果银行只使用基于实际损失的历史数据，那么将低估未来的潜在损失。

一、操作风险分类

国际银行业对操作风险的关注焦点同样为不可预计损失风险和灾难性损失风险。就操作风险损失分类而言，一般把潜在的操作风险损失分为高频低危和低频高危两大类：

1. 高频率低冲击事件（High Frequency Low Impact，HFLI）

例如，会计方面的小错误或出纳员的无意操作失误等；这类事件造成损失的数据一般可以从银行的内部审计系统获得，针对这种类型的操作风险，能够建立模型，并对未来可预计损失分布做出较为准确的估算。

2. 低频率高冲击事件（Low Frequency High Impact，LFHI）

例如，恐怖主义袭击或者欺诈舞弊等。这类事件爆发的概率很低，单一银行关于这类事件造成损失的数据不足以支撑操作风险模型的建立，因此不同银行之间可能需要进行数据共享。

从操作风险的损失风险因素，可将操作风险分为五种类型，具体的定义与举例释义如表 4–3 所示。

表 4–3　操作风险因素定义与举例

操作风险分类	定义	举例
内部程序风险	由于失败的交易，账户，结算和日常业务操作过程造成的损失	文件不充分、不完整或错误；缺乏控制；营销错误；洗钱；不正确或不充分的报告；交易错误
人员风险	由于雇员及相关人员造成（有意的和无意的），或者由于公司与其客户、股东、第三方或者监管者之间的关系造成的损失	健康和安全问题；员工的高流动性；内部欺诈；劳动争议；管理不善；员工培训不完善；过度依赖个别主要员工；流氓交易员的行为
系统风险	由于业务的分离或者基础框架或者电子技术的故障	数据损坏；数据输入错误；不完全的变化控制；不完全的项目控制；编程错误；坚信系统的内部数学模型正确；服务中断；系统安全问题；系统适应性；新的、没试用的技术的应用
外部风险	与银行不能直接控制的事件相关的风险，由于第三方而造成的财产损失	其他银行发生的具有行业影响的事件；外部欺诈和盗窃；火灾；自然灾害；外包失败；新监管规则的实施；暴乱和国民抗议；恐怖主义；交通系统中断，员工无法到达工作地点；公用服务设施故障
法律风险	由于法律行为造成的不确定性或在合同、法律和监管规则的执行和解释中遇到的不确定性所导致的风险	

虽然操作风险因素分类有明确的定义，但风险损失的具体原因通常并不明确，经常是由一系列事件而非某单一因素引起的，跨越了不同风险事件类型的边界，该类事件被称为边缘事件。欲解决该类事件，首先需根据该事件的内在或根本原因将事件归类，因此银行需明确边缘事件定义，避免在资本计算中双倍记账或完全漏记该事件，并建立边缘事件明确的归类方法。

从操作风险的损失事件类型，可将操作风险分为七种类型，具体如表 4-4 所示。

表 4-4 操作风险损失事件分类

损失事件类型	定义	举例
内部欺诈	有机构内部人员参与的故意欺骗、盗用财产或违反规则、法律、公司政策的行为	内部人员故意误报头寸、内部人员偷盗、员工通过自己账户进行内部交易等
外部欺诈	第三方的故意欺骗、盗用财产、违反法律的行为	抢劫、伪造、开具空头支票以及黑客行为对计算机系统的破坏
雇员活动和工作场所安全问题	由个人伤害赔偿金支付或差别及歧视事件引起的违反雇员健康或安全相关法律或协议的行为	工人补偿申诉、侵害雇员健康和安全条例、有组织的工会行动，歧视申诉、一般性责任
客户、产品和业务活动问题	无意或由于疏忽没能履行对特定客户的专业职责，或者由于产品的性质或设计产生类似结果	托人违约、滥用客户的秘密信息、银行账户上的不正当的交易行为、洗钱、销售未授权产品等
银行维系经营的实物资产的损坏	自然灾害或其他事件造成的实物资产损失或损坏	恐怖事件、地震、火灾、洪灾等
业务中断和系统错误	业务的意外中断或系统出现错误	计算机软件或者硬件错误、通信问题、设备老化、供电中断等
执行、交付和过程管理	由于与交易对方的关系而产生的交易过程错误或过程管理不善	交易数据录入错误、间接的管理失误、不完备的法律文件、未经批准访问客户账户、非客户的交易对手操作失误以及供应商纠纷等

二、操作风险管理

操作风险管理是指识别、评估、计量、监督和控制以及缓释操作风险的过程（见图 4-8）。操作风险管理的目标就是将风险状况降低到高级管理层、股东和监管机构可以接受的水平以内。操作风险计量是指对业务中的操作风险进行量化，操作风险计量是操作风险管理的一部分。在《巴塞尔资本协议》框架下，利用预期损失与非预期损失来计量操作风险。

银行在满足《巴塞尔资本协议》规定的有关标准时，面临巨大的挑战，任何

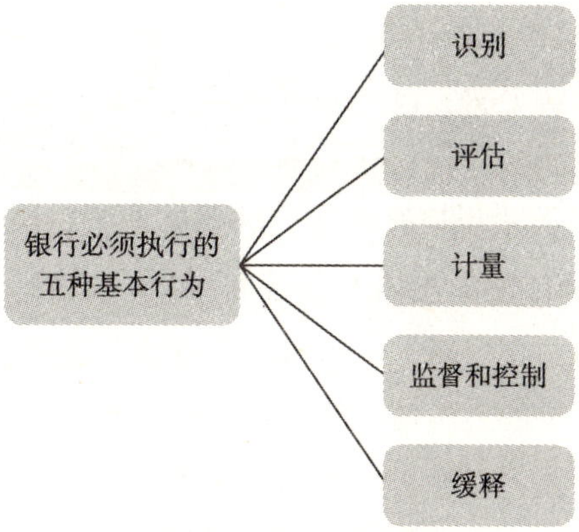

图 4-8　操作风险管理

操作风险管理的框架都必须考虑整个业务范围的挑战，为此，银行已经采用了许多不同的框架来处理涉及整个业务范围的操作风险。对银行来说，采取混合的方法管理操作风险很常见，银行所采用的管理框架通常既反映了其总体管理方法，又反映了银行对建立总体操作风险状况的概念。无论采取何种方法或框架，都必须是一致的并适合于银行的风险状况以及银行经营活动的规模大小、多样化程度、性质及复杂程度。

操作风险管理框架应该包括管理风险事件的过程和程序。当一个重要或有巨大影响的事件发生时，银行应对事件进行认真检查，分析其发生的原因。银行实施操作风险框架面临着一系列挑战，比如缓释风险的过程经常涉及员工环境及工作业务的变化，有时实行新的风险框架也被认为是被迫的过程。

1. 操作风险缓释与控制

操作风险缓释与控制就是要降低风险事件的发生频率与影响，因此控制风险不仅仅是监管需要，也是良好的实践管理。风险缓释与控制技术能使银行从三个方面直接收益：

（1）改善风险控制和降低风险事件发生的概率，以降低操作风险损失。

（2）许多风险缓释技术能够提高经营效率，降低管理费用。

（3）降低事件发生概率及影响会让使用高级计量法的银行减少操作风险资本要求。

银行缓释和控制风险的技术多种多样，一般来说，好的缓释技术是前瞻性的，以防止风险事件发生；也有许多技术是反应性的，目标是降低事件的影响。

2. 监控和报告

监控操作风险是连续不断的行为，通常也是缓释风险的关键步骤之一。操作风险的监控包括：经常性的内部和外部审计；客户调查和客户投诉报告；管理检查；过程监控，如限额、错误检查和客户满意度调查；经常性报告；安全监控；系统监控—审计跟踪的日常应用以及完善和更新；趋势分析，如系统"停工"；事故报告等。

监控操作风险最简单的方法就是执行经常性的报告程序。经常性报告对信用风险和市场风险非常重要，对操作风险也是如此。制定关于信用风险和市场风险的风险报告，是银行普遍接受的经营实践。操作风险的管理者面临的挑战是编制能让高级管理层了解和监控操作风险的报告，银行可以采取不同的报告方法，向高级管理层提供有效管理操作风险所需的信息。

3. 采用其他行业的标准

《巴塞尔资本协议》框架缺乏明确定义，导致一些银行使用其他行业的标准，其中一个标准就是 COSO/ERM。采用 COSO/ERM 标准能够帮助银行降低成本，并遵循《巴塞尔资本协议》的原则性要求。需要注意的是，这些替代标准对操作风险的定义可能不同于巴塞尔委员会的定义。因此，需要银行将这些替代标准的定义映射到巴塞尔协议的损失事件类型，以确保其资本计算符合监管要求。

第四节　操作风险资本的计量

如前所述，《巴塞尔新资本协议》允许银行使用三种不同方法中的一种来计量操作风险资本，这三种方法是：基本指标法、标准法和高级计量法。

一、基本指标法

在《巴塞尔新资本协议》所规定的三种计量操作风险的方法中，基本指标法最为简单。其基本原理是以银行的总收入作为基本指标法的风险暴露指标，对风险暴露指标乘以某一规定的风险加权系数计算得到操作风险监管资本。

《巴塞尔新资本协议》规定，总收入为银行的净利息收入与净非利息收入之和。总收入被认为代表了银行总的经营规模，从而代表了银行的内在的操作风险。实际上，该方法假定操作风险水平与经营的总收入具有直接的比例关系，从而以总收入为基数，通过乘以资本要求率来计算操作风险所需资本额度。因此，操作风险监管资本基本指标法计量示意图如图 4-9 所示。

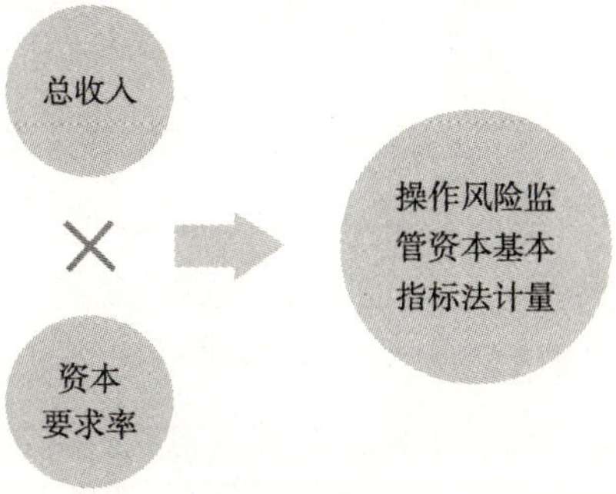

图 4-9 操作风险监管资本基本指标法计量示意图

总收入中包括的净利息收入和净非利息收入具体所指代的内容，由不同国家和地区按照监管当局或者国家会计准则确定。在我国，根据财政部及银监会的相关规定，银行的净利息收入为总利息收入与总利息支出的差额；银行的净非利息收入为总非利息收入与总非利息支出的差额。按照这种规定，其总收入相当于我国商业银行会计报表中的营业收入项目，具体包括利息净收入、手续费及佣金净收入、投资收益等，它代表了银行的正常经营活动所带来的收入，不包括营业支出、任何准备金、营业外收入、营业外支出及操作风险损失。

在计算总收入时需要注意负的总收入的处理。由图 4-9 可见监管资本要求与总收入的正负号必然相同，若简单运用当期的总收入计量监管资本，则可能将负的总收入计入，以致出现负的资本要求，这显然与《巴塞尔资本协议》要求的审慎监管精神相背离，同时可能导致认为操纵收入而改变所需的监管资本。

然而，若仅将几年的总收入简单平均，负的总收入同样会对监管资本要求产生负影响，甚至被人为操纵改变监管资本，因此在计算中应该剔除负的总收入影响，具体的基本指标法计算公式如下：

$$K_{BIA}=\frac{\sum(GI_{1\sim n}\times\alpha)}{n}$$

其中，K_{BIA} 为基本指标法下所需要的操作风险资本；GI 为过去 3 年中每年正的总收入；n 为过去 3 年中总收入为正的年数；α 为资本要求率，15%。

由于银行在过去 3 年中可能有负的总收入，因此 3 年内具有负的总收入的年份将被排除，将剩余正的总收入的年份加权后计算平均值。

例如，A 银行 2011 年总收入为 20 亿元，2012 年因特殊原因总收入为-3000 万元，2013 年总收入为 30 亿元，则在基本指标法下操作风险监管资本即为：

$(20+30)/2\times 0.15=3.75$ 亿元

α 乘数反映了操作风险水平与总收入之间的线性关系，即在一定总收入水平下，操作风险发生后的损失率。巴塞尔委员会通过在全行业进行咨询调查，经过评估将其确定为 15%。当然，这个值不是固定不变的。当情况发生改变或者获得了新的调查数据后，巴塞尔委员会会重新设定 α 乘数。

基本指标法简单方便，易于计算，但其具有明显的局限性。它假设操作风险水平与总收入有直接的比例关系，而对于不同的业务部门，这一点并不一定成立；它将高收益、低总量的业务与低收益、高总量的业务同样对待；另外，它也没有考虑不同事件类型、频率、银行的内部控制和运营的市场。

基于这些特点，基本指标法适用于操作风险暴露较低，或者很少甚至没有复杂操作风险职能部门的银行使用，不适用于国际重要银行或者具有重大风险状况的银行。巴塞尔协议规定这些银行至少应使用标准法来确定监管资本要求。

二、标准法

标准法计算操作风险资本要求的基本原理与基本指标法相同，其不同之处在于，将银行由在基本指标法采用同一个资本要求率，变更为按照不同的业务部门来分别计算操作风险资本要求。

具体来说就是将银行的业务分为 8 个业务线，对每个业务线的总收入作为该业务线操作风险的风险暴露，对每个业务线规定不同的资本要求率，分别计算所需要的资本要求。对于这 8 个业务线来说，所需资本量的计算方法与基本指标法相同，即每个业务线的总收入乘以业务线风险因子。

标准法计算操作风险监管资本的公式为：

$$K_{TSA}=\frac{\left\{\sum_{years1-3}\max\left[\sum\left(GI_{1-8}\times\beta_{1-8}\right)\right]\right\}}{3}$$

其中，K_{TSA} 为标准法下所需要的操作风险资本；GI_{1-8} 为每一个业务线的总收入；β_{1-8} 为每一个业务线的 β 值。

该方法中的 8 种不同的业务线对应不同的资本要求率，具体如表 4-5 所示。

表 4-5　标准法银行各业务线操作风险资本要求

业务线	β%
公司金融 β_1	18
交易和销售 β_2	18
零售银行 β_3	12
商业银行 β_4	15
支付和结算 β_5	18
代理服务 β_6	15
资产管理 β_7	12
零售经纪 β_8	12

对于不同的业务线划分，巴塞尔协议采用了明确的三层分类法来定义 8 条业务线，各家银行需使自己的内部业务线结构与“巴塞尔协议Ⅱ”监管业务线相对应。因此，运用标准法进行操作风险监管资本计量步骤可如图 4-10 所示。

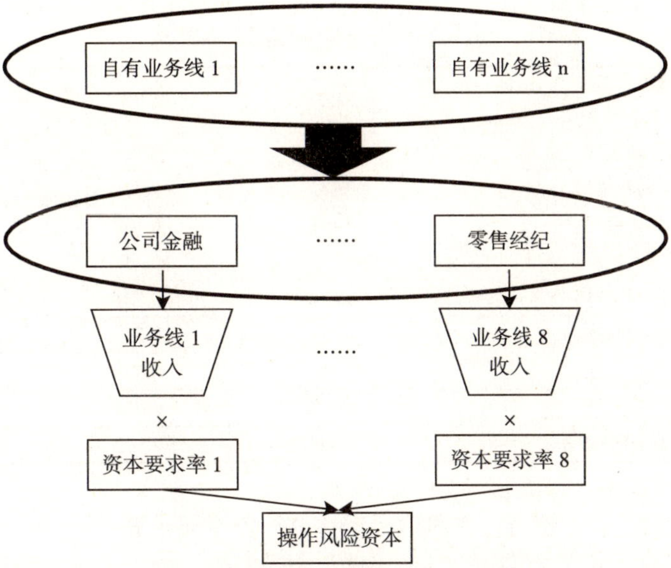

图 4-10　标准法计量操作风险资本

资本要求率的确定方式与基本指标法的 α 值一样。通过全行业咨询，运用统计方法得到该值。

例如，A 银行将自己的各业务线归类整理到 8 条标准业务线上之后，2012 年、2013 年、2014 年各业务线总收入如表 4-6 所示。

表 4-6　2012~2014 年各业务线总收入

时间（年） 标准业务线（亿元）	2012	2013	2014
公司金融	1.5	1.8	2
交易和销售	1.0	-0.2	1.5
零售银行	1.2	1.4	1.6
商业银行	5.3	6.2	7.5
支付和结算	2.4	2.8	3.5
代理服务	0.3	0.6	-0.2
资产管理	-0.1	0.5	0.3
零售经纪	0.4	0.6	0.5

则 2011~2014 年，A 银行 8 条业务线总收入乘以各自的资本要求率，得到各自资本要求如表 4-7 所示。

表 4-7　2012~2014 年各业务线的资本要求

时间（年） 标准业务线（亿元）	2012	2013	2014
公司金融	0.27	0.324	0.36
交易和销售	0.18	-0.036	0.27
零售银行	0.144	0.168	0.192
商业银行	0.795	0.93	1.125
支付和结算	0.432	0.504	0.63
代理服务	0.045	0.09	-0.03
资产管理	-0.012	0.06	0.036
零售经纪	0.048	0.072	0.06
总监管资本要求	1.902	2.112	2.643

因此，2013 年 A 银行操作风险标准法监管资本要求即：

(1.902+2.112+2.643) /3=2.219 亿元

三、选择性标准法

在确定资本要求率的咨询过程中，巴塞尔委员会发现某些银行在进行产品定价时就已经考虑到操作风险的影响，如果再对其进行资本要求则重复考虑风险，因此将标准法改进为选择性标准法。

在选择性标准法中，银行可以在商业银行业务和零售银行业务中，使用贷款和预付款来代替总收入作为操作风险暴露，从而商业银行业务和零售银行业务在某一年的监管资本要求计算公式为：

$$K_{RB} = \beta_{RB} \times m \times LA_{RB}$$

其中，K_{RB} 为某年商业银行业务和零售银行业务所需监管资本；LA_{RB} 为某年贷款和预付款总额；m 为调整因子 0.035。

在这种方法中，其他 6 种业务线的监管资本要求与标准法的相同。该方法只有在得到监管当局许可时才能使用。

由于标准法的基本原理与基本指标法是一致的，因此也具备基本指标法所具有的缺陷。虽然它考虑了不同业务部门之间具有不同的风险水平，但是没有考虑不同业务部门之间具有的相关性。经过测试发现，无显著证据表明标准法比基本指标法具有更高的风险敏感度。

四、高级计量法

《巴塞尔新资本协议》中规定的第三种计量操作风险的方法是高级计量法，它也是计量所需资本的最复杂的方法。协议中并未制定该方法的任何模型，而是允许各银行根据自己的情况采用自己内部的操作风险计量模型，只要满足要求并获得监管部门许可即可。

1. 高级计量法模型

针对这种情况，我国银监会制定的《商业银行资本管理办法》规定，商业银行采用高级计量法，可根据业务性质、规模和产品复杂程度以及风险管理水平选择操作风险计量模型；商业银行采用高级计量法，应当基于内部损失数据、外部损失数据、情景分析、业务经营环境和内部控制因素建立操作风险计量模型。建立模型使用的内部损失数据应充分反映本银行操作风险的实际情况。

不论采用什么具体模型，该方法必须能够估计预期损失和非预期损失，同时能够识别极端损失。在实际工作中，银行常常使用内部计量法、损失分布法及风险驱动和控制法三种方法。

(1) 内部计量法。内部计量法同样将业务分成 8 条业务线，每条业务线如操作风险监管资本标准法计量中所示区分出 7 种风险类型。通过将暴露指标（EI）、损失事件发生的概率（PE）以及事件发生时的损失估计（LGE）相乘，分别计算每条业务线下每种风险类型的预期损失（EL），再将每种风险类型的预期损失相加就得到该业务线的预期损失。同时，内部计量法假设预期损失和非预期损失间存在线性关系，非预期损失可以通过一个调整因子转化为操作风险资本，即：

所需资本=EL·γ·RPI

其中，EL 为预期损失；γ 为预期损失转化为非预期损失的比例因子；RPI 为非预期损失转化为操作风险资本的调整因子。

(2) 损失分布法。损失分布法为高级计量法中最常用的方法，该方法基于损失经验的统计分析。首先将历史的内外部数据映射到每一业务线和风险类型。然后经过计算产生每个业务线下每种风险类型的损失分布，该分布将用于模拟。所需的操作风险资本可通过取 99.9%的 VaR 值计算得到。最后将每种业务线下每种风险类型的结果进行加总，可得银行所需的总操作风险资本。

(3) 风险驱动和控制法。风险驱动和控制法是基于所谓的“评分卡”方法，对最初的操作风险要求进行调整，使其更加符合本银行的风险状况。首先，银行通过前面所述的各种计量操作风险的方法得到最初的操作风险资本要求。然后银行对每个业务部门分发调查问卷，要求其分别评估自己的风险及风险控制情况，对所有的调查结果进行评分，对每一个业务线和风险类型赋予一个因子，得到各业务部门的评分卡。最后银行利用风险驱动和控制法得到的评分卡调整最初资本要求。

2. 高级计量法的运用重点

(1) 内部历史损失信息。使用高级计量法，银行必须收集、存储、维护和报告内部历史损失信息。这些信息包括风险事件的发生日期、发生原因、对事件的描述、风险损失的清收情况、每一个清收的日期以及风险事件发生的业务部门。

使用内部数据应该注意，银行应该采用仔细和全面的方法来辨别并对操作风险损失进行归类；评估使用的内部模型的准确性，及时更新损失事件数据，将“接近失败”的事件数据包括于银行内部损失记录中，必须提前计划收集所需数据，避免数据缺失造成的影响；使用内部历史损失信息，必须考虑通货膨胀对数据的影响等。

(2) 外部数据。使用高级计量法，《巴塞尔新资本协议》规定银行必须具有使用外部数据的明确的程序。这些信息包括实际损失数据、事件发生时业务操作的规模信息、事件发生的原因、环境以及帮助银行评估某一损失事件的重要信息。

使用外部数据会遇到和使用内部数据相似的问题，因此在使用外部数据时，银行应该注意数据的准确性、质量、不完整性和适用性，以及通货膨胀对模型的影响。

(3) 经营因素与内部控制。经营因素与内部控制也是《巴塞尔新资本协议》要求使用高级计量法的银行所必须反映的。经营因素包括市场、员工、客户、经济以及银行运营的整体环境的详细情况。用于计量和管理操作风险的重要经营环境因素有系统停止运行的时间、员工流动率、对失误赔偿的支付、交易量等指标。

同时，协议要求银行使用内外部数据进行情景分析，验证模型的准确性、适用性和完整性，需要了解多个极端事件同时发生时带来的影响。但是一个新的变化是允许金融机构利用保险作为操作风险的缓释因素，通过保险，银行可以将操作风险资本要求最多降低 20%。

结 语

本章详细介绍了市场风险和操作风险的概念，以及各种不同的计量方法。总体上说，和信用风险计量一样，在实践中，由于数据积累状况以及其他条件上的差异，不同银行所采取的方法往往存在差异。而监管要求也有差异化，以符合银行各自的客观条件。

对经济资本管理而言，风险资本计量只是完成了第一步的工作。资本成本之外，资金成本和管理成本也是商业银行主要的成本来源。这意味着，要完成精细化的成本核算，并为经济资本管理提供准确的成本、收益信息，还需要进行资金成本和管理成本的核算。在接下来的两章中，我们将先后介绍这两部分内容。

第五章
经济资本管理中的资金转移定价

内部资金转移定价（Funds Transfer Pricing，FTP）是银行对内部资金实行计价管理、有偿调拨的机制，在这个机制中，由总行资金中心作为资金转移的中枢，资金提供单元以资金价值（Value of Fund，VOF）向资金中心“卖出”资金，资金使用单元以资金成本（Cost of Fund，COF）从资金中心“买入”资金。这里的资金提供单元或资金使用单元可以是银行的分支机构、业务条线、部门、产品等。资金提供单元或资金使用单元对资金中心的资金“卖出”、“买入”是一种虚拟的交易，资金并不发生实际的账户间的转移，见图 5-1。

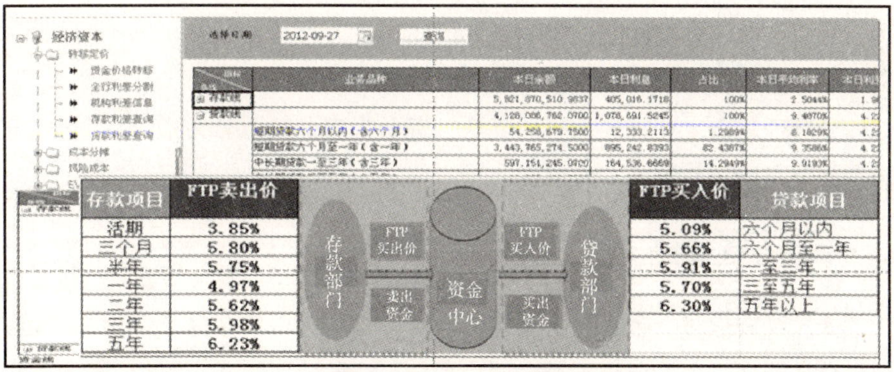

图 5-1　FTP 系统示例

FTP 是一种能够将风险管理、绩效评价、产品定价、资源配置和资产负债管理结合起来的最有效的管理工具，同时也是现代银行统一管理平台中核心的一环。在与经济资本管理体系有机结合后，可以使银行实现从粗放型到精细化，从命令型到导向化，从主观型到计量化的内延式发展和可持续发展的管理模式的飞跃。目前，绝大多数西方先进银行都有一套成熟的内部资金转移定价体系，在国内近年来FTP也有较大的发展。简单说来，FTP体系包括组织架构、运作模式、定价依据、定价方法等，以下将分别进行介绍。

第一节　银行资金管理模式

银行资金管理包括对资金的营运管理和调度管理。资金营运一般是指企业在日常生产经营过程中所发生的资金收付活动，而对于商业银行来说，就是在银行经营活动中，资金在不同部门、不同产品、不同机构之间流动的过程。资金营运管理是指商业银行按照资金运行规律，对资金的筹措、配置和运作进行科学管理的运行机制，以效益性、安全性和流动性为原则，控制和管理经营风险，优化资金配置，是银行获得最大、长期、稳定收益的资金运作模式。

资金调度管理是商业银行传统的综合业务之一。在银行进行存款、贷款业务的过程中，资金调度起着重要的桥梁作用。总行将分行所吸收的资金通过有偿的方式集中起来管理，当分行需要使用资金的时候，总行又以一定的价格“卖”给分行。总行在此过程中起到“中间人”的作用，分行根据其分工的不同，既可以是资金的吸收者，同时又是资金的使用者。

按照管理复杂度和管理水平的高低，资金管理一般可分为指令性调拨、有偿差额管理及有偿全额管理三种模式。

一、指令性调拨

指令性调拨指对资金进行指令式的行政性管理，对资金并不计价，只是简单地把资金从资金盈余方调拨到资金缺口方，是一种计划经济式的资金管理手段。

二、有偿差额管理

资金有偿差额管理是指对资金的差额部分进行计价转移和管理，又可细分为三种形式：一是银行资金管理实行分权管理，即总行、分行、支行分别有权对各自的资金差额进行管理，各自有权对资金来源进行运用，可以自行对资金进行分配使用。在这种形式下，资金配置决策主体多元化，但由于决策大都在基层行，所以决策层次低。二是银行内部资金管理方式是分级的差额管理，即各商业银行在总分行体制下，对资金管理相应分为管理行本级的平行资金差额管理和上级行对下级行的差额资金管理。平行管理模式下由于各部门同处于一个并行的系统中，资金的流向不易追踪，资金部门只能被动接受本级资金的差额变化。上下级的差额资金管理即资金余额的差额管理。资金部门管理的只是下级行全部资金中的一小部分，而且作为下级行资金主体部分的自有资金没有纳入到资金管理范围之中，资金部门只负责资金调度以及富余资金在市场上运作或资金不足通过市场筹措，资金配置的方式和手段落后。三是银行内部资金价格管理与资金余额管理相适应也是差额管理。上级行只对下级行资金来源与运用轧差部分进行计价。存差行只对存差部分进行计价，借差行只对借差进行计价，而各行主体部分的资金没有纳入内部资金价格体系之中，由于资金转移价格不健全，上级行特别是总行对资金的调控力度有限，见图 5–2。

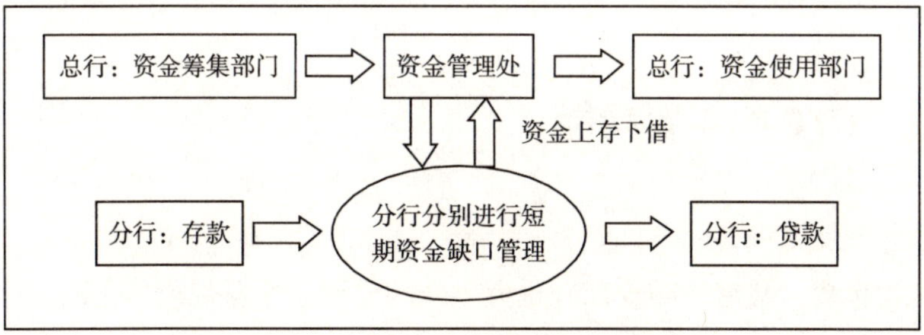

图 5–2　资金有偿差额管理示意图

三、有偿全额管理

资金有偿全额管理是指这样一种资金转移定价方式：不管分行是存差行还是借差行，分行存款得来的资金一律“上存”到总行的资金中心，剩余或者不足部分则由资金中心向市场进行平衡；分行要贷款的时候也一律从资金中心以一定的转移价格“下借”。资产负债委员会负责资金缺口管理的方针策略制定，由资金管理部门实施，并向资产负债委员会汇报。在这种模式中，不同地区的地区性总部先进行地区性的平衡（其中许多跨国性的分支机构还涉及外汇的平衡），然后将地区不能平衡的头寸上交集团总行资金部进行平衡。在主要地区设立了地区性资金运作中心的跨国性银行一般都采用这种方式，如花旗银行。这样，业务经营部门只重点关注客户的信用风险管理，而由资金管理部门集中管理利率风险和流动性风险。所有风险都在总行的监控范围内，总行统一抵御风险。这种方式对分行权利的回收很大，使分行成为了一个只做交易的机构，这种方法称为总额法，或总部集中型，因为不同产品的转移价格不同，可以按产品属性定义不同的转移价格方法计算，见图 5-3。

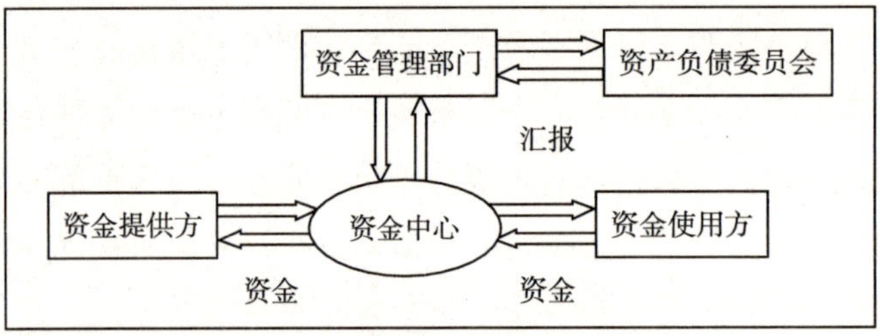

图 5-3 资金有偿全额管理示意图

第二节 FTP 的主要功能

第二次世界大战后，随着社会化大生产的发展、企业规模的不断扩张，事业部制逐渐推行，事业部的出现造成了部门利益的分割，削弱了整个组织的协同性，由此责任会计产生，为客观评价各事业部和责任中心、利润中心的业绩，必须建立相应的转移价格体系。转移价格后来随着全球化又被跨国集团广泛应用，通过母子公司之间、子公司与子公司之间转移价格的调控，实现其隐藏利润、逃避税收、转移资金、操纵市场的目的。

美国学者 J.S.Arpam 和 L.H.Radeough 对转移价格下了这样一个定义：公司内部定价就是对被同一所有者拥有的企业、单位之间所转移货物和劳务价值的确定，包括贷款利息率、租用费用、劳务费、货物价格及其支付方式确定。公司价格不必等于内部成本，它可能远远高于或低于会计成本，在有些情况下它与实际成本甚至没有直接联系。

除了在企业内部经营管理和跨国企业的应用外，转移价格也在商业银行资产负债管理中得到了广泛的应用，因为商业银行转移价格的载体是货币资金，所以称为资金转移价格（Funds Transfer Price）。又因为资金的价格一般称做利率，所以资金转移价格也称为内部资金利率（Internal Funds Rate）。

20 世纪 70 年代，美国实现了利率的市场化，其国内的利率大幅上涨。当时美国传统房屋按揭贷款一般采用固定利率，这就使得大部分美国商业银行面临巨额亏损的状态。利率的市场化凸显了商业银行面临的利率风险。在这样的形势下，银行的高层管理者开始意识到，原有的资金管理模式已经不适应当时的利率市场化环境，传统的由各分支机构各自承担和管理其利率风险的方式已失效。一些商业银行决定在其内部推行新的资金管理体系，规定采用发放房屋按揭贷款的即时利率用于核算各分支机构的资金成本，而不采用当时已经大幅上涨的市场利率，这样就使得各分支机构避免了承担因为利率上升而造成的损失，而这项损失被集中到总行的资金中心统一核算，并通过资金中心的资金运作逐步消化，这就是现代商业银行内部资金转移定价体系的雏形。简单归纳起来，FTP 有以下五方面主要功能：

（1）集中进行风险管理。建立科学的内部资金转移定价机制，可以将利率风险从业务部门或某些产品中分离出来，统一集中到总行层面，由专门的利率风险或资产负债管理部门进行监控和管理或通过外部资本市场进行对冲，从而保证业务部门能够专注于客户营销和信用风险管理，细化银行的内部分工，提升商业银行的专业化管理水平。

另外，FTP 还可利用转移价格的杠杆调节作用对银行整体的流动性风险进行调控，而在 2007 年金融危机之后，这方面的功能正受到越来越广泛的重视，从而产生了特别针对流动性风险的转移定价模块——LTP，这部分内容将在本节最后一部分介绍。

（2）为绩效考核提供依据。通过内部资金转移定价体系可以分业务条线和产品来分析边际收益，从而影响资金的流向和流量，最终可以优化商业银行的资源配置，将资金配置到盈利水平高的区域、产品和业务条线。推行内部资金转移价格后，业务人员了解每个产品的不同资金价格、清楚地计算出每类产品的净收益，在业务拓展过程中会自发地优先拓展利润高的产品，带来整体收益的最大化，自动实现资源的优化配置。

（3）指导产品定价。商业银行在为产品定价时，必须要清楚资金的成本以及产生这笔资金所需的费用。业务的资金成本或资金收益被科学量化，从而在综合考虑成本因素、获利因素的基础上制订出了科学的定价策略。利率市场化的脚步已经越来越近，商业银行必须建立产品市场化定价能力的基础。

（4）优化资源配置。建立内部资金转移定价机制后，银行可以比较合理地将银行的净利差收益在各个业务单元间进行划分，将这些量化结果运用于绩效管理上，银行可以将不同考核对象所赚取的净利差收益作为考核指标，从而对商业银行各业务单元的经营绩效进行科学有效的评估。

（5）支持资产负债管理战略的实施。现代意义上的资产负债管理，概括地说，就是商业银行为了在可接受的风险限额内实现既定经营目标，而对其整体资产负债组合进行计划、协调、控制的过程和前瞻性地选择业务策略的过程。

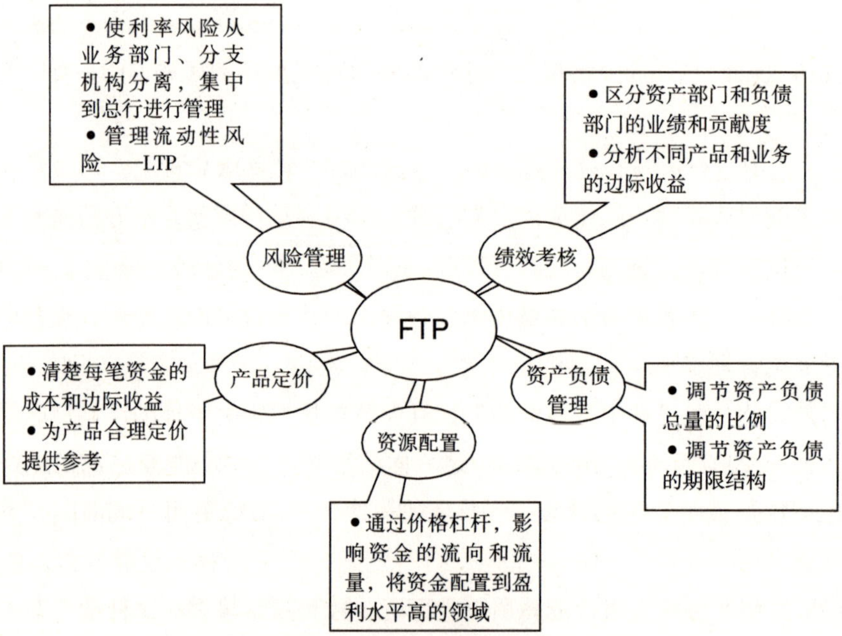

图 5-4 FTP 的功能示意

第三节 FTP的组织架构及定位

FTP的组织运作模式一般可分为总部集中模式、轧差平衡模式和货币中心银行模式。

一、总部集中模式

它是指所有的资金需求和供给都需要汇集到总部的资金部进行运作，剩余或者不足部分由资金部向市场进行平衡。这种模式对于总部的管理能力要求较高。这种模式由总部统一调度全行的资金，统一运用各种金融工具规避潜在的利率风险，总行实时监控整个银行的资金情况，可以及时调剂资金余缺，降低资金成本和风险。

二、轧差平衡模式

它是指在不同地区的地区性总部先进行地区性的平衡，其中许多跨国性的分支机构还涉及外汇的平衡，然后将地区不能平衡的头寸上交总行资金部进行平衡。采取这种形式的银行主要有两种：一种是在主要地区设立了地区性资金运作中心的跨国银行，这类银行规模庞大，分支机构遍布全球，资金涉及多个币种，由于总行资金总部管理全行的资金运作成本过高，而且由于外汇管制等原因，部分地区的资金不能做到实际划转，建立地区性资金分中心能较好地解决这些问题。花旗银行就是其中的代表。另一种是松散型的银行集团（Banking Group）。集团内的银行都是独立的法人主体，行行之间的资金转移不仅涉及内部资金调度，而且需要通过中央银行清算系统进行资金的实际划付，在这种情况下，如果由集团总部统一管理全行分支机构的资金，可能造成时间的延误，而以各银行为中心，调度各自下属分支机构的资金，将轧差后的头寸上交总行资金部进行平衡，可以提高资金运用的效率。

三、货币中心银行模式

所谓货币中心银行，是指位于货币市场中心，主要经营政府、跨国公司、金融机构资金借贷批发业务的银行。该类银行的特点是：资金实力雄厚且进出频繁，资产负债业务主要在货币市场上进行。该模式下的总行资金部在资金调度上，对外部客户和内部分行是一视同仁的。总行资金部根据市场利率对各资金产品进行报价，这一报价就是对外部客户的报价和内部资金转移价格。虽然价格是相同的，却具有不同的含义：对外部客户的报价中，总行承担着利率和信用双重风险，而内部转移价格中，总行只承担了利率风险，信用风险依然由具体的业务部门承担，显然对内部分行来说，这种结果是不公平的。在货币中心银行模式中，有两个非常大的难题：如何界定内部分行承担信用风险的应获利润，以及资金总部承担利率风险的应获利润。

FTP 的行政管理架构包括 FTP 的行政负责人和所属部门。据普华永道会计师事务所 2009 年对世界范围的 43 家大型银行所做的调查结果，FTP 的行政负责人为：资产负债委员会主席（47%）、执行管理委员会（14%）、管理层（2%）、风险管理委员会（2%）、CEO（2%）、CFO（12%）、CRO（2%）、其他（19%）；而 FTP 所属部门为：金融部（37%）、风险部（5%）、资产负债管理部（44%）、司库（40%）、其他（16%）。由此可见，FTP 的行政管理架构并没有一个统一的模式，在不同的银行有不同的做法，更多的是依据银行自身情况而定。

对资金中心的职能定位，可分为成本中心和利润中心两类。所谓成本中心是指资金中心更多的是传导总行的战略意向，制订资金管理和定价策略、方法，但对其绩效考核并不包含创造利润的指标要求。在这种意义上，资金中心更多的是担任支援服务的角色。利润中心是指在利益合理分配的基础上，分别核算，单独进行考核激励管理，既对成本负责，又对收入负责，实施责权利结合，激励约束配套，风险收益匹配的完整利润单位。利润中心采取自主经营、分别核算，形成完整独立的资产负债表和损益表，并进行独立的考核管理，重点对利润中心自身经营业绩进行考核，并兼顾产品线业务发展。

第四节　FTP 定价的方法

FTP 的方法可分为资金池法与期限匹配法。资金池法又可具体分为单资金池法、双资金池法和多资金池法。

一、资金池法

资金池法把资金按照资金属性（如本金偿还方式、利率属性、期限或重定价期限等）划归到各资金池，同一资金池内的资金转移定价相同（但转入价和转出价可以不同）。资金池法相对比较简单易行，但即使是使用多资金池，也无法稳定地实现资产负债的长期匹配，同期限但不同利率特征的资金仍会产生风险。

1. 单资金池法

单资金池法，即对所有存贷款资金不分期限，使用唯一相同的转移定价。该价格是银行在外部资本市场上通过各种融资渠道获得资金所需成本的加权平均值，也可以是资金中心根据经验或模型计算得出的市场融资所需要的机会成本。这种体系定价方法简单，并不需要有太多技术支持及专业判断；而且流程操作简便，易于在资金中心及各业务单位之间相互传达，转移定价的计算和分配也相对简单。但该体系缺乏对期限因素的考虑，由于单一资金转移价格的概念未能考虑收益曲线倾斜的可能性，从而使得各业务单元的管理人员在经营过程中往往并不从整个银行获利的最优角度来进行决策。银行面临的利率风险没有集中到总行管理，资金的提供方和使用方都面临着较大的利率风险，同时如果该银行对基准利率的选择发生偏差，业务部门会倾向于发放长期的贷款并且吸收短期的存款，因为这样来说，它们能获得的资金转移利差就会趋向最大化。但是，从整个机构资产负债表的角度来看，资产业务的期限呈现出长期化的趋势，而负债业务则呈现出短期化的趋势。没有短期流动资产的支持，一旦出现流动性危机，比如挤兑，将会考验机构的短期融资能力。

上述这样的经营模式，在一定意义上为银行提供了边际利润最大化的可能，但却大大增加了资产负债及流动性管理的难度。所以，在实践中，这一方法并未成为国际商业银行内部资金转移价格机制的主流方法，主要适用于业务品种相对简单，产品利率及期限较为固定的小型金融机构。

单资金池法是内部资金转移定价的最初形式，不区分资金来源和资金运用的其他属性，所有资金按照单一价格进行计价。该模式以建立资金池的形式将银行筹集的资金全部集中在一起，并假设资金池中所有资金属性相同，即不考虑资金在到期日、流动性、筹资成本等方面的差异，故池中的所有资金都被赋予了相同的转移价格。由此可以看出，该模式下，总行资金不只是发挥中介作用，不需要依据资金来源的不同而进行项目调节。

单一资金池模式简单易懂、可操作性强，不需要投入大量的人才、科技力量，对存款部门有正向激励的作用，现金流稳定、分支机构和业务量不多的小银行适合采用该种模式。其缺点是忽视了资金的期限结构，容易使银行遭受流动性风险和利率风险，同时如果银行对基准利率的选择有偏差，就会导致负债成本过高或资金收益过低，还容易导致部门绩效考核的不公平，见图 5–5。

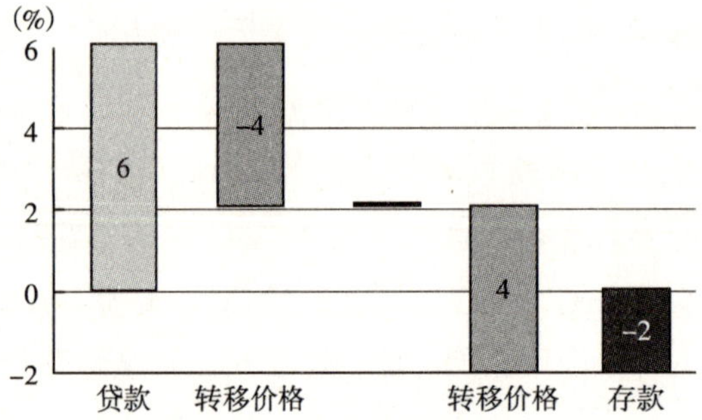

图 5–5　单资金池模式

2. 双资金池法

双资金池法是在单资金池模式基础上的改进。简单来说，就是对资产和负债各使用一个资金池。采用双资金池模式的商业银行，一般情况下会将所有的资金成本表示成融资利率；同时将所有盈利的收益表示成投资利率，由于使用的融资和投资利率均是银行资产负债表的真实利率，所以尽管双资金池模式虽较单资金池更为直观，但同样无法分离出业务中的利率风险，见图 5–6。

3. 多资金池法

多资金池法，即假设存、贷款资金都具有不同的属性，由资金中心根据其利

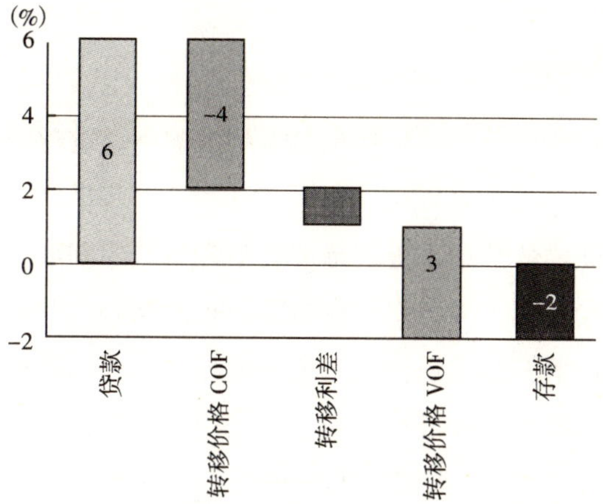

图 5-6 双资金池模式

率敏感性、流动性、到期日等因素将全部资金的来源和运用分为不同的种类，并根据不同的资金转移价格来定价，又称多重资金池定价体系。由于期限因素对于价格影响最具敏感性，一般来说，资金池的设置以资金使用期限为基础。比如，把一定期限如 1 年期的资金流入和流出都归入 1 年期资金池，然后用 1 年期的资金成本进行转移定价。和单利率资金转移定价体系相比，多重资金池定价体系避免了由于单一价格造成的资产负债转移定价不匹配的问题，使得各业务单位不再偏好于某些期限的资产或负债业务。同时，由于各业务单元的资产和负债业务的期限通过资金转移定价体系匹配起来，使得各业务单元规避了大部分的利率风险。

因为相对于单利率转移定价的明显优越性，多资金池法已成为当前银行内部转移定价体系的基准方法。但在进行多利率资金转移计价时，资金的提供方和使用方也按不同利率来对不同的资金进行计价，在这种情况下，资金中心或资产负债中心收取的利息和支出的利息将很难调节一致，也很难从全局角度分析机构所存在的利率风险区间。另外，多利率资金转移定价体系缺乏对活期及浮动利率产品转移定价的考虑，而且在利率转移价格变动幅度较大时，会造成对转移定价计算分配的不准确。比如，某业务单位吸收了 2010 年存入 3 年期的固定利率存款，到 2012 年末 3 年期资金的转移定价假如从原来的 5%下降到 3%，那么 2012 年该业务单位所获得的资金转移定价收益其实已经被低估了 2%。多利率资金转移定价体系较适合于试运行内部资金转移定价体系的中小规模金融机构。

二、期限匹配法

期限匹配法是目前最复杂也是使用最多的内部资金转移定价模式。与资金池模式相比，其最大的区别就是期限匹配模式使用收益率曲线来确定 FTP，而不是资金池。期限匹配模式的基础是资产负债表中各项目的期限，根据相关产品现金流的有效期限和起始日期，以再定价期限匹配有效期限，并以再定价期限为基础确定 FTP。在此模式下，商业银行的资金管理部门，可以利用公开市场的金融工具对资产与负债不匹配的部分进行对冲，或利用不匹配资产来获得收益，使利率风险从业务单元中分离出来，便于总行对各业务单元的绩效考核。

在分离业务信用风险和利率风险方面，期限匹配模式远远优于资金池模式。期限匹配法能真正发挥全额资金管理的优势，使分支机构不再承担市场风险，从而把精力集中到营销上，有利于对分支机构、部门、产品进行科学的绩效评价。中小银行相对业务规模较小，产品种类较少，这些也有利于对每类、每笔业务进行精确分析。但是该模式操作复杂，实施费用高，对银行的技术实力要求较高。

第五节　FTP 定价流程示例

这里给出一个采用期限匹配法，并使用内部收益率曲线制订 FTP 的简单例子，供读者参考（见图 5–7）。

一、根据主要产品的期限，确定 FTP 的期限

例如，若存款有活期存款及期限为 3 个月、半年、1 年、2 年、3 年、5 年的定期存款，贷款有期限为半年、半年至 1 年（含）、1~3 年（含）、3~5 年（含）、5 年以上的贷款，则 FTP 的期限点（或区间）可定为 3 个月以下、3 个月、半年、半年至 1 年（含）、1~3 年（含）、3~5 年（含）、5 年以上；也可更粗略地定为 3 个月以下、3 个月至 1 年（含）、1~5 年（含）、5 年以上；等等，视银行实际情况而定。FTP 曲线上的期限区间统一以区间中点（或某一端端点）代表。

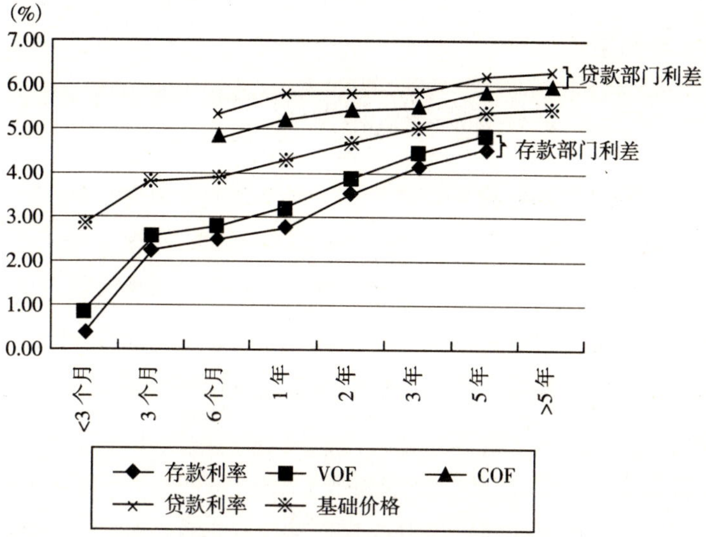

图 5-7　FTP 定价示例

二、根据现金流特征和行为性调整，对资金按 FTP 期限进行重整

例如，对一笔期限为 5 年，金额为 60 万元，每月等额还本付息的贷款，应按现金流分解为 60 笔金额为 1 万元的贷款，期限分别为 1 个月、2 个月以至 60 个月。

又如，对活期存款可根据历史数据，分析出 3 个月稳定、半年稳定、1 年稳定、2 年稳定、3 年稳定、5 年稳定所占的比例，把活期存款按该比例进行分解为稳定期在 3 个月以下活期存款及 3 个月、半年、1 年、2 年、3 年、5 年的定期存款。

再如，对个人消费贷款/住房抵押贷款和公司类商业贷款的提前还款应采取不同的处理方式。对于个人消费贷款/住房抵押贷款是针对大类产品进行事先调整。方法是根据定量财务分析模型对历史数据进行分析，计算出每类产品的平均提前偿付期，然后根据此提前还款假设下的现金流计算出选择权调整后的资金转移定价利率。

对于商业贷款的提前还款，则是在提前还款发生后，针对具体交易，计算由于市场利率变动造成的再投资机会损失，即按当前利率和剩余期限计算的转移价格取代该资产原转移价格后得到的现值差额。无论对客户的贷款协议中是否约定了提前还款罚金，资金中心均向业务部门收取提前还款费用，以鼓励业务部门向商业贷款收取此费用。

三、确定内部资金转移基础价格曲线

在实践中，内部资金转移的基础价格可参照各种外部市场利率，也可使用内部成本和收益率曲线进行定制。对于中小银行，在现阶段更适合使用内部成本和收益率曲线，而筹资和用资主要就是存、贷款。基础价格可在筹资成本率和用资收益率之间进行确定。为使基础价格具有期限结构，一个简单易行的做法是把某期限（或期限区间）的基础价格定为相应期限（或期限区间）的存、贷款利率的平均值，即：

某期限基础价格 =（相应期限存款利率 + 相应期限贷款利率）/ 2

如果某期限（或期限区间）只有存款产品没有贷款产品，则该期限（或期限区间）的贷款利率以最邻近期限的贷款利率代替；类似地，对于只有贷款产品没有存款产品的情况，存款利率取为最接近期限的存款利率。例如，在 3 个月内和 3 个月只有存款产品没有贷款产品，贷款利率均以期限最接近的 6 个月贷款利率代替。

四、计算内部资金转移收入价格 VOF 和转移支出价格 COF

在内部资金转移基础价格曲线的基础上，通过引入相应的调整项，从而得到 VOF 和 COF。VOF 为存款部门向资金中心“存入”资金的利率，COF 则是贷款部门向资金中心“贷出”资金的利率。

VOF = 基础价格 − 成本分摊（存款部门）

COF = 基础价格 + 成本分摊（贷款部门）

第六节　FTP 的新发展——LTP

在 2008 年全球性金融危机之前，很多银行把流动性因素视为在内部资金转移定价中“有之更好，没有也可”的一部分。在金融危机爆发后，原来看似无比

丰余的流动性迅速枯竭，银行的流动性管理饱受诟病。

正因如此，在《巴塞尔新资本协议》在强调资本充足外，也把加强流动性风险管理作为监管重点，引入了对流动性管理的两个指标的要求：一是流动性覆盖率（Liquidity Coverage Ratio，LCR），二是净稳定资金比率（Net Stable Funding Ration，NSFR）。

流动性覆盖率（LCR）是银行优质流动性资产储备除以未来30日的资金净流出量，它主要反映短期（未来30天内）特定压力情景下，银行持有的高流动性资产应对资金流失的能力。LCR的计算公式为：流动性资产/未来30日内资金净流出，其中流动性资产＝∑各类流动性资产金额×折算率；未来30日内的净现金流出＝现金流出量－Min（现金流入量，现金流出量的75%）。LCR的监管要求为不低于100%。

净稳定资金比例（NSFR）是计算银行一年以内可用的稳定资金与业务所需的稳定资金之比，它主要衡量一家机构在特定压力情景下，可用的长期稳定资金支持业务发展的能力。NSFR的计算公式为可用的稳定资金/业务所需的稳定资金，其中可用的稳定资金（ASF）＝∑各类权益和负债×相应的ASF系数；所需的稳定资金（RSF）＝∑各类资产和表外风险暴露×相应的RSF系数。NSFR的监管要求为不低于100%。

实际上除了这两个新引入的指标外，在一些国家（包括中国）早已有另一种监管指标——存贷比（Loan-to-deposit Ratio，LDR）的要求。存贷比是指商业银行各项贷款余额与各项存款余额之间的比率，它用来反映银行总体流动性状况和存贷款的匹配情况。LDR的计算公式为各项贷款余额/各项存款余额，其中各项存款是指填报机构吸收的单位和居民个人的存款，主要包括企业存款、私营及个体存款、居民储蓄存款、保险公司存放等；各项贷款是指填报机构对借款人融出货币资金形成的资产，主要包括贷款、贸易融资、票据融资等。LDR在不同的国家有不同的监管要求，在中国，LDR的监管要求为不高于75%。

这三个监管指标既有联系又有区别，可以在监管上互为补充。LDR主要通过控制存款和贷款业务比重来控制银行的主要资产负债结构，LCR与NSFR则分别用来反映压力情景下银行的短期及中长期流动性风险状况。相对于LCR，LDR与NSFR更偏重于控制银行的资产负债结构，两者的相似性更强。LDR仅覆盖存款和贷款，同时，没有特定的压力情景设置，重在对存款、贷款总体比例现状的把握；LCR 和 NSFR 这两个指标覆盖全部表内外业务，对于存、贷款的处理更加细致，考虑了客户类别、性质以及期限，有给定的未来短期和中长期的压力情景。

新的监管标准对银行内部资金转移定价也提出了新的要求，流动性转移定价（Liquidity Transfer Pricing， LTP）概念由此产生。事实上，传统的 FTP 中就包含有流动性因素（所谓的流动性利差）的考虑，从这种意义上看，LTP 其实是 FTP 的一部分。在金融危机后，银行对于流动性管理的要求大大提升，对于流动性定价有更深入、更细致的衡量，形成了所谓的 LTP。

LTP 目前还是一个很新的概念，对于流动性具体如何定价，还没有形成一套被广泛认可的标准和方法。在这里，简单介绍一下它的思想。

对流动性的定价可细分为三个部分来考虑：期限流动性、应急流动性和市场流动性。

期限流动性因素指的是银行资产负债的期限结构形成的流动性风险。银行吸收短期存款，发放长期贷款，这样形成的期限错配既是银行最主要的利润来源——净利差收入，同时也带给了银行风险，因此 LTP 中应包含对该因素的考虑。

应急流动性因素指的是银行为了应付突发流动性风险，而为此专门准备了一部分高流动性资产作为流动性缓冲垫（Liquidity Cushion），持有这些高流动性资产，在突发流动性不足时可以变现，但在平时则不可避免地牺牲了一部分利润来源，这往往可看作是流动性缓冲垫的成本，该成本应反映在 LTP 中。

市场流动性因素指的是外部资金市场流动性的盈缺会对银行从市场获得资金的成本以及银行向市场出售资金获得的收益产生影响。

这三个流动性因素中，期限流动性和应急流动性反映的是银行内部资产负债结构对流动性的影响，这两者可以从银行自身进行调节。市场流动性则反映的是外部市场因素，无法从银行自身进行调节。

结 语

资金转移定价（FTP）是银行资金成本核算的基础，其不仅需要反映出资金的稀缺程度，以提高资源配置效率，而且往往还要体现管理层的战略导向。在实践中，银行因其主要需求和基础条件的不同，采取的方法也繁简不一。本章对资金转移定价的主要方法进行了简要总结，并介绍了最新的发展动态和趋势。下一章，我们将转向管理成本核算的相关问题。

第六章

经济资本管理中的运营成本分摊

运营成本分摊是实施经济资本管理最基础和最重要的环节之一。成本分摊体系的有效建立有助于提高银行的成本管理意识，提升全行的成本控制能力，并且在盈利分析、绩效分析、成本规划、产品定价等方面提供数据基础，是银行精细化管理不可或缺的基础性工作。

运营成本分摊是指将特定会计期间内发生的各项成本和费用，按照不同的成本类型，采用明确的分配方法，向成本分析对象（机构、条线、产品、账户、客户等维度）进行分摊以充分反映其应当承担的成本信息。需要注意的是，商业银行的成本是指商业银行在从事业务经营活动过程中发生的与业务经营活动有关的各项支出。由于商业银行的业务种类较多，因而其成本的构成也比较复杂。在这里运营成本主要指人事费用、电子科技费用、宣传广告费用、招待费用、法律事务费用、车辆营运费用、安全设备使用费用、会议和差旅费用、教育培训费用、营业用房相关费用、研究开发费用、营业相关税费用、办公费用、监管费用、监事费用，等等。依据其与业务的相关性可划分为直接成本和间接成本，其中直接成本是指直接用于产品销售或业务活动的费用支出，如业务宣传费、业务招待费、业务广告费等；间接成本指那些虽然没有直接用于产品销售或业务活动但间接支持产品或业务活动正常运转的费用支出如租金、水电费等。

成本分摊实施的关键点在于成本中心的认定、成本的归集与还原、成本分摊的方法，本章将对这些内容进行简要的介绍。

第一节 银行成本中心的界定

成本中心体系是实现成本分摊的基础。对其认定要从责任中心谈起，责任中心是分权制企业管理模式的产物，是指在组织内部其管理者享有一定的权利，并承担一定责任的单位，是组织业绩衡量、拥有并能控制预算的最基本层次单位，可以称为独立的成本中心。根据成本中心是否产生收入，可以把责任中心分为利润中心和费用中心，通常把形成收入的部门定义为利润中心，不能形成收入的部门定义为费用中心。

商业银行的分支机构大多数属于成本中心，虽然分行、总行可以划为利润中心和投资中心，但是利润中心和投资中心都是在成本中心的基础上建立起来的，责任中心是基于管理权限的层级而划分的，所以在成本分摊中，总行、分行都作为成本中心参与成本分摊。

成本中心根据部门职责和成本分摊方法的特性进行设置。成本中心的设置一方面是出于成本分摊的需要，另一方面也解决了各个分行本部内设机构名称、称谓和职能上不完全统一的问题。在我国，大多数银行实施分级管理制度。因此，分别在总行和分支行设置成本中心，而且所设置的成本中心有明显的区别。

一、总行成本中心设置

总行成本中心相对分支行而言，最为完整。总行成本中心设置根据部门职责主要有业务类、电子类两大部分。其中，业务类包括业务管理类、业务处理类、业务支持类，电子类包括电子管理类、电子处理类、电子开发类。按管理会计成本属性，总行成本中心可分为管理类、处理类和支持类。

在成本中心设置时，通常有以下几个步骤：

(1) 明确实际部门的职责。根据总行各具体部门的职能，对部门职责范围进行细分和统一规范，建立成本中心分类和各实际部门的初步对应关系，如表 6-1 所示。

(2) 建立成本中心标准名称。在成本中心设置时，除了按部门职责对实际部

表 6-1 银行成本中心分类

成本中心分类	管理会计成本属性	部门对应举例
业务管理类	管理类	行长室、资产负债部、公司业务部、个人金融部、投资管理部、授信管理部、资产保全部
业务处理类	处理类	业务处理中心结算业务部、国际业务部贸易服务部
业务支持类	支持类	审计部、总务部、集中采购中心、工会
电子管理类	支持类	信息技术部
电子处理类	处理类	数据中心、业务处理中心、电子银行运营部
电子开发类	支持类	软件开发中心

门进行分类，还需要对成本中心设置标准名称。成本中心标准名称根据银行在管理会计分析系统建立中的实际需要而设立。为避免成本中心名称重复设置，总行、分支行类似的成本中心可以共用同一个成本中心名称，如行长室、人力资源部、办公室等。

成本中心标准名称建立后，还需要对其按照业务管理类、业务处理类等类别进行成本中心分类，以便建立成本中心标准名称和实际部门的对应关系。

（3）建立成本中心标准名称和实际部门的对应关系。根据实际部门的职责，参照实际部门和成本中心分类的对应关系，寻找所对应的成本中心。在建立对应关系过程中，一对多和多对一均是允许的。

二、分行成本中心设置

分行层面的成本中心设置与总行层面的成本中心设置类似。设置步骤也分为三步，第一步是明确实际部门的职责，第二步是建立成本标准名称，第三步是建立成本中心标准名称和实际部门的对应关系。

由于管理职能的差异，分行成本中心相对总行有所减少。分行层面的成本中心在设置时，除了按照部门对应关系设置外，还根据渠道、条线增加了成本中心。例如，将电子银行部按处理渠道细分为网上银行、自助银行和电话银行，而对于会计结算部则细分为会计管理部、会计监督中心、账务处理中心等几个成本中心。

在分行层面设置成本中心时，需要注意的问题是，成本中心解决了各分行实际管理部门设置差异的问题。因此，分行层面的成本中心标准名称应由总行统一设置，以保持行际比较的可行性。

三、支行成本中心设置

银行的支行网点与连锁店非常类似，在支行层面的机构设置更具有标准化和统一性。支行成本中心设置分为业务管理、业务处理和业务支持三类。这种设置对于大型支行，特别是县域支行，是非常必要的，县域支行办公室往往承担了分行总务部的部分职能。但如果支行规模较小，不设立办公室一类的内部管理部门，那么可以简化为业务管理、业务处理两类。对于支行下设的分理处、储蓄所等机构，可以根据支行经营情况，仅设置业务处理部门一类。如表 6–2 所示。

表 6–2　支行成本中心分类

支行规模	成本中心分类	支行部门对应
支行（县域支行）	业务管理类	行长室、信贷营销科
	业务处理类	会计科（含柜面）
	业务支持类	支行办公室
小规模支行	业务管理类	行长室、信贷营销科
	业务处理类	会计科（含柜面）
分理处、储蓄所	业务处理类	整体

支行层面成本中心的标准名称一般包含了支行网点的名称，因此在总行层面作统一设置有一定的难度，而且支行网点往往会搬迁、撤并，所以将支行成本中心标准名称的设立权限设定在分行有相当的灵活性。

第二节　银行成本归集与还原

成本中心设置完成后，要求对成本按照成本库进行归集以及资源耗费动因还原至成本中心。这一过程分为成本归集和成本还原。各类成本在发生时，已由传统会计账簿进行了记录，反映在日记账中。成本归集就是要找出与各项作业相关的资源成本，集中到不同的成本库。成本还原就是通过现有的计量指标（资源耗费动因）直接进行分配。

一、成本归集步骤

成本归集步骤较为简单。由于传统会计账簿已对成本进行了记录，因此可以从记账出发，梳理出不同科目不同责任部门的成本。对于直接成本，无须还原，直接归集入成本库即可。对于间接成本，则需要归集后进行还原分配。具体归集步骤如下：

（1）梳理会计科目和日记账。成本是银行完成运营而消耗的经济要素。它们已经在财务会计的分户账和日记账中进行反映。因此，成本归集的第一个步骤，也是最基础的步骤，就是梳理成本账簿。

（2）整理不同责任部门下的各项成本。在传统成本核算中，各部门所负责的成本费用是基本固定的，总务部往往负责较多的营业成本，譬如房租、水电费、电话费等，而员工薪酬由人力资源部负责，保卫部负责安防保卫相关的费用支出，广告费一般由办公室负责。

（3）根据责任部门的不同和成本性质的不同确立成本库。成本库在各项成本整理的基础上确立，不同的责任部门不能合建一个成本库，而性质不同的成本也不能够放在同一个成本库里。

例如，在营业费用的细目下，整理出员工工资、奖金、应计福利费和社会保险等明细账，这些成本的责任部门都是人力资源部，成本的性质都和员工薪酬相关。因此，在整理后将员工工资、奖金、应计福利费和社会保险归集在人力资源部这个责任部门下，建立人事费用成本库。行员所穿着的制服，虽然与行员人数相关，但是因为责任部门是总务部，所以不能放在人事费用成本库中，需要单独建立成本库。

为了认识和了解银行所需要的成本库，我们必须对银行的财务制度、核算办法以及生产经营流程有全面的了解和分析。在成本核算能够做到精细化的前提下，直接成本的占比越大，成本的分析就越精确。例如，人事费用已经在发生成本时按照各支行的实际发放数计入支行的成本，那么实际发放的人事成本就直接归集到支行成本中心，不必要进入下一步的成本还原阶段。

这个步骤需要合理确定成本库的数目。在早期使用作业成本法的国家里，一些作业基础成本系统包括了上百个成本库，过多的成本库会给工作带来很多不便并且加大了运行成本，因此需要合理确定成本库的数目。从纯粹计算产品成本这一目的出发，应考虑成本库的规模。成本库的规模足够大，才能使得作业成本法的使用具有合理性，而金额过小的成本库是不必要设置的。从重要性原则出发，其可以合并在相似的成本库中。但是另一方面，成本库的金额过大也会导致还原分配率较高，容易造成成本扭曲，在这种情况下，应将其适当分解为多个成本库。成本库的规模可以参考成本库资源价值与总资源价值之比来确定。

二、成本还原步骤

按照资源耗费动因，成本可以通过动因向成本中心还原。对于直接成本，不需要经过还原步骤。没有计入受益部门（成本中心）的间接成本才需要成本还原。

1. 确立资源耗费动因

资源耗费动因是引起成本产生和增加的同质动因。它是成本还原的依据和基础。确定资源耗费动因需要考虑成本耗费的同质因素。资源驱动因素的确定原则如下：

（1）资源耗费与驱动因素的相关性。成本还原的核心观点是“谁受益，谁承担”，根据受益部门耗费成本的情况，寻找与成本密切相关的资源耗费因素。成本还原结果的准确性取决于成本与资源耗费动因的相关程度。相关性越高，还原的结果越接近实际。例如，对于车辆运行费用来说，车辆使用次数、行驶里程等都是与之相关的因素，但从相关性来看，行驶里程作为驱动因素更具有成本耗费相关性。

（2）成本效益原则。设计任何分析系统都要权衡成本与效益。成本库越多，成本分配越准确，但涉及的资源耗费动因种类也就越多，需要更多的成本去支持这些成本动因信息的获取。这就需要在成本和效益中进行权衡，选择恰当的资源耗费动因个数。

（3）考虑决策者的行为。新的成本计算方法会对决策者的行为产生影响，这种影响既可能是正面的，也可能是负面的。例如，在考察各部门会议费用时，会议次数可能是要考虑的资源耗费动因，那么总务部可能会要求减少会议的次数，而扩大会议召开规模，这样做反而会增加会议费用。因此在辨认成本动因时，分析人员应该考虑可能出现的行为后果。

资源耗费动因的选择并不是一成不变的。资源耗费动因的选择可能根据财务核算方法、内部营运流程等的变化而变化。如果不止一个作业动因显示出长期有效，且相关资源金额较大，也可以将成本库细分成几个次级库，分别选择不同的资源耗费动因。

2. 将间接成本按资源耗费动因还原到成本中心

确定了资源耗费动因后，按照下面的公式进行资源成本向成本中心分配。如果受益部门和成本中心之间存在一对多或多对一的关系，那还需要根据对应关系将受益部门的成本向成本中心还原。

成本还原的公式如下：

资源耗费动因分配率 = 待还原成本/一定期间消耗的资源动因之和

还原的成本 = 资源动因分配率 × 该责任部门消耗的资源动因数量

这一步骤是简单的计算过程，但在实际操作中，由于部门和资源耗费动因较多，计算工作量比较大，一般采用计算机程序进行计算操作。

成本还原的操作顺序如下：

（1）计算成本期间各受益部门所消耗的资源耗费动因之和。

（2）计算资源耗费动因分配率。

（3）根据资源耗费动因分配率将成本还原至各受益部门，如受益部门即成本中心的，则直接得出成本中心该项耗费。

（4）如受益部门和成本中心存在一对多、多对一关系的，则按对应比例计算并汇总成本中心该项耗费。

按成本库整理各成本中心成本耗费，进入成本分摊环节。

三、成本归集和还原案例

某分行为新设立分行，办公室一兼多职，代理人力资源部、总务部、保卫部等职责。分行除营业部外未设立支行网点。实际部门设置为行长室、办公室、会计结算部、业务一部、业务二部、营业部。各部门一季度发生的部分成本如表6–3所示，设置成本中心进行成本还原。

表 6–3　成本归集与还原（1）

一级账户	责任部门	入账金额（万元）
职工工资	办公室	100
奖金		20
工会经费		20

续表

一级账户	责任部门	入账金额（万元）
劳动保险费	办公室	10
住房公积金		12
业务宣传费		50
广告费		90
业务招待费		20
差旅费		5
水电费		2
安全保卫费		10
车辆运营费		5
公杂费		8

这家银行所有期间费用均在办公室核算，责任部门仅有一个，即办公室，那么成本分类和成本库的设置非常简单，如表 6–4 所示。

表 6–4　成本归集与还原（2）

成本分类表	一级账户	责任部门	成本库	资源耗费动因
人事费用	职工工资	办公室	人事费用库	人数
人事费用	奖金			
人事费用	工会经费			
人事费用	劳动保险费			
人事费用	住房公积金			
宣传和广告费用	业务宣传费		宣传和广告库	部门平均
宣传和广告费用	广告费			
交际和招待费用	业务招待费		交际招待库	业务量
会议和差旅费	差旅费		会议差旅库	次数
营业用房及相关成本	水电费		房屋及使用成本库	部门面积
安全设备费用	安全保卫费		安防保卫库	部门平均
车辆费用	车辆运营费		车辆费用库	实际行驶里程
办公费用	公杂费		办公费用库	部门平均

进行成本分类后，可以很容易地确定成本库，并根据引起成本耗费的因素来确定资源耗费动因。

职工工资、奖金、工会经费、劳动保险费、住房公积金等与员工薪酬相关，分类为人事费用，归集到人事费用成本库。人事费用的资源耗费驱动因素就是人员数量，当然在实际操作中人事费用除了和人员数量相关，还和人员岗位、业务发展相关，从重要性原则来看，确定人数为资源耗费动因是最可行的。

业务宣传费、广告费是为了扩大银行知名度、树立企业社会形象而耗费的成本。这类成本是全行受益的，根据“谁受益，谁承担”的原则，资源耗费动因是全行部门数，按平均数还原。

业务招待费根据业务量大小进行还原。差旅费在这家银行没有核算到实际发生的部门，由于设立了员工出差费用标准，以次数为资源耗费标准基本可行。水电费根据各部门在大楼中使用的办公面积进行还原。由于所有部门均在分行营业办公大楼中，因此安防保卫费用按部门进行分摊。车辆运营费的资源耗费动因确定为实际行驶里程，办公费用按部门平均分摊。

下面列举了人事费用的还原过程。资源耗费动因是人数，全行人数为 76 人，各部门人数如表 6–5 所示。待还原的成本是分类为人事费用的各项成本合计数，即职工工资、奖金、工会经费、劳动保险、住房公积金的合计，在归集了以上人事费用后，以全行人数为资源耗费动因，计算资源动因分配率。在这里分配率就是部门人数与全行人数的占比。然后，根据资源动因分配率计算各部门应还原的人事费用，如表 6–5 所示。

表 6–5 成本归集与还原（3）

<table>
<tr><td rowspan="4">人事费用</td><td rowspan="3">资源耗费动因</td><td rowspan="2">人数</td><td colspan="6">受益部门</td></tr>
<tr><td>行长室</td><td>办公室</td><td>会计结算部</td><td>业务一部</td><td>业务二部</td><td>营业部</td></tr>
<tr><td>76</td><td>3</td><td>6</td><td>15</td><td>12</td><td>10</td><td>30</td></tr>
<tr><td>待还原成本（万元）</td><td>162</td><td>6.39</td><td>12.79</td><td>31.97</td><td>25.58</td><td>21.32</td><td>63.95</td></tr>
</table>

其他项目的成本按此方法还原，表 6–6 是各部门还原后的成本。

表 6–6 成本归集与还原（4）

单位：万元

成本库	待还原成本	行长室	办公室	会计结算部	业务一部	业务二部	营业部
人事费用	162	6.39	12.79	31.97	25.58	21.32	63.95
宣传和广告费用	140	23.34	23.34	23.33	23.33	23.33	23.33
交际和招待费	20	2.00	—	—	9.00	7.00	2.00
会议和差旅费	5	2.00	—	—	1.50	1.20	0.30
房屋及使用成本	2	0.30	0.10	0.30	0.30	0.30	0.70
安防保卫	10	1.67	1.67	1.67	1.66	1.66	1.67

续表

成本库	待还原成本	行长室	办公室	会计结算部	业务一部	业务二部	营业部
车辆费用	5	1.50	0.40	—	1.30	1.20	0.60
办公费用	8	1.33	1.34	1.33	1.33	1.33	1.34
合计	352	38.53	39.64	58.60	64.00	57.34	93.89

以上是各部门成本还原的情况，由于该分行是新设立的分行，部门设置较为简化，和标准部门设置有较大的差异，因此还需要对部门还原后的成本进行再次处理，还原到成本中心。根据各部门的职责列出表6-7，说明实际部门和成本中心的对应关系以及再次还原后的成本。

表6-7　成本归集与还原（5）

单位：万元

实际部门	还原后成本	成本中心	对应关系（%）	成本中心成本
行长室	38.53	行长室	100	38.53
办公室	39.64	人力资源部	20	7.93
		办公室	30	11.89
		总务部	30	11.89
		保卫部	20	7.93
会计结算部	58.60	资金管理部	10	5.86
		预算财务部	10	5.86
		会计结算管理部	40	23.44
		账务处理中心	40	23.44
业务一部	64.00	公司业务部	60	38.40
		国际业务部	40	25.60
业务二部	57.34	公司业务部	20	11.47
		个人金融业务部	80	45.87
营业部	93.89	营业部管理部门	45	42.25
		营业部处理部门	50	46.95
		营业部业务支持部门	5	4.69

表6-7中，业务一部和业务二部都对应公司业务部，那么作为成本中心，公司业务部的成本应为两处相加的合计数，为38.40+11.47=49.87万元。

以上就是成本归集和还原的过程，实际操作中部门职能和费用耗费情况更加复杂，但是万变不离其宗，归集和还原的基本步骤是一致的，在这些步骤中关键是费用分类和确定资源耗费动因。只有成本正确地归集和合理的还原，才能真正体现成本中心的成本耗费，才能在成本分摊环节避免分摊后的偏差。

第三节　银行成本分摊

成本分摊是作业成本法中的中心环节。在成本还原后，得到了各成本中心的成本，接下来的工作就是确定成本中心的作业动因，以便通过作业将成本分摊到成本对象，如产品、客户、渠道等。

首先，应当了解成本驱动在成本分摊环节的应用。前面提到过，成本驱动就是引起成本发生和变动的原因。在成本分摊环节，根据作业成本法的原理，成本驱动就是作业动因。作业动因是指作业发生的原因，是最终成本对象（产品、客户、渠道等）对作业需求的程度，反映了成本对象与作业量之间的关系，是将作业成本中心的成本分配到最终成本对象的依据，也是将资源消耗与最终产出沟通的中介。银行业主要对外提供服务、产品，如柜面提供存款服务，服务操作就是作业，服务发生的时间和次数就是作业动因。在一定的服务作业量内，柜面成本不会增加，而超过了现有柜面服务人员劳动强度的范围，柜面人员就要增加，柜面成本就会扩大。同是存款服务，存入 100 元和存入 10 万元，柜面人员提供服务的时间就会有较大的差异，这种差异就导致了业务成本耗费的不同。

在成本驱动的理念下，根据成本对象对于作业的需要，将作业成本分配到成本对象中，汇集计算成本。这一分配过程是建立在作业与成本动因的因果关系基础上，而不是简单地选择某一数量基础的标准，如业务处理时间等进行成本分配。作业成本的分配是按照成本驱动的激发而进行的。成本按照所采用的作业的比例分配给每一成本对象。这一成本分摊步骤主要是确定成本驱动（作业动因），确定了成本驱动后，按照下面的公式进行作业成本中心成本向成本对象分配。

作业动因分配率 = 作业成本中心成本/一定期间各成本对象消耗的作业动因总和

成本对象分配到的作业成本中心成本 = 作业动因分配率 × 该成本对象消耗的作业动因数量

在前面的案例中，成本中心成本还原后，就需要确定各成本中心与成本对象之间的关联关系，如行长室成本与产品、客户之间的关系，公司业务部成本与产品、客户之间的关系，以进一步将成本分摊到产品和客户上。有些部门和成本对象的关联度并不明显，如办公室、总务部、预算财务部等业务支持部门，在此情况下，可以有两种处理方法：一种是对于这些业务支持成本不予分摊，作为银行开业必需的“开门费”；另一种处理方法是对于这些业务支持成本采取合理的方式分摊到产品、客户和渠道。这两种方法各有利弊，第一种方法有利于业务支持成本的管理和控制，但是可能在还原和分摊过程中成为业务管理成本和处理成本的“避难所”；第二种方法彻底贯彻“完全成本法”，避免了将业务管理成本和处理成本向业务支持成本的迁移，但是产品、客户与渠道的成本不具有很好的可比性，尤其是在这些成本的控制方面，业务支持成本的分摊会成为业务经营管理部门的抱怨之处。

一、成本中心营运成本分摊原则

为了合理选择分摊基础，正确、客观地分摊成本中心成本需要遵循以下原则：

（1）完全成本原则。成本中心成本应完全分摊到机构和条线。

（2）业务驱动原则。业务管理类成本中心成本根据业务驱动原则建立成本动因库。例如，公司业务部贷款产品动因库为贷款平均余额，而风险部贷款产品动因库为不良贷款平均余额。

（3）作业成本法原则。业务处理类成本中心成本根据“作业消耗成本中心资源，产品消耗作业”的原则，将成本中心成本分摊到产品标准动作。因此，产品处理成本等于产品标准动作消耗成本的合计，客户处理成本等于客户消耗产品标准动作业务量乘以对应的单位成本的合计。

（4）简单和直接原则。我们选择分摊方法时，尽可能地选择简单及逻辑性较强的成本分摊方法，在客观上，应易于被业务主管部门理解和接受。

（5）客观性原则。任何一种分摊方法必须遵循客观性原则，即分摊的结果应与该项经济业务的实际情况吻合，而非管理会计人员个人的主观判断。

二、成本中心营运成本分摊方法

在成本分摊过程中，要遵循怎样的原则以及通过什么方法将成本中心的成本分摊到成本对象，是一个重要的内容。

前面讲到过成本动因有两个：一个是资源耗费动因，另一个是作业动因。在成本的归集与还原中的成本动因是资源耗费动因，然而在成本分摊过程中，涉及的是作业动因，即选择作业动因将成本中心的成本分摊到成本对象。然而，针对不同类型成本中心，其选择的作业动因不同，其分摊方法也不相同。

在银行业，通常根据产品的业务特性来选择作业动因分摊成本，一般采用平均余额、不良贷款余额、业务量、业务操作的标准动作、标准处理时间等作为成本分摊的作业动因。下面所谈到的业务量是广义业务量的概念，包含平均余额、不良贷款余额、业务量（狭义）。

1. 按业务量进行成本分摊

选择按业务量（广义）进行成本分摊的成本中心类型是业务管理类成本中心，涉及的层面有分行管理成本中心、支行管理成本中心，目前总行管理成本未向分行分摊。例如，在银行业务中，一笔业务涉及很多的业务管理成本中心，如签发一笔银行承兑汇票，整个签发过程是几个作业的集合，涉及高级管理层、公司业务部、风险监控部、国际业务部、资产保全部等多个业务管理成本中心，那么这笔业务分摊的管理成本，就是这些业务管理成本中心分摊到这笔业务的成本总和。

按业务量（狭义）进行成本分摊的产品种类可以归纳为单位结算、转贷款及委托贷款、担保承诺类、外汇买卖、代理投资（资金、国债）、代理证券、综合理财账户、结算交易等产品；按平均余额的产品种类有：存款类、贷款类、资金类产品，这时要注意不同的成本中心对应的产品种类相同，但是成本驱动因素不一定相同。例如，公司部的单位贷款的业务驱动因素是贷款平均余额，然而风险管理部的业务驱动因素则为不良贷款余额。

在业务管理成本中心成本分摊中，按业务量进行成本分摊的步骤如下：

（1）通过按序分摊法，将业务管理类成本中心的成本按照产品大类分摊比例分摊到产品大类。

（2）通过产品大类的成本总额与动因总额比计算出产品大类的分摊费率。

（3）将产品大类分摊费率与产品细类耗费的成本动因相乘得出分摊到产品细类成本。

（4）分摊到客户的成本等于业务管理成本分摊费率与该客户消耗动因数量的乘积。

2. 按业务操作进行成本分摊

按业务操作进行成本分摊的成本中心类型是业务处理类成本中心，选择的作业动因为标准动作和标准处理时间。电子类处理中心，如账务中心（电子）、自助银行等，按照产品标准动作的交易笔数进行分摊；人工类处理中心，如柜面、账务中心（人工）、放款中心等，按照产品标准动作的交易笔数以及产品标准动作的时间进行成本分摊。一个产品、一笔业务在成本分摊过程中，涉及的层面有总行分摊业务处理成本、分行分摊业务处理成本、柜面分摊业务处理成本。比如，签发一笔银行承兑汇票，整个签发过程是几个作业的集合，涉及的业务处理成本中心有：分行级业务处理成本中心账务中心（电子）、核心账务系统及前置、支行级业务处理成本中心支行柜面等多个业务处理成本中心。

产品处理成本等于产品标准动作消耗成本的合计，客户处理成本等于客户消耗产品标准动作业务量乘以对应的单位成本的合计。比如，电子类成本中心按业务操作中的标准动作交易笔数进行成本分摊的步骤如下：①将成本中心成本除以总交易笔数得出标准动作处理成本。②将产品消耗的标准动作总量乘以单位处理成本得到产品处理成本。

人工处理类成本中心按业务操作中的标准动作进行成本分摊的步骤如下：①将产品动作业务量与标准动作时间相乘得出总业务处理时间。②将成本中心成本除以总处理时间得出每分钟处理成本。③将产品标准动作时间与每分钟处理成本相乘得到单位处理成本。④将单位处理成本与产品标准动作业务量相乘得到产品消耗成本。⑤客户消耗成本为产品单位处理成本与客户所消耗产品动作的业务量的乘积。

3. 按全行受益程度进行成本分摊

这部分主要是解决支持部门成本向产品分摊的问题。前面提到了业务支持部门和成本对象的关联度不明显，不能取得合理的成本驱动，业务支持成本不能很好地向产品分摊。因此，本书提出了将支持成本按全行受益程度进行成本分摊的设想。因为业务支持部门是向全行服务的部门，本身部门的存在就是为全行正常运营提供保障，那么在成本还原后形成的成本中心成本虽然仅仅是业务支持部门所受益的成本耗费，但是从支持部门为全行服务的理念看，将这些成本按照受益程度进行分摊较为合理。

例如，在某一期间，总务部有很大部分精力投入在网点改造上，那么相关人员的工资、通信费都应由接受改造服务的网点机构来承担，这是前面成本还原环节没能具体实现的还原工作。不同的期间，总务部门的工作重点可能会不一样，那么按受益程度分摊的成本和分摊过程有可能不一样。又例如，预算财务部的工作重点基本不会产生很大的变化，那么从财务管理、绩效考核的职能出发，可以将预算财务部的成本平均分摊到部门和支行。经过这样的二次分摊，业务支持部门的成本最终归零，实现了成本与成本对象的关联，见图 6–1。

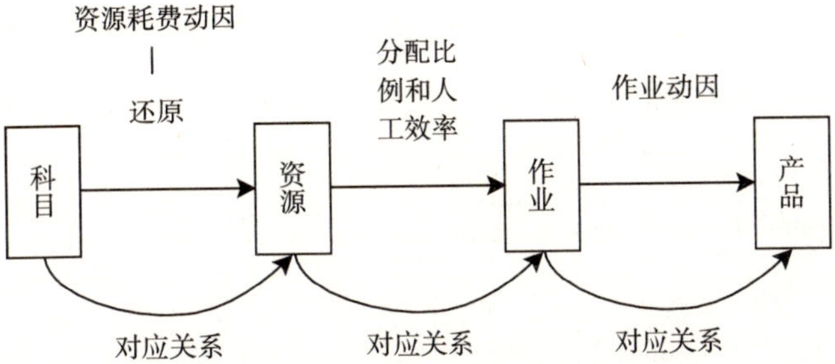

图 6–1　产品成本分摊流程图

结　语

运营成本是商业银行的主要成本之一，也是最难以核算和分摊的成本。与资金成本核算相比，运营成本涉及范围较广，表现形式也各种各样。有鉴于此，要准确核算运营成本，首先就要清晰界定将核算的基本单元（责任中心）。本章以成本中心为主体，介绍了运营成本分摊的基本原理和流程。

至此，本书的上篇（理论篇）对经济资本管理的理论框架、主要构成以及基本原理，进行了系统的介绍，为读者描述了经济资本管理体系大体上的概貌。在下篇（实践篇）中，我们将具体讨论上述体系，在中国银行业（尤其是中小银行业）的实践中将会遇到的问题，以及初步的解决方法。

实践篇

理论篇概述了经济资本管理的基本框架，及其主要构成。不过，对于中国的商业银行（尤其是中小银行）而言，要实施这种经济化管理方法，仍面临着许多障碍，主要在于IT投入、基础数据以及人员素质等方面。可以举个例子来说明，如果把经济资本管理比作性能优异的汽车，能让银行更高效地发展，但要充分发挥其作用，单是研发出这辆车还是远远不够的。我们还需要与之相适应的高速公路（IT系统）、高质量的燃油（基础数据），以及更重要的——合格的驾驶者（高素质的员工），等等。如何将先进的理念与中小银行的现实结合起来，是经济资本管理实施的关键所在。实践篇中，主要根据我们在实践中的体会，针对中小银行实施经济资本管理中可能面临的主要问题，提出了相应的解决思路。当然，不同银行所面临的主要问题有所差异，解决方案也需要量体裁衣、因地制宜。

第七章
中小银行资本管理概要

近年来，随着改革开放的纵深推进，我国金融市场、监管和政策逐步与国际接轨，特别是2003年中国银行业监督管理委员会成立后，积极借鉴国际先进监管理念与方法，制定了一系列资本监管和风险监管的审慎监管法规。2004年3月，中国银行业监督管理委员会发布了《商业银行资本充足率管理办法》，全面借鉴了1988年《巴塞尔资本协议》和当年即将出台的《巴塞尔新资本协议》，构造了“1988年协议+监督检查+市场纪律”这一符合我国银行业实际的资本监管制度。其实施标志着我国银行业的监管步入了强化资本约束的新阶段，同时为《巴塞尔新资本协议》在我国的实施和提高我国银行业整体竞争能力奠定了一定的基础。

2007年2月28日，根据《巴塞尔新资本协议》的调整，中国银监会正式公布《中国银行业实施新资本协议指导意见》，正式决定2010年底、最迟宽限到2013年对首批商业银行按照《巴塞尔新资本协议》进行监管。随后，银监会陆续出台了实施新资本协议的一系列监管规章，从资本计量、资本监管与市场约束三个方面构建了中国实施新资本协议的制度基石，全面推动国内银行开展新资本协议的准备工作，并引导银行金融机构完善治理结构、风险控制与系统建设，有规划、有目的地推进新资本协议的实施进程。

2010年之后，根据国际银行监管改革的总体方向和思路，并结合中国国情，中国银监会开始了“巴塞尔协议Ⅲ”在中国的落地工作。2012年6月，中国银监会正式发布《商业银行资本管理办法（试行）》，确定了各类监管要求的实施过渡期及达标安排，并已于2013年1月1日起正式施行，意味着中国银行业的审慎监管框架已日益成熟。

资本监管的规范化也推动了银行业管理模式的创新和业务转型，在过去的10年中，银行业主动适应监管环境变化，深入推进管理改革，资本管理效率明显提升，具体表现在以下几方面：

（1）银行公司治理和风险管理明显改善。资本约束意识、价值意识、风险管理意识和品牌意识逐步深入人心，经济资本、经济增加值和经风险调整后的资本回报等先进管理方法得到了重视和应用。风险管理组织体系的独立性和专业性持续增强，业务操作流程不断优化。公司治理结构进一步健全和完善，公司治理的有效性进一步提升。公司治理和风险管控能力的提升，将为我国商业银行的发展奠定更加扎实的基础。部分商业银行已经开始按照《巴塞尔新资本协议》的要求开发内部评级法系统，不断优化风险管理制度和流程，改进风险管理技术和工具，全面提升风险管理能力。

（2）银行业务结构和资产质量得到进一步优化。从业务结构来看，各家商业银行的经营领域已从传统存贷业务逐渐向中间业务、金融服务等资本消耗小、风险小的创新业务发展，这说明商业银行业务结构的改善又迈出了新的步伐。同时，近年来商业银行不良资产得以持续消化和解决，而商业银行自身风险控制能力的提升，也使得新增不良资产大幅减少，资产质量在经营管理过程中得到了极大改善。2005 年，全国主要商业银行不良贷款水平在 9%左右，而至 2013 年末，主要商业银行的不良率水平大幅下降至 1.05%，远远低于其他主要经济体的水平。

（3）银行抵御和补偿风险的能力进一步增强。随着资本约束意识的增强，在监管资本达标要求的触动下，商业银行陆续启动融资计划，通过增资扩股、次级债发行等进行资本补充，同时逐步缩小拨备缺口，实施稳健分配政策，有效提高了资本的质量和数量，资本充足率水平持续改善。截至 2013 年底，全部商业银行加权平均一级资本充足率为 9.95%，加权平均资本充足率则为 12.19%。从资本结构看，一级资本净额与资本净额的比例为 81.62%，资本质量较高。

此外，银行在业务创新、人才储备、IT 建设等方面都迈出了新的步伐，也为银行实施新资本协议、提高资本管理效率夯实了基础。

总体上看，监管要求旨在建立资本对银行的约束，逐渐推动了银行对资本以及资本管理的重视。这一变化，也符合现代商业银行强化风险管理的内在要求，为银行提供了科学的方法和先进的量化工具，促进了风险管理和资本管理效率的提高。

第一节　中小银行资本管理现状与挑战

前文述及，资本管理体系包括资本计量、资本配置和绩效考核等方面，它们互相联系并渗透于各项业务当中。但是从目前的实际情况来看，尽管在监管部门的约束与引导下，许多中小商业银行已开始将资本管理工作提上了议事日程，制定了资本管理办法，并引入经济资本管理概念，但是其与先进的资本管理还存在相当大的差距，资本管理的重点仍偏向于满足监管要求而进行的计算和披露，从总体上说是一种被动、事后的管理。对于经济资本和业务发展的关系没有深刻的体会，导致业务发展和资本管理两条线，没有形成对风险资产和资本回报的有效约束机制，主要体现在以下几个方面：

一、资本管理意识薄弱

由于缺乏资本观念和受传统经营管理思想的影响，目前大部分中小商业银行尚未真正树立起资本约束的观念，不能以资本先导的理念指导业务的发展，存在“速度情结”与“规模冲动”，将市场份额、规模扩张等作为经营目标及发展战略的重要内容，使得风险资产的扩张尚未形成相对理性的控制机制，资本的增长落后于风险资产规模的增长，始终无法摆脱资本补充的困境。

二、风险管理体系不健全，风险管理技术落后

资本是银行抵御风险的最后一道防线，同时也是整合银行风险的平台，但能否对风险进行精确量化及科学管理，则反映了一家银行的风险管理水平。对大多数中小商业银行来说，风险的量化管理恰恰是“软肋”所在，主要体现为风险管理定性分析多、定量分析少，静态分析多、动态分析少，风险管理技术和手段比较落后，缺乏对资本和风险统一的计量方法和手段，导致在经营管理过程中无法有效计量各类业务的资本占用，因而难以充分发挥资本对业务发展的约束作用，

在一定程度上加剧了资本的不合理消耗。

三、资本配置和资本考核不科学

目前，部分中小银行已经开始将经济资本概念引入日常经营管理，并将经济增加值纳入绩效考核体系，但由于管理会计、风险计量、信息系统、基础数据专业人才等方面基础较为薄弱，与实施科学的经济资本管理所需条件还存在较大差距，所采用的经济资本管理方法和手段均属于较为初级的水平，管理的科学性和有效性水平不高，不能对各业务线或部门的经营收益和成本进行准确划分，不能精确计量它们各自的风险成本，在一定程度上影响了资本配置和绩效考核的准确性。而这种准确性的偏差，如果再与已有考核方法之间的差异过大，往往还会面对来自员工的较大阻力，极大影响经济资本管理的效果。

从未来的发展看，中小银行经济资本管理体系的建立和完善还面临许多挑战。

第一，外部评级机构缺位。在经济资本计量的标准法中，外部评级发挥着重要的作用。目前，世界各国监管当局确认的评级机构差异较大，认可的机构数目从 3~10 家不等，而得到巴塞尔委员会所有成员国确认的外部评级机构只有标准普尔、穆迪和惠誉三家公司。我国资信评级工作刚刚起步，国际上较有影响的评级公司穆迪、标准普尔公司在我国的业务面还较窄，境内绝大多数企业都没有国际公认的评级机构的评级，可供选择的外部评级结果非常有限，对地方的中小银行来说情况尤其如此。外部评级机构缺位，导致中小银行在风险计量和资本管理中难以实施真正意义上的标准法，而不得不采取其他方法作为替代。

第二，基础数据匮乏。经济资本计量要求商业银行具备大量的基础数据。《巴塞尔资本协议》中明确规定："内部评级法估计违约损失率必须参考最短的数据观察期，在理想情况下，数据观察期至少应该涵盖一个完整的经济周期，而且任何情况下，数据来源的观察期不应该少于 7 年。如果任何一个数据来源的观察期跨度更长，且数据有意义，应该采用这个较长的观察期。"相对而言，我国银行的有效数据缺乏连续性，数据的真实性和完整性不高，在一定程度上影响了内部评级法应用的科学性及准确性。而且，许多中小银行由于长期以来管理较为粗放，数据积累较少且质量较低，远远难以满足内部评级的需要。

第三，信息系统建设薄弱。实施内部评级法对商业银行信息系统的运算能力、运行效率、存储能力以及稳定性等方面均提出了较高要求，据调查，发达国家商业银行实施新资本协议总成本中用于信息系统的升级改造占比达50%以上。截至目前，大多数中小银行的信息系统整体规划都还不够合理，数据仓库建设也刚刚起步，信息系统集中度较低，不同系统之间的兼容性不强，因此无法支持新资本协议所要求的高级风险计量方法和复杂的风险管理流程。

第四，专业人才匮乏。经济资本管理是商业银行管理的前沿理论，代表了未来银行业风险和价值管理的核心。作为一种先进的管理方法，其科学地实现了资本和风险的整合，是现代商业银行经营管理的“核心技术”，具有极强的技术性，因而对实施经济资本管理的人员提出了更高的要求。人才的专业化程度直接影响经济资本管理能否顺利实施，而中小商业银行往往面临人才缺乏的窘境，人才的专业化程度不高成为了制约其实施经济资本管理的“瓶颈”。

第五，规模小、资金实力欠缺。中小银行经营范围有限，资产规模也较小，资金实力欠缺，无法对经济资本管理前期开发应用提供长期、稳定、巨额的资金支持。经济资本管理的开发阶段属于资金密集型，对人力、物力有极高的需求，而由于实施经济资本管理本身面临很多的不确定因素，有出现高额“沉没成本”的风险。所以，断断续续的、少量的资金投入从一开始就注定了经济资本管理项目“难产”的命运。在资金有限的情况下，如何集中充足的资金以及把有限的资金合理地运用于经济资本管理项目，是中小银行面临的一大挑战。

第二节 中小银行经济资本管理体系要点

前面讲到，与大型银行相比，中小银行在实施经济资本管理过程中面临着诸多障碍，难以有效实施和推进。为此，中小银行应在借鉴先进理念和框架的基础上，针对所面临风险的不同特性，并结合自身业务与管理特点，设计、搭建风险管理架构和经济资本管理体系。更具体地说，中小银行在实施经济资本管理的过程中，理应结合其服务小微企业、服务社区居民的区域性银行特点，并与日益提升的监管要求保持一致。此外，考虑到中小银行的人才“瓶颈”及物力投入限制，应以先进性、经济性、适用型为原则，来设计、建立适合中小银行的经济资本管理体系，其基本架构如图7-1所示。

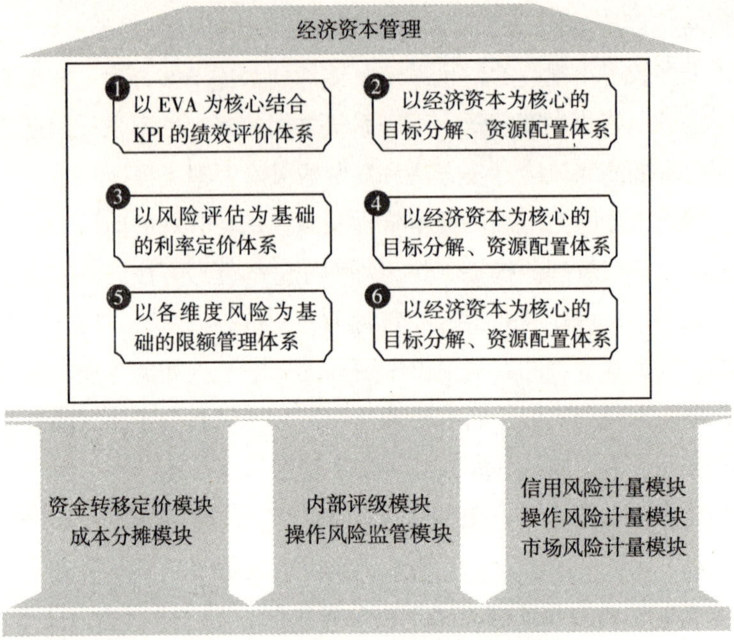

图 7-1　中小银行经济资本管理体系

一、设计原则

先进性、经济性和适用性是中小银行设计经济资本管理体系的基本原则。所谓先进性是指在中小银行经济资本管理体系设计中考虑借鉴国外领先银行经营管理的实践，采用《巴塞尔新资本协议》和银监会的先进理念，如信用风险内部评级初级法、市场风险 VaR、内部资金转移定价、作业成本法等。

经济性是指在中小银行经济资本管理体系建设中尽量避免复杂的、对中小银行不太实用的并且需要大量人力、物力的模型。比如，在缺乏数据支撑的情况下，避免基于完全数据统计而又花费巨大的内部评级模型，应采用基于一定的数据基础上的专家判断方法。

适用性是指在中小银行经济资本管理体系的应用中主要针对中小银行普遍的现状，并考虑实际的需求而设计，着眼于解决中小银行日常经营中的问题，如支持小微企业和服务“三农”如何与经济资本管理接轨？如何使员工的日常行为自觉与组织目标保持一致？如何提升执行力、化战略为行动？作业成本法如何与中小银行的管理现状相结合？风险调整过的收益如何与日常考核相结合，如何对利率进行合理的定价？等等。

二、核心理念

经济资本管理通俗地讲就是以银行价值增加为导向配置资本，形成以经济增加值、风险调整后的资本收益率为核心的管理体系，实现成本、收益、风险的协调一致。其核心指标是经济增加值和风险调整后的资本收益率。然而，中小银行实施经济资本管理，除关注经济效益外，还需考虑中小银行服务本地社区、响应国家政策、履行社会责任，因此需要建立资本管理与“服务‘三农’，服务中小微企业”相结合的体系。

三、管理体系

从实际需求看，中小银行经济资本管理体系的框架主要包括 6 个方面：①以 EVA 和 RAROC 为核心，结合 KPI 的绩效考核评价体系；②以经济资本为核心的目标分解、资源配置体系；③以风险评估为基础的利率定价体系；④以各风险点、各维度风险指标为基础的监控管理体系；⑤以各维度风险为基础的限额管理体系；⑥以各维度作业时间为基础的成本分摊和工作效能评价体系等。这套管理体系基本能满足中小银行经营管理的需求，包括目标的制定和分解、目标的监测和管理，目标的考核和评价，等等。

四、基础模块

中小银行经济资本管理体系应用的核心指标是经济增加值（EVA）和风险调整后的资本收益（RAROC）率，要实现对其科学计量，需要考虑利息收支、资金转移成本/收益，非利息收支、运营成本、风险成本、经济资本占用及其成本，以及税金等因素，如图 7-2 所示。

由图 7-2 不难看到，实现 EVA 和 RAROC 的计量，经济资本管理实施的关键点模块包括如下几个方面（见表 7-1）。这几个模块，也是构建中小银行经济资本管理体系的核心所在。

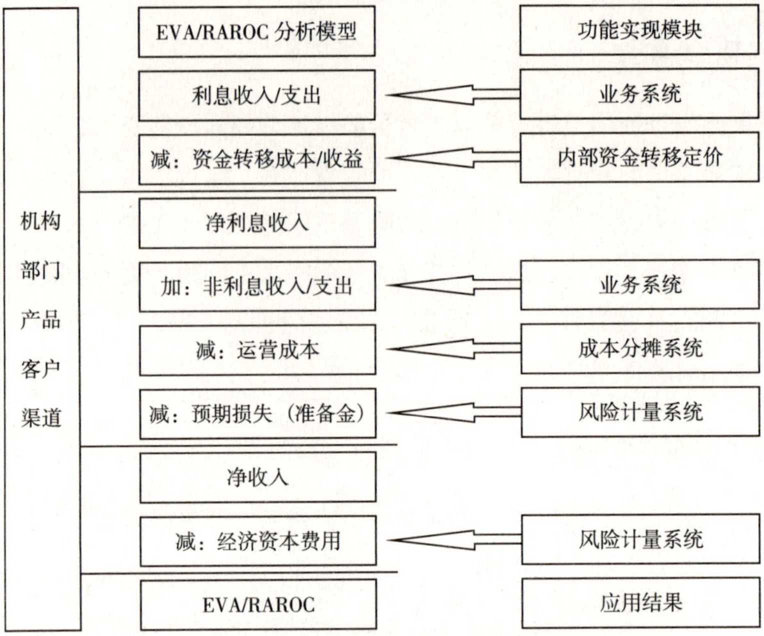

图 7–2 EVA 和 RAROC 的示意图

表 7–1 中小银行经济资本管理体系投入的基础模块

应用模块名称	
风险计量	信用风险计量
	操作风险计量
	市场风险计量
成本收益计量	内部资金转移定价
	成本核算

第三节 中小银行经济资本管理平台搭建

针对自身所面临的专业人才缺乏、物力财力缺乏、数据不完善、各系统之间彼此孤立等问题，中小银行需要以先进性、经济性、实用性为原则，从战略角度（如业务发展策略、资源配置策略、资本管理策略等）、日常应用角度（如绩效考核、操作风险管控、贷款利率定价、客户关系管理）、基础计量角度（如收入/支出、收入/成本、收入/风险等）构建适合自身需要的经济资本管理体系，搭建综合 IT 系统平台，如图 7-3 所示。

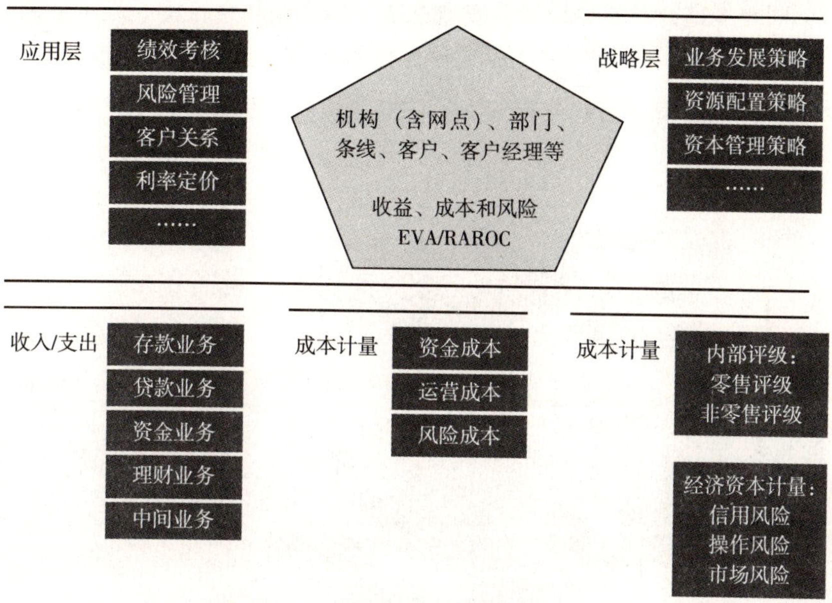

图 7-3 中小银行经济资本管理体系

中小银行可以通过经济资本管理的实施完善资本约束机制，全面提升基本和风险管理能力，主动适应监管部门的资本监管要求。其 FTP、成本分摊等的建设可以深化内部精细化管理基础，积极实现经营效率的高效提升。另外，经济资本管理的有效实施可以提高客户关系定价、盈利管理能力，建立基于经济资本的内部绩效考核机制，提高执行力，实现经营业绩的稳步提升。

一、系统平台总体架构

先进的标准化综合管理系统平台是中小银行经济资本管理有效实施的载体，能有效满足银行的部门、机构/网点、产品/条线、员工、客户等不同纬度的业绩评价需要，建立以 EVA、RAROC 为核心，覆盖规模、结构、质量、效益、效率等的全要素核算分析体系，建立绩效考核、风险管控、利率定价、客户关系管理等综合应用体系。

1. 系统架构

中小银行标准化管理 IT 系统平台架构可以采用如图 7-4 所示的架构，主要包括三部分内容：①数据层，包括业务源系统数据的抽取、转换、清洗和装载、数据管理平台及面对不同主题的数据集市；②专业管理模型，包括针对不同管理对象、不同要素进行核算分析的各专业系统，如资金转移定价、成本分摊、内部评级、经济资本等；③应用层，包括操作风险管控、绩效考核、贷款利率定价、客户关系管理、经营分析和流程银行等，其各个应用系统通过OA协同办公整合到一个桌面上。

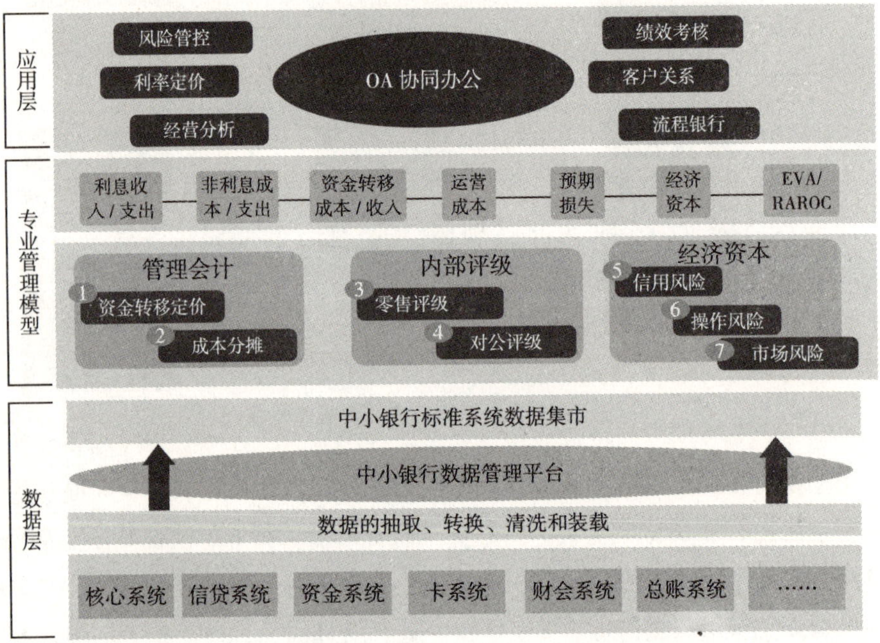

图 7–4 中小银行经济资本管理 IT 系统框架示意图

2. 系统特点

中小银行具有专业人才缺乏、物力财力缺乏、数据不够完善、各系统之间彼此孤立、内部资源不够等特点，面对着不同于大银行的独有挑战，因此其系统应适应中小银行的需要，按照模块化、对接化、个性化、多元化的要求，同时兼顾先进性、实用性、经济性的原则规划与设计经济资本管理系统平台，其示意图如图 7–5 所示。

必须强调的是，中小银行随着业务的不断扩展，其外围管理系统不断增多，“信息孤岛”的现象日益严重。因此，通过“数据管理平台”和“OA 协同办公”两个模块从数据层面和应用层面整合各孤立子系统，使不同子系统的“孤立信

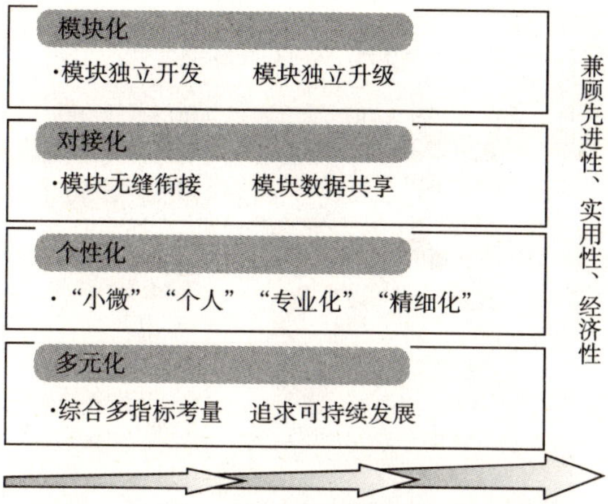

图 7–5 中小银行经济资本管理系统平台特点

息”汇总，并展示到不同管理层级人员的桌面，进行不同层次的应用。

二、系统平台专业模块

1. 数据管理平台

目前，随着中小银行业务和规模的迅速增长，其业务系统也随之增多，如综合业务系统、OCR 系统、信贷管理系统、信用风险系统、绩效考核系统、操作风险系统等。这些系统相互独立，不能进行各类跨系统操作，数据共享性很差，而且系统人员的多系统登录、多密码管理容易造成信息管理的重复或者不完整，给银行的使用和维护带来了诸多不便。

数据仓库管理平台能有效解决银行信息系统存在的问题，特别是中小银行面临的多系统、多数据库、信息分散的局面，并在此平台之上进行信息应用系统的管理、开发和升级，满足经营管理和监管部门的需求，实现中小银行经营管理模式的转型。

针对中小银行的实际经营管理需求，考虑日益提升的监管需要和中小银行未来的发展，基于先进银行业的实践经验，本书制定了以数据仓库为核心、支持全行范围数据分析、信息共享的中小银行数据库管理平台的规划与设计，概念性体系框架如图 7–6 所示。其中，采用数据四级规划方案，即基础层、中间层、汇总层、结果层。

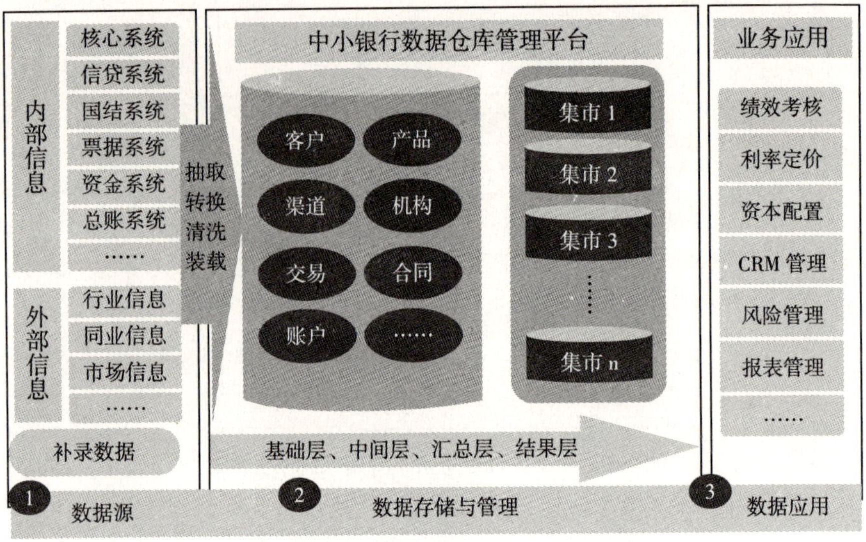

图 7-6　中小银行数据库管理平台的规划与设计

在数据管理平台的规划和设计中，数据组织主要分为基础层、中间层、汇总层和结果层四个层次。基础层主要是将各类基础数据进行原样保存，以便核对和明细查询；中间层是按照业务对象对数据进行分类保存，统一格式、统一命名、统一定义；汇总层是对所有系统都需要用到的数据进行统一保存，确保数据出口的统一性；结果层是存储用户需要直接接触的、展示在终端界面的各类操作数据。

实施数据仓库管理平台具有一定的现实战略意义，既满足现在又着眼长远。首先，数据仓库平台的有效实施有助于提升银行内部经营管理的能力。将分离系统的信息进行收集、整合和加工到统一的平台，从而将精细化管理理念贯穿到整个信息化体系中，为决策层、管理层和业务层提供定量及定性的数据分析支撑。例如，如何了解和掌握银行的客户、产品、员工、渠道等状况，如何更好地支持绩效考核、产品分析、经营分析、成本管理、风险分析等。其次，数据仓库管理平台的实施有助于满足监管部门的外在要求。如 2012 年 6 月，中国银行业监督管理委员会发布的《商业银行资本管理办法（试行）》，要求所有商业银行全面实施《巴塞尔新资本协议》，其第一百三十二条已明确了对商业银行数据的要求："商业银行应系统性地收集、整理、跟踪和分析各类风险相关数据、建立数据仓库、风险集市和数据管理系统，以获取、清洗、转换和存储数据，并建立数据质量控制政策和程序，确保数据的完整性、全面性、准确性和一致性。”

2. 资金转移定价模块

内部资金转移定价（Funds Transfer Pricing，FTP），是商业银行内部资金中心按照一定的规则与业务单元进行全额的资金定价，从而达到核算资金收益或成本等目的的定价方法。其旨在银行机构内部建立一个内部资金价值结算体系，通过测度各产品、条线、部门、客户的资金成本和资金价值，将财务会计的账面资金利差收入按进行二次分配并通过相应的激励约束机制引导全行的资源配置趋于最优。从银行管理角度看，应用资金转移定价方法可以帮助银行的绩效评价从规模、会计利润的考核，转变成为资本约束下的毛利润考核；考核对象不断扩展，向网点、产品、客户经理、客户进行基于盈利的考核，最终实现管理力度的细化。

3. 运行成本分摊模块

成本分摊是指将特定会计期间内发生的运营成本和费用，按照不同的成本类型，采用明确的分配方法，向成本费用消耗对象进行分摊，以充分反映其应承担的全部成本费用信息。从应用的角度，通过成本管理理念与价值传导，实现银行全方位、多角度的绩效评价、盈利分析，并进一步应用于产品定价。

同时，通过成本分摊，可以在全面预算管理的时候实现成本的事前规划和事中监测，实现对分支行和部门成本的有效管理，促进其加强成本管理意识，提升全行的成本控制能力。

4. 内部评级体系模块

内部评级是新资本协议信用风险资本计量的基础，风险成本和经济资本占用的计量都依赖于内部评级，它是指银行使用银行内部的评估系统，对信贷客户进行评级及对银行风险资产监测的信用管理活动。整个分析框架包含两个相互独立、性质不同的维度，即客户评级和债项评级，将债务人和债项的风险特征转化为违约概率（PD）、违约损失率（LGD）、违约风险暴露（EAD）和期限（M）等风险参数，进而获得信贷产品的预期损失（EL）。

在中小银行承担的风险中，80%以上是信用风险，而内部评级则是管理信用风险的基础，只有将其应用于客户准入、信贷流程优化、贷款定价、资本计量、收益分析等内部管理流程中才能使信用风险定量化与精细化，确保银行安全、高效运营。其有效实施有助于银行以下几个方面能力的提升：①能固化资深信贷人员的经验，提高信贷审批效率，降低信贷成本，为资产规模的有规划扩张提供帮助；②为风险调整后的客户分类和盈利分析提供基础，可以提高整体信贷资产质量以及定价水平，对节约资本有一定帮助；③为组合管理、限额管理、新产品开发等高级应用提供量化支持。

5. 经济资本模块

经济资本就是用来承担非预期损失和保持正常经营所需的资本，是连接银行风险与利益的纽带。经济资本管理体系体现了现代银行管理的核心思想，一般包括经济资本计量、经济资本配置、经济资本监控等内容，其目标是建立健全以资本和资本回报指导业务发展的经营机制，促进风险、资本、收益的相互匹配和动态平衡，通过差异化的资本配置策略，优化提升资本使用效率，实现经济价值增加值最大化，主要任务是按照确定的方法测量各机构/网点、产品/条线、客户/客户群、客户经理等所占用的经济资本总量及风险、收益的匹配情况，并将测算结果应用于资本预算和分配、资产负债管理、产品定价和绩效评估等经营管理环节。

三、系统平台应用模块

中小银行经济资本管理体系的应用，主要体现在针对不同的管理对象（总行、部门、机构/网点、岗位、员工、条线/产品、客户/客户群等管理维度）通过系统平台专业模块对收益、成本和风险进行科学核算，以 OA 协同办公为工具，整合诸如绩效考核、操作风险监控、产品利率定价、客户关系管理、盈利分析、流程银行等不同应用模块到同一桌面，从“人找事情”到“事情找人”的管理方式的全面提升，包括执行力、分析力、监控力、运营力、协同力和凝聚力等方面，如图 7-7 所示。

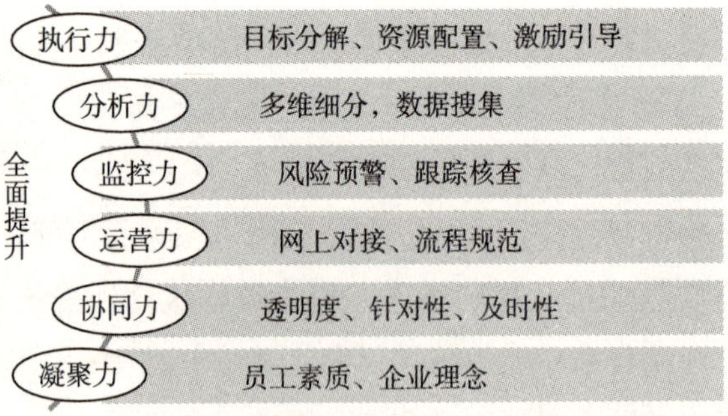

图 7-7 经济资本管理体系对银行管理提升示意图

1. 全面绩效考核

绩效考核是中小银行标准管理系统的核心应用，是将银行宏观战略传导至微观业务的具体工具，牵涉每一个机构，每一个人。它是围绕组织目标的达成而建立的促进组织目标实现的管理体系，包括组织/个人绩效计划的制定、绩效执行过程中的跟踪/辅导/监控/总结、考核方案的制定、绩效考评的组织实施、考核结果的反馈/沟通、考核结果的统计分析和业务运用等方面。全面机构考核覆盖机构考核、条线考核、客户经理考核、柜员考核以及中后台人员考核等内容。

其有效的实施可以有下面的两方面作用：①不打破银行现有的绩效管理体系，上线绩效考核系统，目的是减少手工操作，统一数据口径，建立相应的考核指标体系库，包括财务维度、客户维度、内控维度、学习维度等，把绩效考核规范起来，做到公开、公正、透明，减少矛盾；②在规范化绩效考核管理的基础上，进一步提升，达到专业化、精细化的管理水平，增强与大银行抗衡的能力，如增加如下模块：内部资金转移定价（模拟利润考核），成本分摊（实际利润考核），经济资本（EVA、RAROC 考核）等。

2. 操作风险管控

操作风险是中小银行最基础的风险，小而分散，无处不在，一旦出现，后果严重，甚至造成重大风险事件，给银行造成直接和间接损失，同时给银行管理层造成极大的麻烦。因此，应用操作风险管控平台可以对日常操作的可疑行为（包括柜员、机构、存款账户、中间业务、可以大额交易等个风险点）进行动态监控，对发现的可疑信息进行完整的审查、违规积分计算、违规扣分，并对操作风险中出现的问题进行分类，形成对全行、机构、人员的全面风险合规评估。同时，操作风险监控模块可以系统地监控和记录现场和非现场的各种问题，并形成完整的问题库，问题库便于银行分析、展示常见问题并进行改进，提高其管理水平，具体如下：

（1）可以对问题进行分类并分析其严重程度，对历史问题库进行横向和纵向分析，以了解各类问题在各个机构的分布情况以及在各个时间段的发生频率。

（2）可以对长期问题库所积累的违规积分和合规扣分进行统计分析，从而对各机构、人员的风险系数形成可量化的标准，成为操作风险经济资本计量的重要基础数据，提高操作风险计量的敏感性。

（3）历史问题库也可以作为新员工培训的重要内容。

3. 产品利率定价

产品利率定价是将经济资本应用到具体业务的关键环节，是将资本管理宏观战略传导至微观业务的工具。产品利率定价的有效实施，首先可以落实全行总体战略，它将全行盈利指标分解到每笔业务，指导客户经理的业务办理，使得全行战略可以在微观层面上得到有效落实；其次产品定价可以促进市场及客户营销，由信贷产品带动存款、现金管理、支付业务、票据业务等利润较高的辅助产品，与客户建立多产品、多渠道的关系，从而提高客户派生率及综合贡献度；另外，产品定价可以引导客户经理定价，在业务办理前即可量化每笔业务的各项成本、风险、资本占用、盈利等指标，使得客户经理、管理人员在客户营销、业务谈判阶段即可做到心中有数。

4. 客户关系管理

客户关系管理是以客户为中心，搜集、研究和使用各种客户信息，以便建立积极的客户关系，更好地满足客户需求，探索开展交叉联动营销，深度挖掘客户价值，推进客户分层维护，提供有针对性的顶点精确服务，提高客户满意度和忠诚度，增加客户对企业价值的管理体系。通过内部资金转移定价、成本分摊、风险计量等管理模块计算不同客户的价值，按不同客户类型提供不同的产品服务，如对于利率定价，对于高价值、议价能力强的客户必须提供有针对性的优惠定价方案，对于高成长期的客户提供阶梯式分层报价。

5. 盈利分析

盈利分析是盈利分析系统构造的账户级数据各损益项之间的计算关系。在账户级数据中，按照此计算关系计算每个账户的收益、成本、风险数据指标，最后从账户上汇总生成各维度的收益、成本和风险报表数据。盈利分析系统包括银行资金收益计量、运营成本计量、风险成本计量、经济资本计量以及相关税金、中间业务收支、其他营业收支、营业外收支的处理等。

盈利分析是银行经营决策的重要依据，它保证了银行将有限的资金和资本投向能够产生最大价值的地方；另外，通过整合各方面成本构建以账户为基础的营利性分析单元，建立起机构/网点、产品/条线、客户/客户群、行业、地区和客户经理等多维度盈利分析体系，帮助银行管理层追溯管理问题；同时，将风险调整后的盈利指标纳入机构、条线和客户经理考核的平衡计分卡，引导银行的业务投向，使得银行业务单元的市场拓展与全行的资源投向保持一致。

6. 流程银行

流程银行是指商业银行建立面向市场、以客户为中心的业务流程和管理流程，实现前、中、后台相互分离、相互制约的组织架构和运营模式，确保银行机构安全高效的运转。其关键是建立一套可以量化的、提升银行质量、效益、效率的全流程体系，并构建与之适应的组织、运营和考核模式。在经济资本管理体系下，其重点是建立适合银行自身的结合风险库、制度库的一套管理流程、业务流程体系。

四、系统平台实施路径

中小银行经济资本管理体系是由银行所处的经营环境、监管环境和市场竞争的变化驱动的银行经营管理方式的变革。因此，经济资本管理体系建设不同于一般的业务管理系统建设，它需要银行在管理理念、组织架构、人员素质、数据基础、系统建设等各个方面做好准备。因此，可以根据其不同的发展阶段及管理水平从规范化、专业化到精细化的路径逐步实施经济资本管理，如图 7-8 所示。

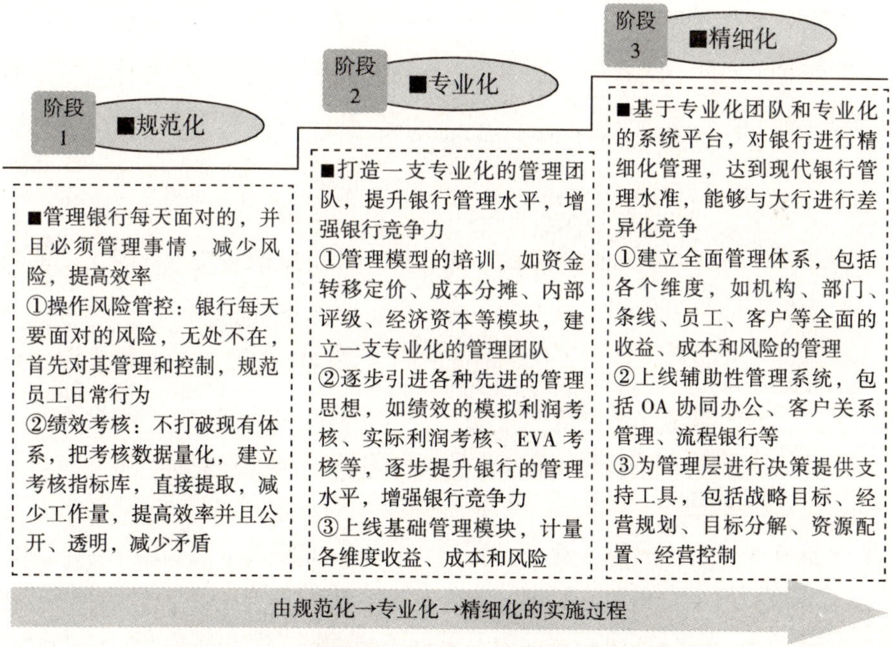

图 7-8　中小银行经济资本管理系统平台的实施路径

第四节 中小银行经济资本管理实施原则

一、规范化

经济资本管理实施的首要任务是把银行管理层每天要面对的重要的、涉及每个人、必须管理的事项首先规范起来，减少风险、提高效率。规范化的内容主要包含两个方面：操作风险管控和绩效考核，如图 7-9 所示。

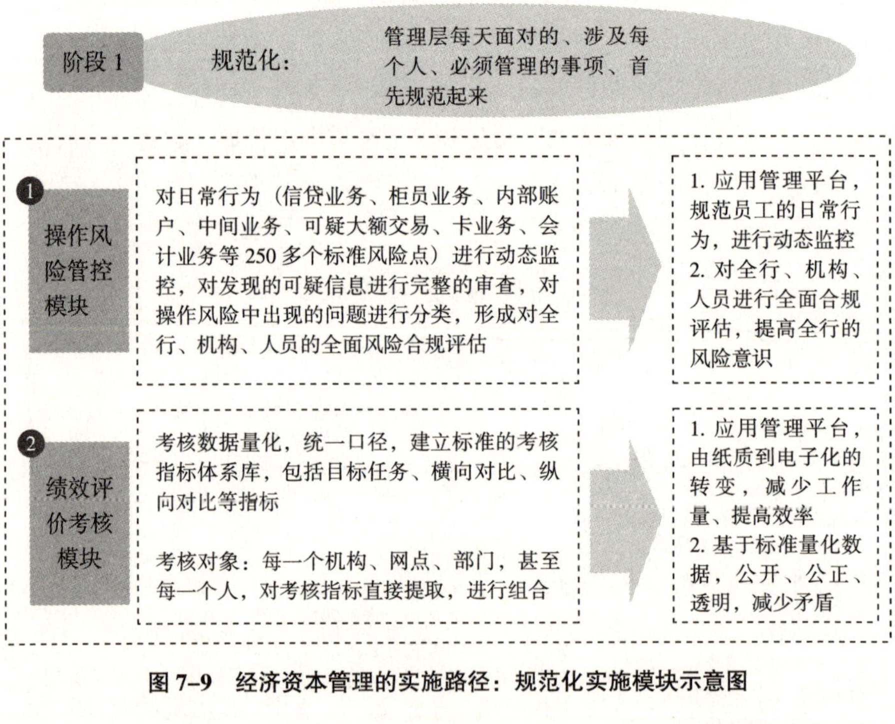

图 7-9 经济资本管理的实施路径：规范化实施模块示意图

对于操作风险管控来说，首先，它是中小银行面临的最基础的风险，无处不在，小而分散，但一旦出现，后果严重，甚至会造成重大风险事件，给银行造成直接和间接损失，同时给银行管理层造成极大的麻烦；其次，操作风险的风险点很多，规章制度数量众多，但多分散于各部门、各岗位和各项业务中，缺少整合，人工检查费时费力，效率低下；最后，对分支、基层机构的检查评估不足。内部控制不仅要求银行建立相关的制度与流程，还要经常监督检查这些制度和流程是否得到了执行。一些银行内部审计不足，其对内部控制的检查频率和深度往往与风险程度不匹配。因此，对操作风险的管理和控制是实施经济资本管理模块的规范化优先要考虑的内容。

对于绩效考核模块，首先，中小银行在考核数据获取方面普遍面临一定的难题：第一，由于绩效考核的信息化程度比较弱，很多考核指标手工统计，工作量大，不仅耗费大量的人力，而且效率低下。第二，绩效考核信息不公开、不透明，考核数据口径不统一，考核责任不清晰，薪酬分配不公平，缺乏标准规范化的考核数据。

其次，中小银行在绩效管理方面也面临许多挑战：①如何解决考核办法每年变动大，没有阶段性规划的问题，包括银行起步期、成长期、稳定期不同阶段的考核策略；如何解决董事长和高级管理层，高级管理层和支行管理层，支行管理层和员工关于薪酬发放的矛盾。②如何解决在制定考核办法时，绩效考核目标的确定不科学、不合理，比如总行的目标任务如何科学地分配到支行、支行又如何科学地分配到网点、网点又怎样分配到个人，进而造成考核结果的不确定增大？③因为区域的原因，造成网点之间的规模差异较大，如何在考核中加以考虑？历史遗留的不良贷款，如何移交才能体现公平。④如何对对私管户客户经理的工作量和对公管户客户经理的工作能力之间进行均衡考核；如何解决人员岗位调动带来的考核的不连续性等。

二、专业化

规范化的模块建立后，需要银行打造一支专业化的管理团队，吸收先进的管理经验和技术，提升银行的管理水平。其专业化主要从两个方面入手：①管理模型的培训，如资金转移定价、成本分摊、内部评级、经济资本等模块，建立一支专业化的管理团队；②逐步引进各种先进的管理思想，如绩效考核中的利润考核、价值考核等，逐步提升银行的管理水平，增强银行的竞争力；③上线基础专业管理模块，如内部资金转移定价、运营成本分摊、内部评级体系、经济资本计量与分配等，计量各个管理维度的收益、成本和风险，为精细化管理打下基础。

例如，对于绩效考核模块，其规范化管理不打破银行现有的绩效管理体系，上线绩效考核系统的目的是减少手工操作，统一数据口径，建立相应的考核指标体系库，包括财务维度、客户维度、内控维度、学习维度等，把绩效考核规范起来，做到公开、公正、透明，减少矛盾。然而，升级到专业化在规范化绩效考核管理的基础上进一步提升，引入内部资金转移定价（模拟利润考核）、成本分摊（实际利润考核）、经济资本（EVA、RAROC 考核）等先进的管理理念，通过专业化的管理，保证银行的可持续发展，见图 7–10。

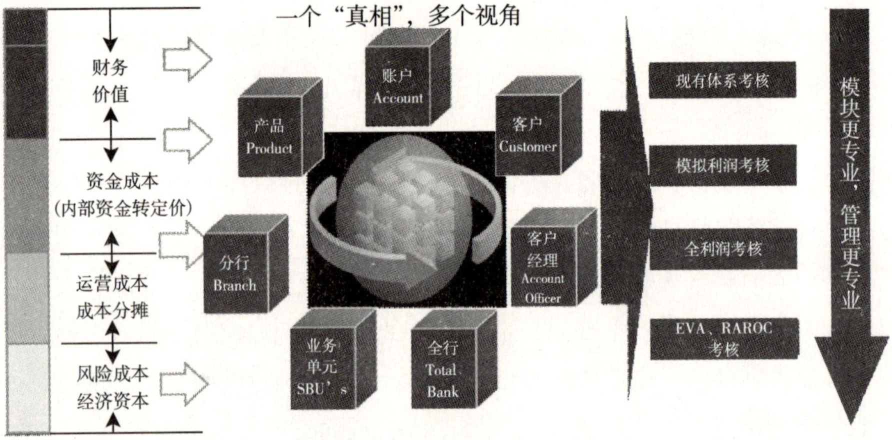

图 7–10 绩效考核的专业化升级

三、精细化

精细化管理，是基于专业化团队和专业化的系统平台对银行进行精细化管理，从而使银行达到现代银行管理水准，能够与大银行进行差异化竞争。其精细化主要包括：①建立全面的管理体系，包括各个维度，如部门、机构/网点、条线/产品、岗位、员工、客户/客户群等维度的收益、成本和风险的管理；②上线辅助管理系统，包括 OA 协同办公，客户关系管理、流程银行等；③为管理层决策提供管理工具，包括战略目标、经营规划、目标分解和经营规划等。

针对中小银行的实际，通过对经济资本管理系统平台的全面规划和系统实施，按照“先规划、再准备、后实施，先搭建平台、后系统开发”的思路，采用“规范化、专业化、精细化”实施路径，必将建设一个高效、灵活的信息平台，使银行在今后竞争中的经营和管理都能快速适应发展的需要。

结 语

根据国际监管规则的最新发展“巴塞尔协议Ⅲ”，并结合中国银行业自身的特点，中国银监会于 2012 年 10 月正式颁布了《商业银行资本管理办法（试行）》（以下简称 《办法》），进一步强化和完善了我国的资本监管框架。《办法》已于 2013 年 1 月 1 日起正式实施。根据《办法》规定，所有商业银行（也包括为数众多的中小商业银行）都需要满足相关的监管要求，而农村合作银行、村镇银行以及农信社等小型机构也要参照执行。这意味着，强制性的资本约束从之前仅限于大银行扩展到了中小银行群体，中小银行实施资本管理的必要性和迫切性大幅上升。

在实践中，中小银行由于管理理念相对滞后，加之受制于各种客观条件，经济资本管理体系建设严重滞后。难以发挥有效的作用。本章在简单总结现状及制约因素的情况下，对中小银行适用的经济资本管理架构进行了全面的介绍，并对系统搭建的实施路径进行了描述。随后的几章将深入到中小银行经济资本管理体系内部，对各个主要模块进行更为细致的探讨。

第八章

中小银行风险资本计量

在我国，中小银行为数众多，发展水平不同、特点也各有差异。总体而言，中小银行的管理水平、资金实力、人才科技及数据基础远较大型银行薄弱，很难直接使用先进银行所使用的方法，而需要根据自身发展的不同阶段，从高到低灵活选择不同的计量模型。图 8-1 显示了针对中小银行不同发展阶段可供选择的计量模型，例如，发展水平比较差的银行在初级阶段选择比较低级的计量模型，即信用风险计量选择权重法，市场风险计量选择标准法，操作风险选择基本指标法，当银行发展到一定阶段，管理水平、资金实力、人才科技等提升到一定水平时，选择高级计量方法。

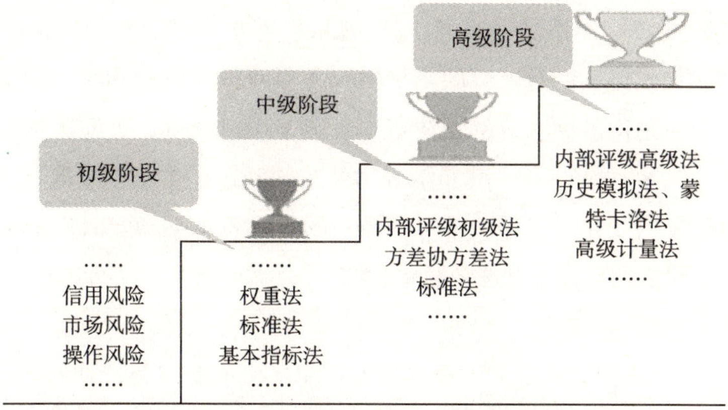

图 8-1　中小银行资本计量模型选择

第一节 信用风险经济资本计量

信用风险主要分为两部分：一是债务人未能如期偿还债务造成违约而给银行经营带来的风险，二是由于交易对手（债务人）信用状况和履约能力的变化导致债权人资产价值发生变动遭受损失的风险。信用风险的特点主要有：风险概率呈现偏态分布且有明显的“后尾性”，信息不对称使得对信用风险的了解较为困难，信用风险的观测数据较少且不易获取。这些使得信用风险度量较为复杂，增加了度量难度。目前，计量信用风险可用的模型可以分为两类：监管模型（标准法、内部评级法）和市场模型（Credit Metrics 模型、CreditRisk+模型、CreditPortfolio View 模型等），详细的计量方法可参考本书第三章。

对于中小银行来说，在信用数据积累的数量和质量、人才的储备、资金实力等方面的挑战比较大，因此中小银行普遍采用监管模型，并在此基础上进行个性化的优化来代替信用风险经济资本的计量模型，而市场模型应用得比较少。下面介绍基于监管模型的信用风险经济资本计量方法。

一、系数法

信用风险经济资本系数法是以《巴塞尔新资本协议》和中国银行业监督管理委员会的有关规定，结合经营政策导向及各项业务的风险状况，并且考虑风险缓释因素，统一制定各项业务的经济资本系数，用以计量、分配各类资产所占用的经济资本。需要注意的是，其经济资本系数的制定需要根据政策导向、风险状况、统计口径等的变化对各项业务（资产）的经济资本系数实时进行调整。下面对经济资本系数法模型及计量给予简单介绍。

1. 系数法模型

《巴塞尔新资本协议》定义了资本和资本充足率的概念及计算方式。根据《巴塞尔新资本协议》，如果仅仅考虑信用风险，标准法下资本充足率的计算公式可简化为：

$$资本充足率 = \frac{监管资本}{加权风险资产} = \frac{监管资本}{\sum(各项资产 \times 相应风险权重)} \quad (1)$$

从公式（1）中可知，要计算资本充足率首先要计算加权风险资产，而标准法是计算风险加权资产的一种基本方法。现在把公式(1)进行变换，信用风险监管资本的计算公式可表示为：

信用风险监管资本 = 资产额 × 风险权重 × 资本充足率 （2）

从公式（2）中，既可以把“资产额×风险权重”理解为加权风险资产，又可以把“风险权重×资本充足率”理解为资产的监管资本需求比率，借鉴这一原理和思路，也可采用这一类似的函数表达式来定义信用风险经济资本函数关系。为了使函数关系对资产的非预期损失有更好的估计效果，不妨将“风险权重”设置成多风险因子系数的累积。这样，信用风险经济资本内部系数法可以表达为：

信用风险经济资本总额 = ∑各类资产净额 × 经济资本分配系数 （3）

某项经济资本分配系数 = 某项资产风险权重 × 资本充足率目标 （4）

某信贷类资产项目风险权重 = f（借款人、行业，担保，期限，额度，区域、经营战略） （5）

经济资本充足率目标 =(期初监管资本净额 + 计划年度可用监管资本增加额)/(期初经济资本加权风险资产 + 计划年度经济资本加权风险资产增加额)

2. 经济资本的计量

基于系数法的信用风险经济资本计量，其关键是经济资本系数的确定，也就是信贷资产项目风险权重的确定，其计量范围包含表内外资产项目，如正常个人贷款、票据融资、贸易融资、资金业务、承兑汇票、信用证、保函等，同时要考虑风险的缓释作用。其经济资本计量公式如下：

表内信用风险经济资本 = ∑(信用风险资金金额 − 贷款专项准备 − 合格的风险缓释金额) × 经济资本系数

表外信用风险经济资本 = ∑(信用风险资金金额 × 信用转换系数 − 合格的风险缓释金额) × 经济资本系数

其中，合格的风险缓释金额可以采用如下方法计量：

合格的风险缓释金额 = Min[合格的风险缓释工具金额 ×(1 − 风险权重)，(信用风险资产金额 − 贷款专项准备)，信用风险资产金额 × 信用转换系数]

从计量公式可知，信用风险经济资本计量的关键点是经济资本系数，其和借款人、行业、担保、期限、额度、区域、战略等相关，下面以正常对公贷款为例介绍其经济资本系数的确定方法。

正常对公经济资本系数 = 目标资本充足率 × 风险权重 × 信用级评级调节系数 × 行业调节系数 × 担保调节系数 × 期限调节系数 × 额度调节系数 × 区域调节系数 × 战略调节系数

需要注意的是，对于目标充足率及风险权重，可以参考《商业银行资本管理办法（试行)》规定的最低资本充足率和不同资产对应的风险权重。对于不同的调节系数可以参考如下：

(1) 信用等级调节系数。信用等级是反映客户违约概率一个重要的指标，因此利用信用等级调节增加的信用风险的计量敏感度增加了计量的准确性，某银行的信用等级调节系数如表 8–1 所示。

表 8–1 信用等级风险系数对照表

客户信用等级	风险系数（%）
一般公司类客户（小型企业）	
AAA+	60
AAA(aaa)	90
AAA–(aaa–)	95
AA+(aa+)	100
AA(aa)	105
AA–(aa–)	110
A+(a+)	120
A(a)	130
A–(a–)及以下	200
同业类客户	100
微型企业	100
个人	100

(2) 行业调节系数。行业调节系数在对行业风险的一般评价的基础上，结合本行行业集中度、行业风险管理水平等制定，随全行信贷风险状况调整。例如，某银行行业调节系数示例如表 8–2 所示。

(3) 担保调节系数。担保方式调节系数反映了银行对于不同担保方式的贷款其风险水平的一般情况。考虑到表内外经济资本的计算中包含了部分风险缓释工

表 8–2　某银行行业调节系数示例

行业分类	风险评价	行业调节系数
行业列表 1	较低风险	0.9
行业列表 2	较高风险	1.1
行业列表 3	中性	1

具，如一些合格的质押和保证，因此对质押贷款而言，此处的担保方式调节系数主要反映质押物未被确认为合格的质押贷款的一般风险特征，但对全部质押贷款均按该统一调节系数计算其经济资本系数。例如，表 8–3 显示了某银行的担保调节系数。

表 8–3　某银行担保调节系数

担保方式	担保方式调节系数
信用	1
保证	1
抵押	0.80
质押	0.90
联保	0.90
抵押+保证	0.75
质押+保证	0.75

（4）期限调节系数。期限调节系数反映贷款期限对贷款风险的一般影响，即贷款期限越长，其对应的贷款风险越大，其调节系数一般应采用贷款的剩余期限，当然如果数据处理有一定的困难，也可采用贷款原始期限暂时代替。例如，表 8–4 显示了某银行的贷款期限调节系数。

表 8–4　贷款期限调节系数

贷款期限	期限调节系数
1 年以下（含 1 年）	1.0
1~3 年（含 3 年）	1.1
3~5 年（含 5 年）	1.2
5~10 年（含 10 年）	1.3
10 年以上	1.4

（5）额度调节系数。敞口额度调节系数反映贷款风险的分散程度，即由于风险分散效应，贷款额度越小，其贷款风险总体相对越小。表 8–5 显示了某银行的

贷款敞口金额分散调节系数。

表 8-5　贷款额度调节系数

敞口金额	风险分散调节系数
10 万元以下	1.00
10 万~50 万元（含）	1.05
50 万~100 万元（含）	1.10
100 万~300 万元（含）	1.15
300 万~500 万元（含）	1.25
500 万~1000 万元（含）	1.30
1000 万~1500 万元（含）	1.35
1500 万~2000 万元（含）	1.40
2000 万~3000 万元（含）	1.45
3000 万~5000 万元（含）	1.50
5000 万元以上	1.55

综合以上信用风险经济资本调节系数，结合资本充足率目标及其银行不同资产的风险权重（可参考附件 2《商业银行资本管理办法（试行)》），可以计量其经济资本占用。另外，信用风险经济资本调节系数，并不仅限于信用风险等级、行业、担保方式、期限、敞口金额等方面的调节，而是可以根据银行不同资产的风险状况和经营策略进行增加，如区域调整系数、产品调整系数、战略调整系数等。例如，某商业银行经济资本系数计量如表 8-6 所示。

表 8-6　某商业银行经济资本系数

资产项目名称	目标资本充足率	信用转换系数	风险权重	行业调节系数		期限调节系数		银行经济资本系数
一、信贷业务类风险资产								
（一）正常贷款本金								
1.对公贷款								
	8.00%	—	100%	低风险	0.9			
		—				1 年以下（含）	1	7.20%
		—				1~3 年（含）	1.1	7.92%
		—				3~5 年（含）	1.2	8.64%
		—				5~10 年（含）	1.3	9.36%
		—				10 年以上	1.4	10.08%
	8.00%	—	100%	中性	1			

续表

资产项目名称	目标资本充足率	信用转换系数	风险权重	行业调节系数		期限调节系数		银行经济资本系数
		—				1 年以下（含）	1	8.00%
		—				1~3 年（含）	1.1	8.80%
		—				3~5 年（含）	1.2	9.60%
		—				5~10 年（含）	1.3	10.40%
		—				10 年以上	1.4	11.20%
	8.00%	—	100%	高风险	1.1			
		—				1 年以下（含）	1	8.80%
		—				1~3 年（含）	1.1	9.68%
		—				3~5 年（含）	1.2	10.56%
		—				5~10 年（含）	1.3	11.44%
		—				10 年以上	1.4	12.32%
2.个人贷款								
个人住房按揭贷款	8.00%		25%					2.00%
其他个人贷款	8.00%		100%					8.00%
3.票据融资								
银票								
4 个月以内（含 4 个月）	8.00%		0					0
4 个月以上	8.00%		20%					1.60%
商票	8.00%		100%					8.00%
4.贸易融资								
信用证项下出口押汇	8.00%		50%					4.00%
其他	8.00%		100%					8.00%
（二）不良贷款								
次级及以下	8.00%		100%					8.00%
（三）贷款表内欠息余额	8.00%		150%					12.00%
二、资金业务类风险资产								
（一）存放同业	8.00%		20%					1.60%
（二）卖出返售信贷资产	8.00%		20%					1.60%
（三）卖出返售票据	8.00%		10%					0.80%
（四）其他资金业务	8.00%		20%					1.60%
三、表外业务类风险资产								
（一）开出银行承兑汇票	8.00%	100%	100%					8.00%
（二）开出信用证	8.00%	20%	100%					1.60%
（三）开出保证函（非融资性）	8.00%	50%	100%					4.00%
（四）其他	8.00%	100%	100%					8.00%

二、内部评级法

经济资本系数法确定的方式基本以专家主观判断的方法为主，简单易行，但其最大的局限性是精确性和敏感度很低，是一种粗放型的经济资本计量方法。内部评级法能够提供客户的违约概率（PD）、违约损失率（LGD）、违约风险暴露（EAD）等关键风险因素，是目前计量信用风险经济资本比较先进的精确方法，是《巴塞尔新资本协议》的重要创新，其详细介绍见第三章，对于其计算经济资本占用的核心部分如下：

$$\text{单笔信贷业务经济资本占用}=\left[LGD\times N\left[\frac{\frac{1}{\sqrt{1-R}}\times G(PD)+}{\sqrt{\frac{R}{1-R}}\times G(0.999)}\right]-PD\times LGD\right]\times\frac{1+(M-2.5)\times b(PD)}{1-1.5\times b(PD)}\times EAD$$

其中：N(x)、G(x)、b(x)、M 等都是模型提供的具有特定含义的数学函数；R 是相关系数；0.999（99.9%）是巴塞尔委员会要求的抵御风险的 99.9%的置信水平。

从上式可知，违约概率（PD）、违约损失率（LGD）、违约风险暴露（EAD）和剩余期限（M）等风险参数是应用内部评级法计量经济资本的基础。其中，PD 是授信对象的评级，影响因素包括客户的行业、地域、规模、财务状况等，同时参考外部评级；LGD 是对授信业务的评级，即违约损失率，影响因素包括授信种类、抵质押状况、担保情况等；EAD 是风险暴露水平，影响因素包括客户违约前对额度的提用比例、现金转换系数、产品偿付率等；M 是对授信对象的剩余期限。下面针对中小银行信用风险参数违约概率（PD）、违约损失率（LGD）的计量实践作简单介绍。

1. 违约概率（PD）

违约概率是指借款人在未来一定时期内不能按合同要求偿还银行贷款本息或履行相关义务的可能性。在估计违约概率的技术上，国内外客户违约概率评估的模型主要经历的四种主流方法是主观判断、模板（典型的调查表）、评分卡和统计模型，其演变过程如图 8-2 所示。

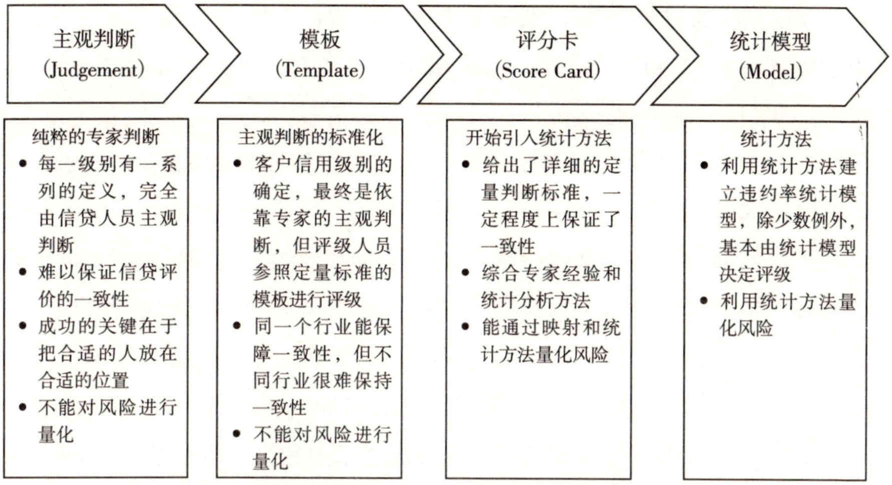

图 8-2　违约概率评估模型的演变过程

对中小银行来说，由于信贷数据的数量和质量的挑战及专业人才的缺乏，目前违约概率的估算还主要采用专家判断评分技术，即①由借款人的客户的定量数据和定性数据包括履约信息、偿债能力、经营发展、行业竞争力等，通过评分卡技术得到客户的内部评分，对应到不同的评级。②然后利用积累的不同级别的有限历史数据，采用诸如样本法、贷款违约表法等把不同客户评级进行映射，获得不同级别客户的违约概率。其计算示意图如图 8-3 所示。

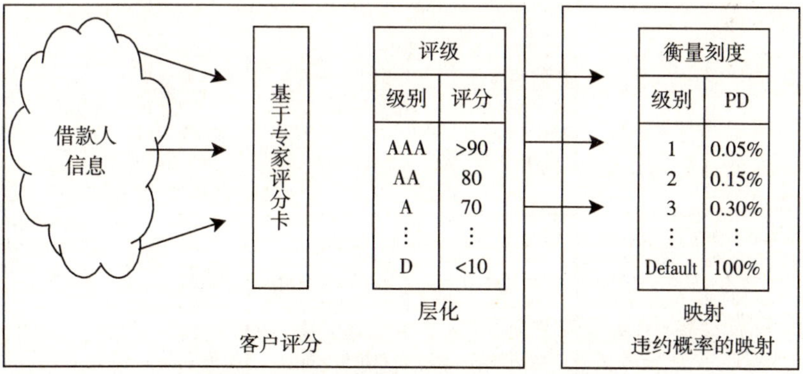

图 8-3　客户违约概率估算的评分卡技术

需要注意的是，对于中小银行内部模型法计量违约概率来说，其由客户的评分映射到违约概率是重要的步骤，可以根据积累的数据情况采用样本法或贷款表法，其核心思想是基于历史数据，分别统计出不同级别的违约样本和非违约样本，计算相应的历史违约概率，然后基于专家经验的判断进行适当的调整，获得相应级别的客户违约概率。另外，当积累到一定数据，就可以采用 Logistic 模型进行映射。

需要注意的是，基于专家判断的评分卡方法存在明显的缺点，主要表现在：第一，评级指标体系的组成有待进一步深入研究，目前中小银行使用的评级指标体系中选择的各项指标大多是通过内部从事信贷管理的专家确定的，属于专家意见，缺乏对于各项指标能否灵敏反映借款企业违约率和企业信用水平的定量化研究。此外，科学的评级指标体系应该能够全面地反映评级对象的风险信息，仅通过专家意见法确定的评级指标体系难以实现这一目标。第二，确定评级指标权重中存在的问题。评级指标体系包含的各项指标在反映评级对象风险过程中发挥的作用是存在差别的，因此它们应该被赋予不同的权重，现有的评级方法依靠专家的经验来确定指标的各自权重，这种以主观意见确定权重形成的评级办法在科学性与客观性方面都存在问题，影响了评级结果的准确性。

针对上述其评分模型易受人为因素判断影响等弱点，开始阶段可以考虑增加模糊逻辑修正，然后随着数据的积累，可以考虑增加诸如 logit 模型等统计模型进行修正。在实践中，很少单独使用一种评级模型，而是把每种模型当作建立整个评级系统的一个模块，按照不同模块结合在一起，最常见的是将主观判断模型与统计模型结合。因此，随着时间的积累，笔者建议考虑专家判断（定性判断）和统计模型（定量估计）相结合的方式。一般流程如图 8-4 所示。

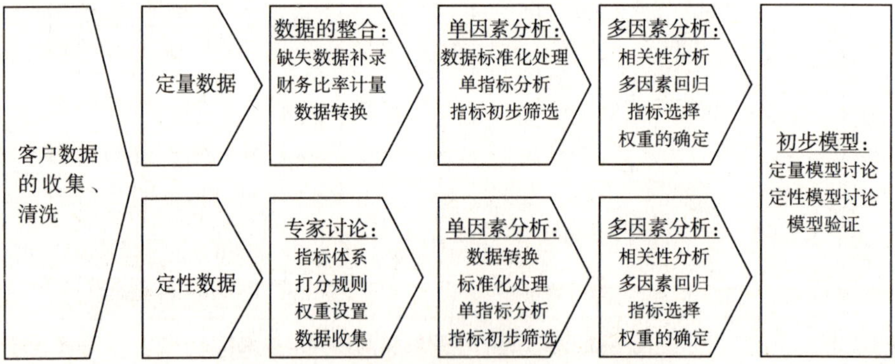

图 8-4 违约概率估算技术开发的一般流程

2. 违约损失率（LGD）

违约损失率（LGD）是指债务人一旦违约将给债权人造成的损失数额，即损失的严重程度。调查表明，国内外只有少数的银行能提供可靠的LGD估计值，因此《巴塞尔新资本协议》向实施内部评级的银行提供初级法和高级法两种处理方案。内部评级初级法中，LGD水平是预先决定的，对非认定的抵押品担保的公司、主权和银行的高级债权规定45%的LGD，对公司、主权和银行的全部次级债权规定75%的LGD，以此为基准，并且根据担保等风险缓释作用调整。在内部评级高级法规中，银行需要自己内部评估LGD，并对其估计提出具体的要求，其估计以历史经验和实证研究为基础，不能仅依靠专家判断，应对风险参数量化过程所涉及的专家判断和调整进行实证分析，确保不低估风险，LGD的估计应基于经济损失并考虑所有相关因素，包括但不限于：①影响非零售风险暴露违约损失的重要因素包括抵质押、保证、经济环境、债务人的行业因素等；②影响零售风险暴露违约损失的重要因素包括信用评分、产品、地区、未保证的信用额度、住房抵押贷款抵押率、风险暴露种类、客户关系的时间、债务人经济状况等。

针对监管部门以控制银行风险来说，内部评级初级法计量违约损失率，已达到其审慎监管的目的，但是应用的银行的内部管理“一刀切”的做法稍显不足，降低了不同资产违约损失率的敏感性。然而，内部评级高级法计量违约损失率，其由于信贷损失数据积累不足的原因，内部计量达不到《巴塞尔新资本协议》高级法的要求。对于银行以管理为目的LGD的计量，在损失数据积累有限的情况下，首先采用基于专家判断的历史数据平均法，然后随着数据的积累采用比较高级的清收现金流法、数据回归分析等方法，向高级法靠近。

具体到中小银行违约损失率的计量方法，可以基于收集的历史不良贷款的数据，包括不良贷款发生时的余额和以后年度核销的金额和账户余额，依据收集历年不良贷款的债项信息，包括担保情况，所处行业、资产规模、地区因素等，参考不良贷款回收情况、抵质押处置情况等，应用专家经验判断的方法，对违约损失的分布情况进行梳理和分析，找到关键因子对损失情况进行适当的分类，并进行归集，利用历史平均法和专家经验判断法估计不同类别的违约损失率。例如，某中小银行计量违约损失率的算法，是根据银行内部专家的经验判断，基于历史违约情况，判定违约损失率的决定性因素是信用资产的担保特性，主要类别包括信用、普通保证、抵押、联保、系统内存单质押、其他质押等，因此根据不同担保类别的历史违约数据积累情况进行统计，分别计算相应的违约损失率。其结果如表8-7所示。

表 8–7　某中小银行违约损失率估计值

担保方式	违约损失率估计值（%）
信用	30
普通保证	50
抵押	30
联保	50
系统内存单质押	1
其他质押	40
其他	90

上述计算方法是由于数据的积累不足，而达不到《巴塞尔新资本协议》高级法计量要求时的过度方法，其目的是为了增加结果的敏感度。当然，随着历史数据的积累增加，银行可以逐步过渡到高级法，采用基于经济价值的现金流分析法估计 LGD。

（1）数据收集。《巴塞尔新资本协议》明确规定，违约损失率估计应基于经济损失。经济损失包括由于债务人违约造成的较大的直接和间接损失或成本，同时还应考虑违约债项回收金额的时间价值和商业银行自身处置和清收能力对贷款回收的影响。直接损失或成本是指能够归结到某笔具体债项的损失或成本，主要包括本金和利息的损失、清收成本和法律诉讼费用等；间接损失或成本是指商业银行因管理或清收违约债项产生的但不能归结到某一笔具体债项的损失或成本，主要包括清收人员的工资支出、办公场所的成本等；另外，银行应将违约债项的回收金额折现到违约时点，以真实反映经济损失，使用的折现率应反映清收期间持有违约债项的成本。例如，某商业银行违约损失的收集信息如表 8–8 所示。

表 8–8　某中小银行信息收集表示例

填报机构				填报日期	
已结清违约债项基本信息					
合同流水号		客户名称		客户代码	
合同金额		合同起始日期		合同到期日期	
合同月利率（‰）		违约发生日期		债项结清日期	
业务品种		暴露分类			
违约风险暴露信息					
合同余额		表内外欠息		应收未收费用	
未使用授信额度的预期提取数		预计可能发生的费用		EAD 合计	0.00

续表

回收明细					
序号	回收日期	回收金额	回收方式	担保合同号	担保方式
1					
2					
3					
4					
5					
6					
7					
8					
9					
10					
直接费用明细					
序号	费用支出日期	费用支出类型	总支出金额	本笔费用占比	本笔费用金额
1					
2					
3					
4					
5					
6					
7					
8					
9					
10					

注：某一笔具体债项的间接费用可以通过合理的分摊方式把银行所有的管理或清收违约债项产生的费用和成本分摊到该笔债项上，如按风险暴露进行分摊等。

（2）LGD 估计。利用收集违约数据的不良贷款的清收信息，如表 8-8 所示，以收集数据为基础，结合专家的判断，预测每笔不良资产清收过程的现金流，然后计算其贴现值而得出。其公式如下：

$$LGD = 1 - \frac{\sum \left[\frac{(\text{回收金额} - \text{回收成本})_t}{(1 + \text{折现率})_t} \right]}{\text{违约敞口}}$$

需要注意的是，确定折现率时，商业银行应考虑以下因素：①如果回收金额是不确定的并且含有无法分散的风险，净现值的计算应反映回收金额的时间价值以及与风险相适应的风险溢价。风险溢价应反映经济衰退的情形。②如果回收金额是确定的，净现值计算只需反映回收金额的时间价值，可以选择无风险折现率。

三、市场类模型

前面两种方法是以监管模型（系数法、内部评级法）为基础，结合中小银行的实际，通过专家经验判断对结果进行调整，尽管敏感性有所提高。但在应用到银行内部管理时，其监管模型“一刀切”的特性仍存在。因此，在条件允许的情况下，中小银行可以尝试使用市场类模型，如资产波动法、Credit Risk+模型等，可以参考第三章相关内容，在此不再详述。

第二节　操作风险经济资本计量

操作风险是指由不完善或有问题的内部程序、人员及系统或外部事件造成的直接或间接损失的风险，其资本计量方法主要包括基础指标法、标准法和高级内部模型法等。由于操作风险偶然性、突发性强，难以预测，特别是缺少数据的支撑，实现准确计量的难度很大。目前，中小银行普遍采用监管部门要求的基础指标法、标准法计量监管资本来代替经济资本，并在此基础上进行个性化处理，增加其敏感度。对于高级内部模型法，由于银行缺少操作损失数据，难以通过建模计量经济资本，因此目前不具有普遍应用的价值。

在具体的实践中，由于基础指标法敏感性比较差，“个性版”的标准法是我国商业银行操作风险经济资本计量的主流方法。所谓“个性版”是指在用标准法计量不同管理对象的操作风险经济资本基础上，通过对其操作风险管理水平的定性或定量的评价，引入内控调节系数，增加计量结果的敏感性。其计量公式为：

操作风险经济资本 = 操作风险经济资本基数 × 内控调节等级系数

其中，操作风险经济资本基数的计量可以参考 2012 年 6 月中国银行业监督管理委员会发布的《商业银行资本管理办法（试行）》中对标准法计量的详细说明，内控调节系数的确定可以根据银行内部对不同管理对象的评价进行确定，下面给予简单介绍。

1. 操作风险经济资本基数

操作风险经济资本的计量，可以采用如下方法计量：

$K_{TSA}=\{\sum_{1\text{-}3} Max[\sum(GI_{1\text{-}9}\times\beta_{1\text{-}9}), 0]\}/3$

其中：K_{TSA} 为商业银行用标准法计算的操作风险资本要求；$\{\sum_{1\text{-}3}Max[\sum(GI_{1\text{-}9}\times\beta_{1\text{-}9}), 0]\}/3$ 的含义是前 3 年操作风险监管资本的算术平均数；$Max[\sum(GI_{1\text{-}9}\times\beta_{1\text{-}9}), 0]$ 的含义是当年的操作风险资本要求为负数的，用“0”表示；$GI_{1\text{-}9}$ 为各业务条线当年的总收入，总收入为净利息收入和净非利息收入之和。总收入范围与基本指标法规定的总收入范围相同；$\beta_{1\text{-}9}$ 为各业务条线对应的 β 系数。

其计算步骤如下：

（1）识别符合总收入定义的子科目并建立与 9 个业务条线之间的对应关系（见表 8-9），并分别计算各业务条线总收入，其计算方法见表 8-10。

表 8-9　业务条线与会计科目

业务条线	业务条线细分	业务种类示例
公司金融	公司和机构融资	并购重组服务、包销、承销、上市服务、退市服务、证券化，研究和信息服务，债务融资，股权融资，银团贷款安排服务，公开发行新股服务、配股及定向增发服务、咨询见证、债务重组服务、财务顾问与咨询，其他公司金融服务等
	政府融资	
	投资银行	
	咨询服务	
交易和销售	销售	交易账户人民币理财产品、外币理财产品、在银行间债券市场做市、自营贵金属买卖业务、自营衍生金融工具买卖业务、外汇买卖业务、存放同业、证券回购、资金拆借、外资金融机构客户融资、贵金属租赁业务、资产支持证券、远期利率合约、货币利率掉期、利率期权、远期汇率合约、利率掉期、掉期期权、外汇期权、远期结售汇、债券投资、现金及银行存款、中央银行往来、系统内往来、其他资金管理等
	做市商交易	
	自营业务	
	资金管理	
零售银行	零售业务	零售贷款、零售存款、个人收入证明、个人结售汇、旅行支票、其他零售服务
	私人银行业务	高端贷款、高端客户存款收费、高端客户理财、投资咨询、其他私人银行服务
	银行卡业务	信用卡、借记卡、准贷记卡、收单、其他银行卡服务
商业银行	商业银行业务	单位贷款、单位存款、项目融资、贴现、信贷资产买断卖断、担保、保函、承兑、委托贷款、进出口贸易融资、不动产服务、保理、租赁、单位存款证明、转贷款服务、担保/承诺类、信用证、银行信贷证明、债券投资（银行账户）、其他商业银行业务
支付和结算〔注〕	客户	债券结算代理、代理外资金融机构外汇清算、代理政策性银行贷款资金结算、银证转账、代理其他商业银行办理银行汇票、代理外资金融机构人民币清算、支票、企业电子银行、商业汇票、结售汇、证券资金清算、彩票资金结算、黄金交易资金清算、期货交易资金清算、个人电子汇款，银行汇票、本票、汇兑、托收承付、托收交易、其他支付结算业务

续表

业务条线	业务条线细分	业务种类示例
代理服务	托管	证券投资基金托管、QFII 托管、QDII 托管、企业年金托管、其他各项资产托管、交易资金第三方账户托管、代保管、保管箱业务、其他相关业务
	公司代理服务	代收代扣业务、代理政策性银行贷款、代理财政授权支付、对公理财业务、代客外汇买卖、代客衍生金融工具业务、代理证券业务、代理买卖贵金属业务、代理保险业务、代收税款、代发工资、代理企业年金业务、其他对公代理业务
	公司受托业务	企业年金受托人业务、其他受托代理业务
资产管理	全权委托的资金管理	投资基金管理、委托资产管理、私募股权基金、其他全权委托的资金管理
	非全权委托的资金管理	投资基金管理、委托资产管理、企业年金管理、其他全权委托的资金管理
零售经纪	零售经纪业务	执行指令服务、代销基金、代理保险、个人理财、代理投资、代理储蓄国债、代理个人黄金业务、代理外汇买卖、其他零售经纪业务
其他业务	其他业务	无法归入以上 8 个业务条线的业务种类

表 8-10 业务条线总收入计量计算方法

项目	内容
①利息收入	金融机构往来利息收入，贷款、投资利息收入，其他利息收入等
②利息支出	金融机构往来利息支出、客户存款利息支出、其他借入资金利息支出等
③净利息收入	①-②
④手续费和佣金净损益	手续费及佣金收入-手续费及佣金支出
⑤净交易损益	汇兑与汇率产品损益、贵金属与其他商品交易损益、利率产品交易损益、权益衍生产品交易损益等
⑥证券投资净损益	证券投资净损益等，但不包括：银行账户“持有至到期日”和“可供出售”两类证券出售实现的损益
⑦其他营业收入	股利收入、投资物业公允价值变动等
⑧净非利息收入	④+⑤+⑥+⑦
⑨总收入	③+⑧

（2）将各业务条线的总收入乘以对应的 β 系数后求和，获得该利润期间操作风险经济资本基数计量过程值。求和后为负数的，基数计量过程值取 0。其业务表现的 β 系数见表 8-11。

表 8-11 业务条线系数

业务条线	β 系数（%）
公司金融	18
交易和销售	18

续表

业务条线	β系数（%）
零售银行	12
商业银行	15
支付和清算	18
代理服务	15
资产管理	12
零售经纪	12
其他业务条线	18

（3）计量时点为年末的，取前3年基数计量过程值的平均值，即得到操作风险经济资本。计量时点为年中某月的，取前3个会计年度计量过程值，与该月比3年前对应月份计量过程值增量之和，除以3，即得到操作风险经济资本。

2. 操作风险内控调整系数

为了提高操作风险经济资本计量的敏感性，本书引入操作风险内控调节系数进行调节，其调整系数公式如下：

调整系数 = F（定量测算，定性评估）

调整系数主要反映管理机构操作风险管理水平高低的量，其主要方法如下：

（1）可以通过操作风险管控平台监测或人工检查发现各部室、机构及全体员工的问题，依据问题的性质、情节及责任大小按一定的标准进行积分，并按一定的规则映射到调整系数。某银行的操作流程如图8-5所示。

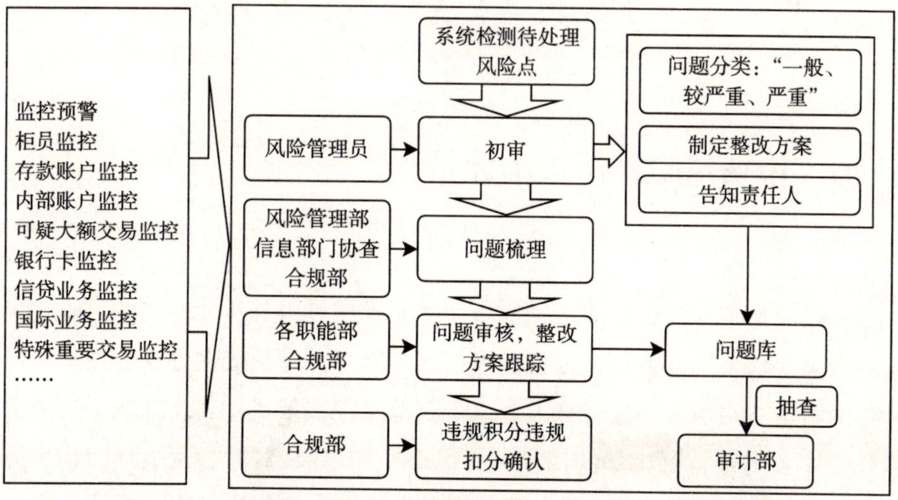

图8-5 某银行操作风险监控流程示意图（违规积分和违规扣分）

（2）通过上级管理人员或其他人员依照一定的标准对操作风险管理水平进行打分评估，来反映操作风险管理水平的高低，进而按照一定的规则量化为调整系数。其打分可以依据风险的识别、报告、监测等，如图 8-6 所示。

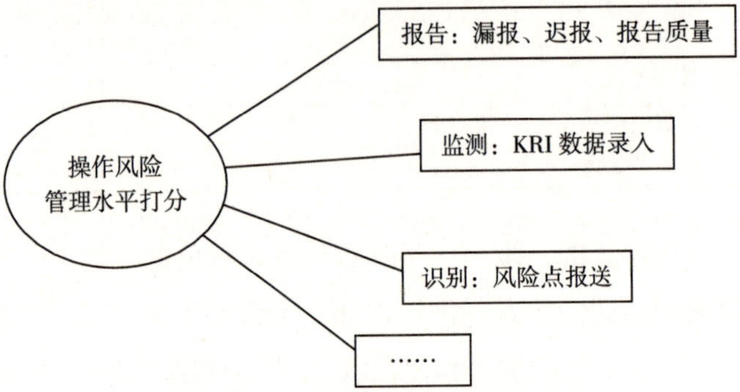

图 8-6　操作风险管理水平打分依据

另外，对于调整系数的公式，并没有一定的标准，可以根据银行管理水平及导向而定。例如，某商业银行的调整系数和分数之间的对应关系如下：

$$y = A(x) = \begin{cases} 0.84(x \geqslant 95) \\ \dfrac{80}{x}(50 < x < 95) \\ 1.6(x \leqslant 50) \end{cases}$$

其中，x 为操作风险的违规积分或操作风险管理水平评分；y 为操作风险经济资本调整系数。注意，其风险调整系数限制在 0.8~1.6，其参数可以根据需要进行调整。

第三节　市场风险经济资本计量

市场风险是指商业银行因市场价格变动而导致表内外头寸损失的风险，市场风险的资本要求是指商业银行为抵御因市场价格变动导致表内外头寸损失的风险而计提的资本。对于中小银行来说，由于其业务范围及规模直接限制了交易资产的运作，主要为银行间市场的债券（一级市场和二级市场）、资金（回购、拆解和同业）、票据等业务，很难就有限的投资规模中专门划出一部分头寸进行单纯的价差或对冲为目的交易，因此产品比较简单，其计量方法可以采用《巴塞尔新资本协议》提出的搭积木方法（也称标准法）和内部模型法。

另外，值得注意的是，市场风险的管理是基于交易账户的，其交易账户和银行账户准确、合理地划分，是开展有效的市场风险管理计量的基础。

一、搭积木法

搭积木法是分别计算利率风险、汇率风险等每个风险因子对应的特定风险和一般市场风险，然后通过简单的汇总，最终计算出整体风险。例如，利率风险的一般市场风险用原始到期日法，即按照金融工具剩余到期日和利率水平在《商业银行资本管理办法（试行）》或《巴塞尔新资本协议》中找到对应的风险权重，通过敞口的加权风险轧差，计算出不同时间区间的风险额，最后通过垂直附加和水平附加调整，得出总风险额。

搭积木方法的主要参数和计算步骤在《商业银行资本管理办法（试行）》或《巴塞尔新资本协议》已给出，商业银行只需将风险资产进行分类便可计算出市场风险经济资本，因此该方法简单易行，对数据、信息处理技术的要求不高，但其对所有银行"一刀切"的算法导致了计算结果不够精确、对风险变化不够敏感的特点。

二、内部模型法

内部模型法是为了提高市场风险经济资本计量的准确性，改进搭积木方法的不足而引进的方法，其具体方法为在险价值（VaR），是指在正常市场条件下和一定置信水平下，某一投资组合在给定的持有期间内可能发生的最大损失。由于它较为真实地反映了市场因素连续、动态变化的特征，对风险的计量具有科学、准确、适用、综合等特点，受到了监管部门和金融机构的欢迎与肯定，成为度量市场风险中普遍使用的模型。

VaR 计算中主要有方差—协方差法、历史模拟法、蒙特卡罗模拟法三种模型。方差—协方差法是在市场风险正态分布的假设下，在一定置信水平下，将 VaR 通过组合标准差的倍数表达出来，其特点是简单、易行，但假设严格；历史模拟法是以历史的市场变量分布应用于目前的投资组合，以模拟下一个时期投资组合可能面临的回报率分布计算风险值，其特点是简单易行，对分布没有要求，但假设过去代表未来；蒙特卡罗模拟法是假设一个随机过程，建立市场变动动态模型，并利用该模型模拟组合的历史回报分布，通过排序，估计对应分位点的风险值指标，其特点是使用灵活但易引入模型风险、计算量大、要求高、不易理解。

结　语

本章结合中小银行的特点，特别是在数据存在缺陷的情况下，介绍了如何将有限的数据与理论方法相结合的一些尝试，以对信用风险、市场风险以及操作风险进行更准确的计量。在某种意义上算是“中小银行特色”的风险计量实践。当然，在实践中，不同银行所面临的局限各有不同，具体应采用的方法也应因地制宜。

第九章

中小银行资金转移定价

前面章节已介绍，内部资金转移定价（FTP）是商业银行内部资金管理中心与业务经营单位按照一定规则全额有偿转移资金，并达到核算业务资金成本或收益等目的的一种内部经营管理模式。其管理体系主要包含治理架构、管理方法和信息系统。内部资金管理中心与业务经营单位全额转移资金的价格称为内部资金转移价格，通常以年利率（%）的形式表示。

从内部管理来说，中小银行内部资金转移定价的管理体系、应用体系等与大型商业银行并没有实质差别，也是一种能够将风险管理、产品定价、资源配置和绩效考核结合起来的最有效方法，其核心应用主要是一种为公司、零售和资金等业务提供定价、业绩评价标准及考核导向的工具，通过该工具可以优化全行资产负债业务结构和收入结构，引导全行各项业务健康、持续发展。然而对于中小银行来说，考虑到人才的“瓶颈”、资金投入限制，加之其业务产品管理相对简单，因此在 FTP 转移定价模型及方法的选择上可采用相对大型银行及股份制银行更为简化的模式。

笔者从中小银行多年的实践经验发现，内部资金转移定价的概念虽然简单易懂，但实施 FTP 体系并非易事，会面临下面诸多挑战。一是绩效考核问题。实施 FTP 后，新的资金成本（收益）核算方式将更加公平、合理地反映各分行的净利息收入贡献，并将期限匹配收益从分行剥离出来，集中反映到总行，这必然会打破分行原有的利润贡献格局。如果全行绩效考核制度不进行相应调整，这一改变势必会影响部分分行的既得利益，如果处理不当，将会给实施 FTP 带来无形的阻力，影响其实施效果。二是 FTP 理念、技术的引入所带来的学习和运用问题。

FTP 体系的实施所带来的不仅是内部资金管理模式和资金价格的改变，更重要的是银行经营管理平台的切换、银行经济调节手段的提升。然而，FTP 体系实施效果的好坏，直接取决于业务人员和管理人员的认识和运用水平。因此，中小商业银行必须把 FTP 培训作为实施 FTP 体系的一项重要内容，通过多种形式和手段，针对不同对象，从多个层面对全行员工进行培训和指导，不断强化全行对 FTP 体系的认识和运用水平。三是信息化建设问题。实施 FTP 对会计数据管理平台有较高要求，中小银行必须考虑信息化建设问题。一个规划合理、运行稳定、高效的信息技术平台既能对中小银行开展各项业务起到强有力的支撑作用，还能够优化管理模式和业务流程，促使中小银行向现代化的经营管理模式转型，增强核心竞争力，为实施 FTP 体系提供有力保障。

理论篇已经阐述了银行资金管理模式、FTP 的作用与意义、FTP 组织架构及定位和 FTP 的定价方法，在本章主要针对中小银行的现状介绍内部资金转移定价的定价模型和方法详细介绍。

内部资金转移定价旨在银行机构内部建立一个内部资金价值结算体系，通过测度各产品、条线、部门、客户的资金成本和资金价值，将财务会计的账面资金利差收入进行二次分配并通过相应的激励约束机制引导全行的资源配置趋于最优。由于 TP 定价的结果关乎绩效考核结果，会与相关机构或业务部门的利益直接相关，所以明确的部门职责分工、责任义务是顺利开展各项工作的重要前提。一般来说，转移定价的决定权应当在银行的高级管理层，如资产负债管理委员会，在该层面建立协调机制；内部资金转移定价是一个敏感的环节，通常应尽可能使得该部门与通过该体系被考核的部门相对独立，此外，FTP 治理架构中还应当涉及如全行资金周转统一管理的部门、监督和考核的部门，以及各部门之间的工作及沟通方式。

制定科学合理的内部资金转移核算价格是中小银行进行精细化管理的基础。应充分考虑中小银行专业人才缺乏、资金的“瓶颈”，业务的复杂程度等问题，可以从采用可行的定价方式以及运用灵活的定价方法等方面来把握。

理论篇已经详细介绍了内部资金转移定价方法论演进，主要有单一资金池（Single Pool）、多资金池（Multiple Pool）、期限匹配法（Matched Maturity）三种模式，如图 9-1 所示。

单一资金池法：将全部资金集中，借贷或投资产品均采用单一利率。

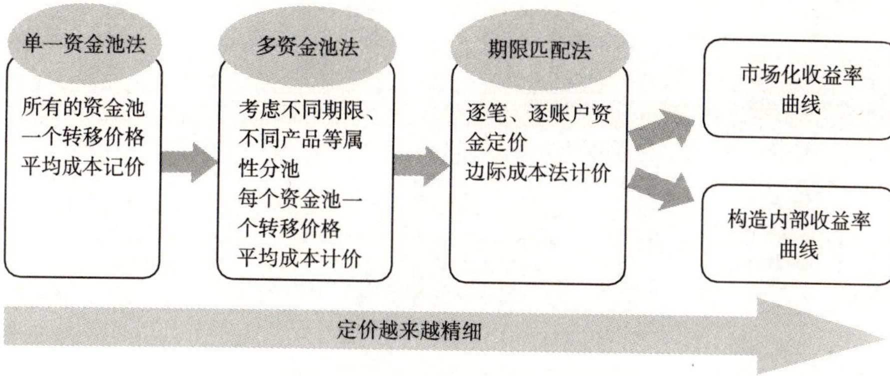

图 9-1　内部资金转移定价方法的演进

多资金池法：将业务产品的不同属性的资金归属，并对应到不同资金池，每个资金池对应一个价格。

期限匹配法：根据收益率曲线如经调整的市场收益率曲线或内部收益率曲线，逐笔、逐账户进行定价。

结合中小银行的实践经验，下面从应用的角度出发，重点介绍多资金池法和期限匹配法在中小银行的实践方法，当然此种方法体现了中小银行的固有特点，如模型简单、容易理解、专业人才要求不高、实用性强等。

第一节　FTP 定价的多资金池法

多资金池法认为资金具有不同的属性，根据银行资产、负债的不同特征，建立各自的对应关系，每类资产和负债都有一个资金池与其相对应，并赋予一个内部资金转移价格，资金池中的资产和负债的期限、利率波动特征基本相同。

其基本原理是从银行当日的总利差出发，按照不同的业务产品及其属性进行分类，考虑内外资金紧张状况及其发展战略情况，对利差进行一步步的分割，最后结合不同业务产品的不同资金余额，计量出不同内部利差收入及买卖的内部资金转移价格，如图 9-2 所示。下面简单介绍其方法步骤。

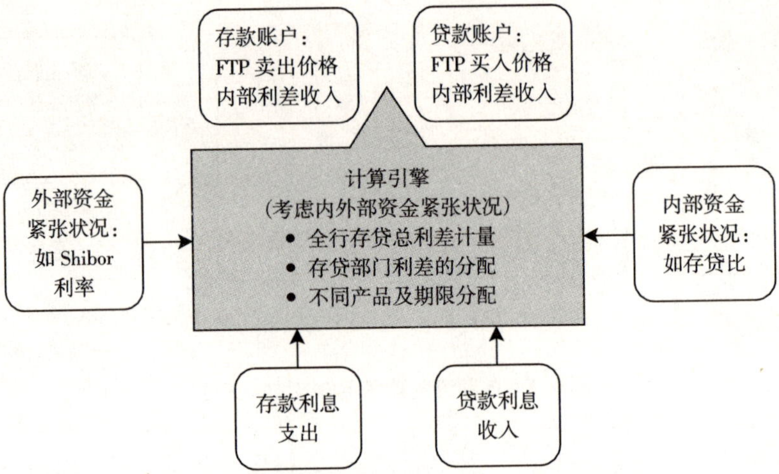

图 9–2 存贷资金分割多资金池定价方法示意图

一、全行存、贷总利差计算

计算预计的全行存贷款净利差收入（以下简称全行净利差收入），表 9–1 和表 9–2 显示了银行的存贷款结构，通过加总得到全行的贷款利息收入和存款利息支出，进而得到全行某日的总的利差收入。

表 9–1 存款及利息支出情况

存款项目	年利率（%）	某日存款金额（万元）	某日存款利息支出（万元）
活期	0.40	150000.00	600.00
3 个月	2.60	15000.00	390.00
6 个月	2.80	25000.00	700.00
1 年	3.00	200000.00	6000.00
2 年	3.90	20000.00	780.00
3 年	4.50	30000.00	1350.00
5 年	5.00	5000.00	250.00
总计		445000.00	10070.00

表 9–2 贷款及利息收入情况

贷款项目	基准利率（%）	上浮（%）	执行利率（%）	日金额（万元）	贷款利息收入（万元）
6 个月以内（含 6 个月）	5.35	50	8.03	4500.00	361.13
6 个月至 1 年（含 1 年）	5.81	48	8.60	250000.00	21497.00
1~3 年（含 3 年）	5.82	52	8.85	25000.00	2211.60

续表

贷款项目	基准利率（%）	上浮（%）	执行利率（%）	日金额（万元）	贷款利息收入（万元）
3~5 年（含 5 年）	6.22	55	9.64	20000.00	1928.20
5 年以上	6.40	60	10.24	500.00	51.20
总计				300000.00	26049.13

全行净利差收入 = $\sum$ 贷款利息收入 – $\sum$ 存款利息支出

例如：银行有如表 9–1 所示的存贷款结构。

在这个例子中，

全行净利差收入 = $\sum$ 贷款利息收入 – $\sum$ 存款利息支出

= 26049.13（万元）– 10070.00（万元）

= 15979.13（万元）

二、存、贷款部门之间的分配

把全行净利差收入在存、贷款部门之间进行分配。基于公平原则，在不考虑银行战略导向及其他因素情况下，全行净利差收入一般按照 50%：50%的比例在存、贷款部门之间分配。对存、贷款部门分配比例的影响主要考虑两方面因素：存贷比和外部资金市场的供求情况。

1. 存贷比

存贷比是影响全行净利差收入在存、贷款部门之间分配比例的最重要因素。例如：按银行战略导向和流动性需要预先设好各存贷比区间的分配比例，如表 9–3 所示。

表 9–3　存贷比与分配比率

存贷比	<0.6	0.6~0.70	0.70~0.74	0.74~0.75	>0.75
存款部门收入分配比例	35%	40%	50%	60%	80%
贷款部门收入分配比例	65%	60%	50%	40%	20%

在这个例子中，

$$存贷比 = \frac{贷款总额}{存款总额} = \frac{300000}{445000} = 0.67$$

因此，根据存贷比调整的收入分配比例为存款部门占 40%，贷款部门占 60%。

2. 外部资金市场的供求情况

外部资金市场的供求情况反映在资金价格上，可参考 Shibor（上海银行间同业拆借利率）上的报价。采用根据经验、历史数据和其他行价格等综合考虑后定出的价格作为参照标准，将银行当前实际存、贷款的加权平均利率与其比较，根据差别得出调整比例。例如，先计算存款的加权平均利率，如表 9-4 所示。

表 9-4 存款加权平均利率

存款项目	年利率（%）	日金额（万元）	存款占比（%）	加权平均利率（%）
活期	0.40	150000	33.7	2.26
3 个月	2.60	15000	3.4	
6 个月	2.80	25000	5.6	
1 年	3.00	200000	44.9	
2 年	3.90	20000	4.5	
3 年	4.50	30000	6.7	
5 年	5.00	5000	1.1	
总计		445000	100.0	2.26

在这个例子中，存款加权平均利率=2.26%，与根据经验、历史数据和其他行价格等综合考虑后可以定出的参考价格比较，可以知道，根据外部资金市场供求情况调整的收入分配比例为存款部门占 50%，贷款部门占 50%，如表 9-5 所示。

表 9-5 不同存款定价对应的分配比率

存款加权平均利率（%）	<1.7	1.7~2.0	2.0~2.5	2.5~3.5	>3.5
存款部门收入分配比例	40%	45%	50%	55%	70%
贷款部门收入分配比例	60%	55%	50%	45%	30%

3. 综合内外部因素

综合考虑内部资金紧张程度、外部资金市场供求情况因素，得出最终的收入分配比例。例如：内部资金紧张程度和外部资金市场供求情况因素分别占权重的 70%和 30%，将收入按调整因素所占权重分开。

各调整因素调整的收入 = 全行净利差收入 × 该调整因素所占权重（万元）

在这个例子中，由存贷比因素调整的收入金额为：

$15979.13 \times 70\% = 11185.39$（万元）

由外部资金市场供求情况因素调整的收入金额为：

$15979.13 \times 30\% = 4793.74$（万元）

存贷款部门最终分配的收入为各因素调整的收入：

存款部门分配收入 $= \sum_{调整因素}$（由调整因素调整的收入 × 该调整因素下存款部门分配比例）= 由存贷比因素调整的收入 × 存贷比因素下存款部门分配比例）由外部资金市场因素调整的收入 × 外部资金市场因素下存款部门分配比例贷款部门分配收入 $= \sum_{调整因素}$（由调整因素调整的收入 × 该调整因素下贷款部门分配比例）= 由存贷比因素调整的收入 × 存贷比因素下贷款部门分配比例 + 由外部资金市场因素调整的收入 × 外部资金市场因素下贷款部门分配比例

存款部门分配收入 $= 11185.39 \times 60\% + 4793.74 \times 50\%$

$= 9108.10$（万元）

贷款部门分配收入 $= 11185.39 \times 40\% + 4793.74 \times 50\%$

$= 6871.03$（万元）

三、存贷期限之间的分配

将部门分配所得收入再分配给各期限的存贷款：

（1）先对各个期限的存、贷款作去期限化处理，折算成与期限无关的折合存、贷款，折算系数根据银行的战略导向和历史经验设定。例如，对于存款，目前暂不作期限方面的区别对待，即不作去期限化的折算处理；或者换个说法，是对各期限贷款使用相同的折算系数 1。在今后，根据银行业务发展或战略需要，可对各期限贷款取不同的折算系数。

（2）各期限存、贷款利润分配折合占比为其原始金额占比与折合系数的乘积，对折合占比作归一化处理后得到标准折合占比，进而得到各期限存、贷款收入。在这个例子中，分别如以下算式表所示。

存款项目	年利率（%）	日金额（万元）	折算系数
活期	0.40	150000	1.40
3个月	2.60	15000	1.30
6个月	2.80	25000	1.20
1年	3.00	200000	0.80
2年	3.90	20000	0.70
3年	4.50	30000	0.60
5年	5.00	5000	0.50
总计		445000	6.50

存款项目	年利率（%）	日金额（万元）	存款占比（%）	折算系数	折算占比（%）	标准折合占比（%）	分配利润（万元）
活期	0.40	150000.00	33.7	1.40	47.2	46.3	4213.00
3个月	2.60	15000.00	3.4	1.30	4.4	4.3	391.21
6个月	2.80	25000.00	5.6	1.20	6.7	6.6	601.86
1年	3.00	200000.00	44.9	0.80	36.0	35.2	3209.90
2年	3.90	20000.00	4.5	0.70	3.1	3.1	280.87
3年	4.50	30000.00	6.7	0.60	4.0	4.0	361.11
5年	5.00	5000.00	1.1	0.50	0.6	0.6	50.15
总计		445000.00	100.0	6.50	102.0	100.0	9108.10

贷款项目	执行利率（%）	日金额（万元）	占比（%）	折算占比（%）	标准合占比（%）	分配利润
6个月以内	8.03	4500.00	1.5	1.5	1.5	103.07
6个月至1年	8.60	250000.00	83.3	83.3	83.3	5725.86
1~3年	8.85	25000.00	8.3	8.3	8.3	572.59
3~5年	9.64	20000.00	6.7	6.7	6.7	458.07
5年以上	10.24	500.00	0.2	0.2	0.2	11.45
总计		300000.00	100.0	100.0	100.0	6871.03

四、存、贷转移价格的确定

根据各期限存、贷款的金额及分配利润计算利差，从而得到内部资金转移价格。

某期限存款内部资金转移价格 = 该期限存款利率 + 该期限存款利差

某期限贷款内部资金转移价格 = 该期限贷款执行利率 – 该期限贷款利差

在上面这个例子中，有：

存款项目	年利率（%）	日金额（万元）	分配利润（万元）	利差收入（%）	转移收入价格（VOF，%）
活期	0.40	150000.00	4213.00	2.81	3.21
3 个月	2.60	15000.00	391.21	2.61	5.21
6 个月	2.80	25000.00	601.86	2.41	5.21
1 年	3.00	200000.00	3209.90	1.60	4.60
2 年	3.90	20000.00	280.87	1.40	5.30
3 年	4.50	30000.00	361.11	1.20	5.70
5 年	5.00	5000.00	50.15	1.00	6.00
总计		445000.00	9108.10		

贷款项目	执行利率（%）	日金额（万元）	分配利润（万元）	内部利差收入（%）	转移支出价格（COF，%）
6 个月以内	8.03	4500.00	103.07	2.29	5.73
6 个月至 1 年	8.60	250000.00	5725.86	2.29	6.31
1~3 年	8.85	25000.00	572.59	2.29	6.56
3~5 年	9.64	20000.00	458.07	2.29	7.35
5 年以上	10.24	500.00	11.45	2.29	7.95
总计		300000.00	6871.03		

第二节　FTP 定价的期限匹配法

上述类似分蛋糕的多资金池法没有使用复杂模型，理解相对简单，能满足中小银行基本的绩效考核及引导产品定价的需求，是中小银行精细化管理初期不错的选择。但是随着利率市场化进程的加速，中小银行也面临着日益复杂的竞争，风险也越来越大，其经营管理也日益复杂化、专业化，其内部资金转移定价的模式也需提升，不仅包含更多的业务（如资金业务、理财业务等），而且更重要的是通过专业的部门（资产负债管理部或资金管理中心等）把银行所有的资产负债业务结构和收入结构进行优化，引导全行的业务健康、持续发展。其管理模式如图 9–3 所示。

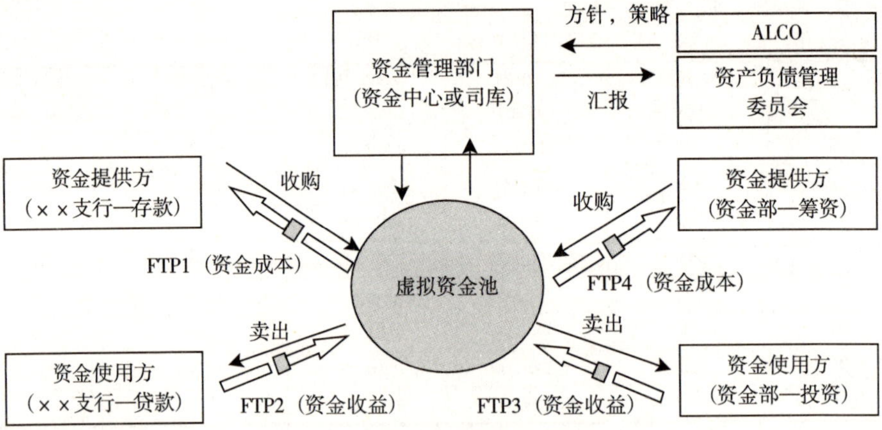

图 9–3　内部资金转移定价图解

这种模式通过建立一个虚拟的资金池，由银行资金管理部门（资金中心或司库）进行管理，其管理内容主要包括对银行各种资产和负债的规模、结构、价格和风险进行全面的管理和优化，是一种内部资金转移定价的相对高级的应用模式。

中小银行内部资金转移定价体系一般包括业务计价的范围、定价曲线的构建、定价方法的选择、调整项的设计、FTP 结果的应用等，如图 9–4 所示。

一、确定业务计价的范围

业务的 FTP 计价范围应该包括所有银行向客户提供产品服务时产生的资金来源和资金运用，以及银行清算及备付账户上的资金。其中，计价范围内的资产称为计价资产，计价范围内的负债称为计价负债。按照资金来源或资金运用的性质不同，把计价资产和计价负债细分为四大类，分别是银行提供客户的计息资产或计息负债业务（包括自营存款、自营贷款、同业资产业务、同业负债业务、投资

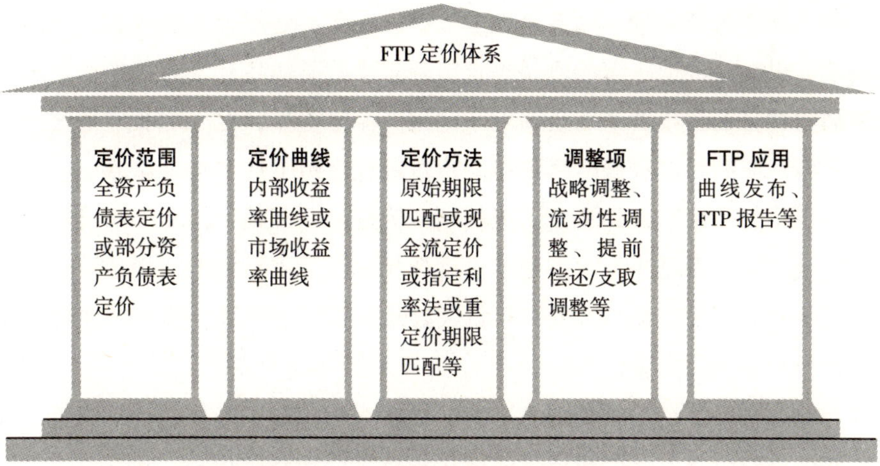

图 9-4　内部资金转移定价体系图

等)；银行提供资金结算业务（包括应解汇款、汇出汇款、同城票据清算、本票等)；与客户进行资金结算时发生的应收应付业务（包括应收、应付利息；清算及备付账户上的资金)。

对于中小银行来说，选择什么样的业务计价范围，可以根据银行的现实管理水平及实际的管理需要进行选择。例如，首先可以选择存款业务和贷款业务进行计价，其次选择资金业务进行计价等，其原则是是否产生资金占用或提供资金。总体上应采用重要先行、循序渐进的模式，随着内部管理分工的越来越细，可选择更多业务进行计价。必须注意的是，银行随着管理水平的提高及人才“瓶颈”的突破，可以采用全资产负债表模式，与部分资产负债表模式相比，其可以更全面地衡量司库错配收益，以及更客观地评价司库银行账户市场风险管理水平，对非生息资产计价可以增强机构的成本意识，减少资金低效利用行为。

二、构建定价曲线

FTP 定价曲线是反映不同期限资金对应价格的曲线，是根据期限匹配原则确定产品 FTP 价格的基础，是衡量不同资金价格的标尺。目前，商业银行确定 FTP 的定价曲线的构造主要有以下几种：平均成本法、市场法（也称边际成本法)。平均成本法是通过计算不同性质资金的平均成本和资金运用的平均收益确定 FTP 的方法。不过平均成本法反映的是银行的历史成本，忽略了当前的市场条件，可能会扭曲信息，不能反映当前和未来的变化。内部资金收益曲线法是指商业银行通过分析不同金融产品的不同现金流量类型，在收益曲线上确定内部资金转移价格的方法，也就是根据一定的方法确定市场基准收益曲线和本银行的内部收益曲线，然后通过分析各项资产、负债的不同现金流量类型，在内部收益曲线上寻找相应的点所对应的内部资金转移价格。市场法也称边际成本法，是基于公开市场利率或其组合的。它以外部资金市场的利率为参照，反映了市场上能够提供的最便宜的资金来源。市场法反映了当前的市场状况，为银行各部门提供了一个准确评估各项业务成本和收益的标准，可以较好地跟踪市场风险，具有前瞻性，能够促使银行合理地分配资金，开拓业务。

商业银行由于各自的经营理念不同、目标不同，选择的资金转移定价方法也不尽相同。对中小商业银行而言，应该从相对简单的方法起步，随着其对定价系统的熟悉以及技术的逐渐成熟再逐步对定价方法进行深化和修正。然而，随着利率市场化的进一步深化，从未来的 FTP 发展来看，基于市场收益率调整的定价曲线应用更为普遍，下面简单介绍基于市场收益率曲线的定价方法。

关于市场收益率曲线的构建可以借鉴国际流行做法，即国际商业银行通常会利用银行间拆借利率（如 Libor）、互换利率或是一个普通利率指数（如美国国债利率）等来构建。然后对基准收益率曲线进行调整，得出能反映机构或产品特性的资金转移价格收益率曲线，这些调整主要包括：信用风险调整、流动性调整等。目前，随着我国银行间金融市场的快速发展，Shibor 已逐渐成为国内商业银行制定收益率曲线的重要参考，其长期债券——国债、金融债也具有市场化基础好、交易相对活跃、流动性比较强等特点。因此，FTP 市场收益率曲线的短端（3 个月以内或 1 年以内）采用货币市场利率（如 Shibor 利率、回购加权平均利率），长端采用债券收益率曲线（如国债、央票或政策性金融债等）。

需要注意的是，利率的选择应该能够反映银行获得该期限资金的融资成本，基本点的利率可以每天从外部/公开系统获取，但考虑到这些利率仍有一定的波动性和随意性，基本点利率可以以同期限上一交易周或者上一月加权平均利率为基准，考虑存贷款等业务实际成本与收益，综合平衡考量后在基准利率上加点后确定。另外，在收益率曲线上选择足够数量的点和正确的插值法插入方法，确保 FTP 系统的精确性。最后确定收益率曲线种类和发布频率。

三、选择定价方法

FTP 定价方法是指对一项业务进行定价所采用的具体方法。目前，随着 FTP 定价方法的不断发展，国内外先进银行应用的 FTP 定价方法已有十几种，并且日趋精细、复杂，必须借助信息系统才能完成逐笔定价。具体确定每一笔业务的 FTP 定价方法和价格时，需要考虑该笔业务的相关期限特性、利率特性和支付特性。具体业务特性包括起息日、到期日、利率类型、重定价周期、重定价日、支付方式等。然而，对于中小银行来说，由于其产品相对简单，最常用的四种方法基本满足了它的需要，即期限定价法、指定利率法、现金流法和锁定利差法。

1. 期限定价法

期限定价法是指按照业务的原始期限或重定价周期在 FTP 定价曲线上找到对应期限的点，并以该点收益率作为基础 FTP 价格的 FTP 定价方法。期限定价法通常适用于具有确定期限、本金一次支付、利率类型为固定利率或定期调整利率的业务。

对于执行固定利率的业务，采用业务发生当日的 FTP 定价曲线定价，且 FTP 在业务期内固定不变；对于执行定期调整利率的业务，即按某个固定周期调整业务，采用利率重定价日当日的 FTP 定价曲线定价，FTP 价格逢利率重定价日进行调整。

案例：某支行现有两笔贷款：A（9 个月固定利率贷款）和 B（一年期定期调整利率的贷款，利率每 3 个月调整 1 次），根据期限定价法，它们的基础 FTP 价格分别为 3%和 2%（参见图 9-5）。

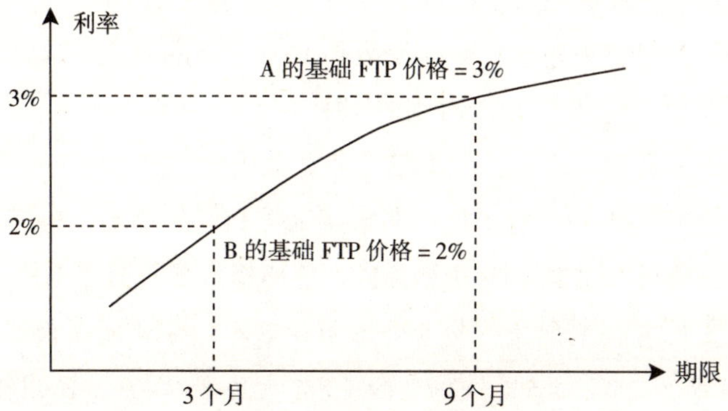

图 9-5　期限定价法示意图

2. 指定利率法

指定利率法是根据业务的特性直接指定某个收益率作为其基础 FTP 价格的定价方法。这个价格可以是一段时间内固定不变，也可以是根据一定规则（比如跟踪市场收益率曲线上的某个点）而发生变化。使用该方法时，首先需要确定指定的收益率（如 3 个月的 Shibor 利率），然后计算该指定收益率在数据处理月份的月度平均值或移动平均值，再以其作为该业务的基础 FTP 价格。指定利率法通常适用于无确定期限的业务、利率或现金流情况不明确的业务。

案例：某支行在 2014 年 1 月吸收了一笔活期存款，该存款使用指定利率法定价，指定的利率为 1 月期 Shibor。由于指定利率法是使用所指定的利率在处理月份的平均值作为 FTP 价格，因此先需要确定 1 月期 Shibor 的平均值，假如其为 4.00%，那么该笔业务在 1 月的 FTP 价格为 4.00%。在 2 月的时候，需要重新计算该业务的 FTP 价格，假如 2 月一月期 Shobor 的平均值为 4.50%，那么该业务 2 月的 FTP 价格为 4.50%。

3. 现金流法

现金流法是指以每期清偿的本金额及其占用期限的乘积作为权重，对 FTP 定价曲线上每期本金占用期限对应的收益率进行加权平均，并以求得的结果作为 FTP 价格的一种 FTP 定价方法。现金流法适用于本金按固定周期和确定金额分期支付、利率类型为固定利率或定期调整利率的资产业务。

现金流方法下的基础 FTP 价格的计算公式为：

$$\text{基础 FTP 价格} = \frac{\sum(P_i \times M_i \times R_i)}{\sum(P_j \times M_j)}$$

其中，P_i 表示业务期限或重定价期限内每期分期偿还的本金，M_i 表示所占用的期限，R_i 表示起息日或重定价日该期限在 FTP 定价曲线上对应的收益率，P_j 表示分期偿还的本金，M_j 表示 P_j 所占用的期限。

对于执行固定利率的业务，根据整个业务期内的本金现金流计算基础 FTP 价格，且 FTP 价格固定不变；对于执行期定期调整利率的业务，根据两个重定价日之间的本金现金流计算基础 FTP 价格，FTP 价格逢重定价日重新确定。

案例：某支行有一笔贷款，其本金为 400 万元，分 4 年等额偿还，1~4 年的定价曲线收益率为 2%、2.5%、2.7%和 2.8%（见图 9-6）。使用现金流定价的 FTP 价格为 2.63%，计算结果如表 9-6 所示。

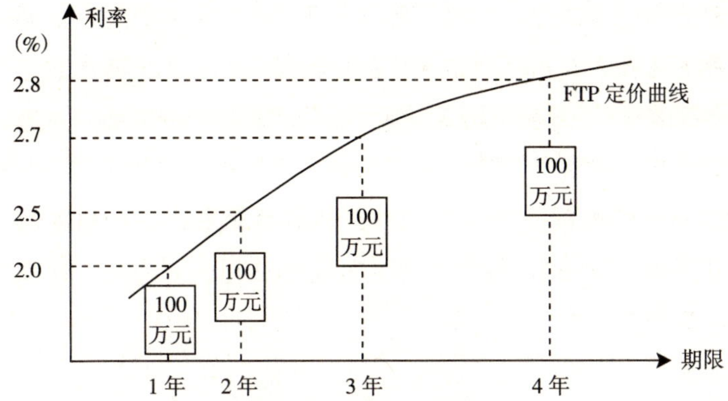

图 9-6　现金流法定价

表 9-6　现金流法定价

本金（万元）	期限（年）	权重	利率（%）	加权
100	1	100	2.0	200
100	2	200	2.5	500
100	3	300	2.7	810
100	4	400	2.8	1120
合计		1000		2630
FTP 价格 = 2630/1000 = 2.63%				

4. 锁定利差法

锁定利差法是指事先确定的一个固定不变的利差值（锁定利差），该方法适用于银行需要特别定价的业务，或者银行不惜成本力推的业务，并按照下述公式计算 FTP 价格的一种定价方法。

案例：某支行发放了一笔 3 年期的付息贷款，重定价期限为 1 年，假如该笔业务使用锁定利差定价，锁定的利差为-2%。假设当年、1 年、2 年后的利率分别为 6%、7%和 5%，则对应的 FTP 价格分别为 4%、5%和 3%。在该例中，分行始终赚取 2%的利差。

四、设计调整项

由于上述 FTP 定价方法所确定的基础 FTP 价格在某些情况下还不能满足银行业务的发展需要或者不能反映产品的资金成本或资金收益，所以有时需要通过增加调整项来满足。常用的调整项为战略性调整项、流动性调整项、提前还款调整项等。但是必须注意的是，战略调整项等不属于内生性调整项，属于政策性调整，只能应用于考核，在盈利分析和产品定价等应用上不再考虑。

1. 战略性调整

战略性调整属于政策性调整，不属于内生型调整，是为了某一战略目标，或对全行经营有重大影响的业务进行调整，即通过 FTP 这一价格杠杆的让利或减利，适度扩大或缩小其 FTP 利差，从而实现 FTP 利润再分配，使业务经营朝着银行期望的方向发展。

2. 流动性调整

流动性调整属于内生性调整，是指根据业务的实际期限而增加的一个调整项，如一笔 5 年期、重定价周期为 1 年的定期调整利率贷款，其基础 FTP 价格则为 FTP 定价曲线上 1 年期的收益率，其 FTP 价格中没有反映产品实际业务长达 5 年的特性，因此需要增加一个按照实际业务期限调整的流动性调整项，也就是增加一定的流动性溢价。

案例：某支行现有 A、B 两笔贷款，其中 A 为固定利率贷款，原始期限为 1 年；B 为浮动利率贷款，原始期限为 5 年，按年浮动。利用期限匹配法可知，FTP 逐笔定价时，A 采用原始期限匹配法定价，B 采用重定价期限匹配法定价，跟踪的都是收益率曲线上一年期期限对应的利率值。也就是说，两笔贷款的 FTP 价格相同。但从流动性的角度看，两笔贷款的资金占用期限情况是不同的，A 只占用了 1 年，而 B 却占用了 5 年，其流动性相对较差，因而应对 B 加收一定的资金成本，也就是流动性调整。

3. 提前还款/支取调整

提前还款调整是为了反映业务中包含的提前还款选择权而增加的调整项。比如，一笔固定利率的贷款，在利率下降的时候被客户提前还款，会使业务单位向资金中心提前还款，引起资金中心遭受额外的损失。通常有两种处理方法：一是资金中心向提前还款的业务单位收取罚金；二是不收取罚金，但在转移定价的时候征收一个提前还款调整项。业务单元在方法二中通过向资金中心支付调整项的方式购买了一个提前还款选择权，从而和业务单位出售给客户的提前还款选择权相匹配，达到明确期权成本、剥离市场风险的目的。

五、分析客户行为

对于无法直接获取其 FTP 定价所需基本要素的业务，如活期存款、信用卡等，则需要对获取的基本要素进行调整，如提前偿还或支取等。银行需要通过定量的 FTP 定价要素来确定或者调整 FTP 的定价，即对客户的行为进行分析。其分析的方法主要有以下三种：

（1）基于对业务的经验和判断，利用专家的判断调整客户的行为。

（2）基于历史数据结合专家的经验，利用历史数据调整客户的行为。

（3）基于历史数据结合统计分析，利用建模分析调整客户的行为。

以上三种方法在精细度上逐步提升，对数据和计算能力要求也提高，对中小银行来说，考虑到实用性及人才的“瓶颈”，可以结合业务的经验方法，对本行历史数据进行简单分析，达到调整客户的行为的目的。下面对客户的活期存款从交易层面和组合层面进行简单介绍。活期存款沉淀是针对特定的活期存款账户群体，研究其存款余额情况的一种方法。若随时间推移，存款余额小于此前存款余额，则发生了活期存款的流失，其剩余部分的比例称为活期沉淀率，即沉淀率=1-∑累计流失率=1-∑流失率。可以采用如下计算步骤：

第一， 每天的存量账户为一个批次，汇总该批次账户每天的余额之和。

第二，对每批次曲线应用会计区间，取该会计区间内余额的最小值，得到该区间的存款流失率，如图 9-7 所示。

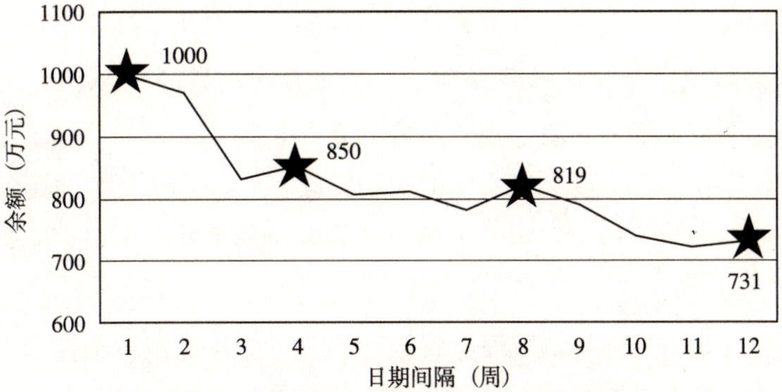

图 9-7 某批次账户各会计区间余额流失图

该批次账户初始余额：1000 万元

会计区间［1–4］周流失率：

(1000–850) /1000 = 15.00%

会计区间［4–8］周流失率：

(850–819) /850 = 3.65%

会计区间［8–12］周流失率：

(819–731) /819 = 10.87%

则该批次在会计期间［1–12］周的沉淀率：

1 –（15.00% + 3.65% +10.87%）= 1 – 29.51% = 70.5%

以各批次账户的初始余额为权重，对所有会计区间的存款流失率进行加权平均，并由此计算不同会计区间的沉淀率。当然，在组合层面也可以利用复杂的统计模型去测算活期沉淀率，如 HP 滤波模型、Log 正态波动模型等。

结 语

资金转移定价系统是一把“双刃剑”——好的资金转移定价系统对提高决策水平、增加银行整体营利性、支持银行战略计划、加强内部交流、减少部门利益冲突等方面大有裨益；一个糟糕的资金转移定价系统会导致银行内部定价失误、风险集中、绩效评价不科学、内部矛盾凸显等问题。因此，商业银行在实施资金转移定价时必须慎重权衡内外部条件、自身的能力等因素，从银行上层进行规划，采用循序渐进、稳步推进、逐步实施的方针。

（1）FTP 模型方法。在 FTP 实施的初期阶段，有些过于复杂的调整因素可以暂做简化处理，方法上也可以视业务的规模和发展的需要逐步向更完善、更精细的方向调整。

（2）考核与导向。在初期阶段建议银行将其主要作为衡量工具，力争做到对资金成本与收益的合理度量。日后当方法成熟并且已经建立起与之配套的绩效考核体系后，管理层可通过 FTP 的定价策略贯彻对业务发展战略的实施，从而影响资金的流向和流量，优化银行的资源配置，将资金配置到盈利水平高的区域、产业和业务条线，或通过不同的定价鼓励重点发展的业务。

（3）精细化管理。随着资金转移定价系统的逐步成熟，定价模型已经相对完善，这时的资金转移定价要与资产负债管理相结合，并为银行经营决策提供多维的盈利分析，逐步推进其他业务的定价，进而提升银行的精细化管理水平。

需要特别强调的是，FTP 是一种全新的经营管理理念，与其他新事物一样，人们介绍并习惯性地使用它需要一个渐进的过程，由于涉及既得利益的调整，推广中往往会遇到很大的阻力，因此实施过程中还需讲究一定的方法。这里不但需要银行高级管理层坚定的决心和全力的支持，而且需要利用各种交流平台，在银行各个层级（总行主线部门、支行、客户经理）进行 FTP 的培训和宣传推广，从上到下、从点到面，营造出 FTP 推广的良好氛围，只有这样才可以在一定程度上缓解实施 FTP 的阻力，才可能保障 FTP 的顺利实施。

第十章
中小银行的运营成本分摊

成本分摊是经济资本管理的基础模块之一，它是将银行运营过程中所产生的成本和费用选择明确的分配方法，采用合理的分摊动因，以合适的分摊路径细分到相应的部门、机构、条线、产品、客户甚至账户等不同维度的责任主体，以充分反映其应承担的全部成本费用信息，进而可以为多维盈利分析、绩效分析等精细化管理提供依据。

在这里需要指出，成本分摊的重点内容是间接成本的分摊。间接费用是和直接费用相对的概念，直接费用是指直接发生在业务上的费用，可以在财务核算上明确统计，因此是直接可得的。间接费用则是没有与业务直接联系的费用，该费用通过其他部门或渠道间接支持业务的发展。例如，从银行总支行的角度来看，支行自身的费用就是直接费用，总行的费用就是间接费用；从业务条线角度来看，全行公司、零售条线的费用就是直接费用，而总行职能部门如计划财务部、风险管理部、人力资源部等的费用就属于间接费用。

理论篇已经详细论述了银行成本分摊的基础知识，下面从中小银行实践的角度介绍成本分摊的体系框架，大致可以分为责任中心的划分、分摊方法的选择、分摊动因的选择、分摊路径的确定、分摊结果的应用五大部分，见图 10–1。

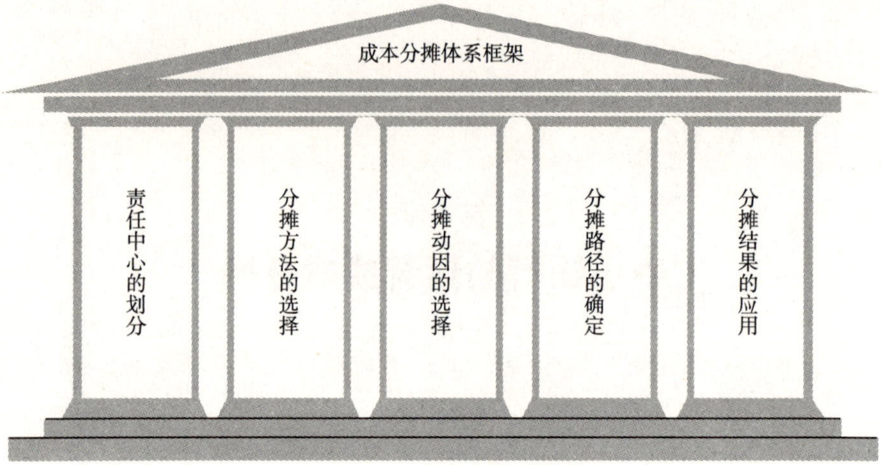

图 10-1　成本分摊体系框架

第一节　成本分摊的主要思路

成本分摊主要有两种思路：一是完全成本分摊，二是部分成本分摊。完全分摊法的思路是按照一定原则和方法将直接成本和间接成本向成本分析对象（如客户、产品、机构等）分摊，这种方法比较简单，国内银行目前大都采用此种方法；部分分摊法则仅仅将直接成本分摊到产品等成本分析对象上（如客户、产品）而不分摊间接成本。虽然国外不少银行都采取部分成本分摊法，但这种方法要求大量的调研、考察和基础数据，从国内银行，特别是中小银行的现状出发，完全成本分摊法更具有现实意义（去掉此原因，目前几个行社比较注重直接成本，而对于间接成本目前并不特别关注）。

从中小银行的实践来看，由于各个银行组织机构的设置、职能责任的划分、人力资源的管理、会计核算的支持等有一定的差别，完全成本分摊并没有一个标准的分配方法，也没有一个统一的模式。但是，其普遍做法如下：首先是费用中心的费用分摊，即将公共部门、管理部门的中后台费用"打包"后，按照一定的规则分摊至前台业务部门的责任利润中心；其次是利润中心的费用分摊，即将归集到前台业务部门的全部成本和分摊到业务部门的间接费用，采用作业时间或业务量等不同的分摊因子分摊至产品、客户、行业等盈利分析单元。

总体而言，完全成本分摊的大致思路是把所有的成本先直接在各责任中心归集，然后将成本中心费用向利润中心分摊，最后将利润中心费用向客户、产品及账户等维度分摊。下面以成本分摊体系框架为基础介绍完全成本分摊法的实现过程。

一、责任中心的划分

责任中心体系是实现成本分摊的基础，理论部分对其已详细介绍，即可以理解为一个拥有并能控制预算的单位。根据是否产生收入，可以将其划分为成本中心和利润中心。利润中心直接面对客户进行产品销售、服务或直接创造利润，有销售指标并要对收入及最终的盈利负责。成本中心是指那些不直接面对客户进行销售或服务的部门，通常没有收入，但却起着对利润中心支持和服务的重要作用。

依据成本中心所提供的服务性质不同，将其进一步划分为高层管理中心、业务支持中心和业务服务中心。高层管理中心是银行的高级管理人员和职能部门，支持整个银行的管理，很难直接与某个产品或客户挂钩，如行长室、监事会、办公室、董事会办公室等；业务支持中心不直接向银行外部客户交付产品和服务，主要支持其他中心的职能部门运作，如人事部、科技部等。业务服务中心是那些为产品或客户服务的部门，它们支持银行业务人员销售的产品和服务，但无盈利责任，如清算中心、产品开发部、总行风险管理部审贷中心、总行资产保全机构。其示意图如图 10–2 所示。

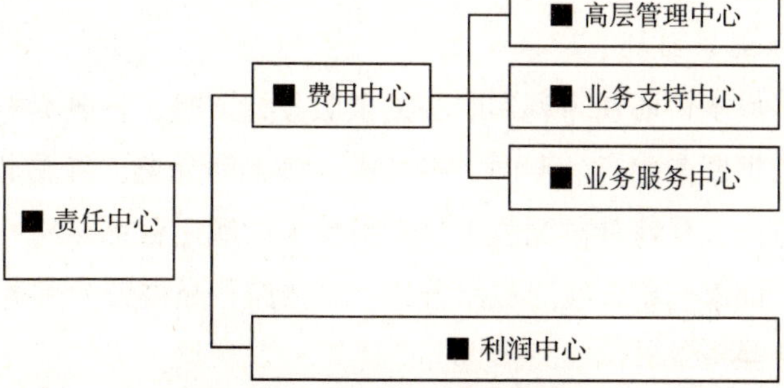

图 10–2 责任中心体系示意图

对于中小银行来说，其组织结构相对简单，某中小银行责任中心的划分示例如图 10–3 所示。

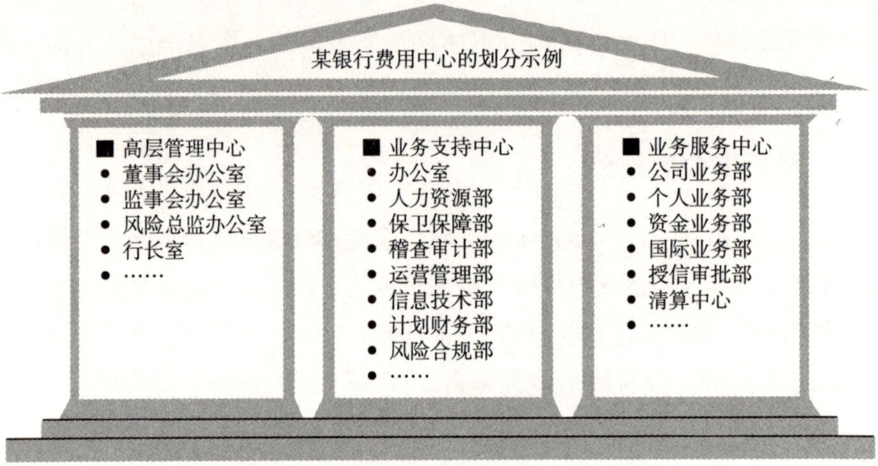

图 10–3　某中小银行责任中心的划分示例

二、分摊方法的选择

对于成本分摊方法的选择，常用的分摊方法包括：直接分摊法、顺序分摊法、同时互分法等，其实施起来由易到难。从中小银行的实践来看，基本采用直接分摊法和顺序分摊法，由于复杂性因素，采用同时互分法的较少。

1. 直接分摊法

直接分摊法是将成本直接分到最底层如产品、客户、账户。这种方法不经过中间方，具有简单、直接的优势，但是相对于利润中心，费用中心较难找到合适的分摊动因将其成本直接分摊到账户上。

2. 顺序分摊法

在银行中，成本中心在为利润中心提供服务的同时，各成本中心之间也会相互提供服务。根据服务内容的不同，将各中心按序列分类，将成本依次在成本中心、利润中心分摊，最终分摊到成本分析对象上。顺序分摊法的一个好处就是每个接受服务的中间部门都会接受成本分摊，分摊路径显得较为清晰合理。

3. 同时互分法

在顺序分摊法中，每个成本中心分摊完毕后将不再接收其他中心的成本分摊，而同时互分法则是每个成本中心在接受其他中心分摊成本的同时也将自身的成本向其他中心分摊。虽然同时互分法会使结果更为精确，但由于其较为复杂，通常需要独立的系统来处理，使用该方法的银行少之又少。

三、分摊动因的选择

成本分摊的动因是间接成本的分摊基础，其动因选择的好坏直接影响到成本分摊的合理性，因此一般遵循以下原则：第一，相关性原则，分摊动因与间接成本的相关程度越高，产品、客户及账户的成本被扭曲的可能性就越小，该分摊动因就可以选择。第二，成本收益原则，选择分摊动因越精细，其成本系统付出的计量成本越高。因此，当选择某个分摊动因所带来的经济效益大于因选择该分摊动因而增加的计量成本时，就应选择；反之，在不影响分摊结果合理性的基础上，应进行相应的简化。第三，重要性原则，是指在选择成本动因时，应突出抓主要矛盾的观点，要尽量选择引起银行成本费用变动的最主要的成本动因，对于费用变动影响不大或根本没有影响的成本动因，可以少选或不选。第四，充分性原则，是指选择成本动因时，应尽可能真实、充分地将间接费用分配到各项作业和最终产出中。

要提高分摊的合理性，应选择与间接费用发生原因相匹配的因子，具体到成本分摊，中小银行一般选择如下动因：①非业务指标，如终端数量、员工数量、机构数量、占地面地等；②业务指标，如业务笔数、业务金额、账户数等；③其他指标，如作业时间、FTP 利润等。例如，银行的风险管理成本主要涉及贷前审批成本、贷中管理成本及贷后催收回收成本。其中，贷前审批成本主要与新增业务量挂钩，因此可以选择新增账户数作为分摊因子，贷中及贷后成本则取决于业务贷款的风险状况，可以选择不良贷款余额占比作为分摊因子。需要注意的是，一项成本的分摊因子不止一个，建议应选择与实耗资源相关程度较高且易于量化的一两个成本动因作为分摊成本的依据。如果选择较多成本动因，一是容易造成系统的运行压力；二是容易将分摊方案设计复杂，不利于接受。

四、分摊路径的确定

对于中小银行来说，其分摊的路径并没有固定的模式，但是一般应与其总行—分行—支行（很多中小银行机构规模比较小，仅有总行—支行结构）的组织架构保持一致，即首先从总行分摊到分行，再从分行分摊到支行，最后从支行分摊到账户。也就是其成本分摊次序先由费用中心到利润中心，再从利润中心到账户。具体分摊路径如图 10–4 所示。

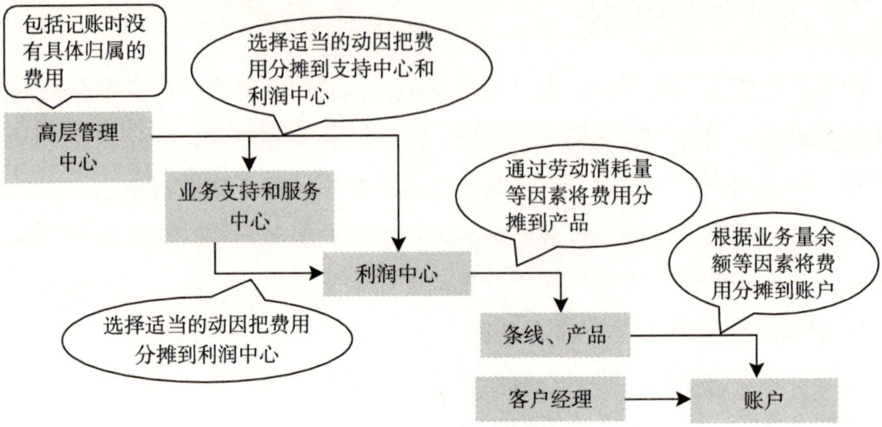

图 10–4　分摊路径的选择

首先，根据财务管理系统记录的相关成本费用，按照一定的规则归属到不同的责任中心（高层管理中心、业务支持中心、业务服务中心和利润中心）即费用成本的归集。需要注意，记账时不能归属到任何责任中心的费用，如总行大楼的水电费等，可以归属到特定的成本池，如公共部门费用，然后根据每种费用的不同动因，如办公室占地面积、部门人数等，分摊到各相应的责任中心，如图 10–5 所示。

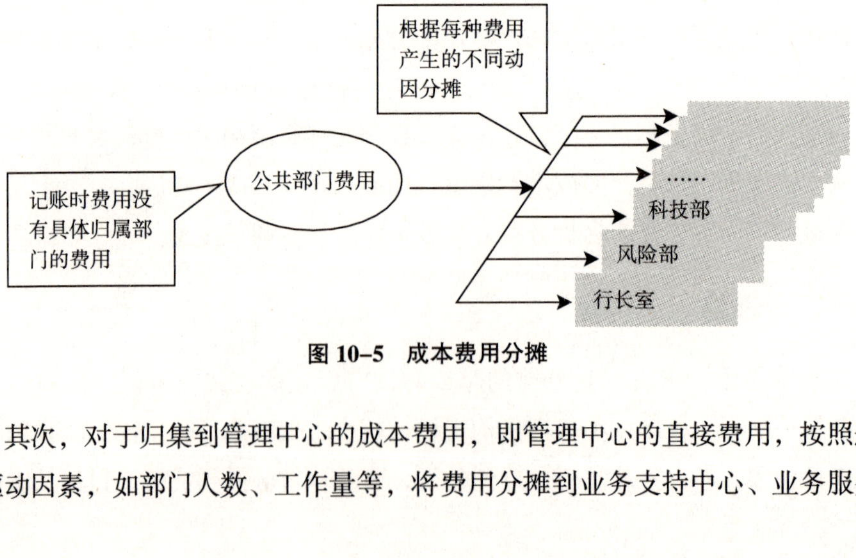

图 10–5　成本费用分摊

其次，对于归集到管理中心的成本费用，即管理中心的直接费用，按照适当的驱动因素，如部门人数、工作量等，将费用分摊到业务支持中心、业务服务中心和利润中心。

再次，将业务支持中心及业务服务中心的直接费用及承担的上述分摊的间接费用，按照一定的动因，如利润中心人数、业务规模、资源占用等，分摊到各利润中心，如各分支机构、资金运营中心、票据中心等。

最后，将利润中心承担的各部分按照一定的分摊方法分摊，包括直接归集的费用和上述分摊的间接费用，如将账户余额分摊到成本管理的最小粒度——账户。

这种分摊的优势在于：第一，避免了过度的、不必要的交叉分摊，在保持分摊结果合理的前提下，可以大大减轻系统运行的压力，提高运行效率；第二，分摊过程中可以追踪每一笔下摊成本的来源和依据，最大限度减少分支行的争议，减少成本分摊推广中的阻力。当然，实际中很多银行根据组织架构采用简化的分摊方法，即直接根据相应的动因分摊到利润中心。

五、分摊结果的应用

成本分摊结果的应用是依赖于银行不同管理维度（如部门、机构、网点、产品、客户经理甚至账户）成本分摊结果合理生成的。通过不同维度分摊结果的组合，能生成丰富的成本分摊报告，达到事前预算、事中核算和管控、事后盈利分析和激励等，为全行范围内实现精细化管理打下坚实的基础，其意义如图 10–6 所示。

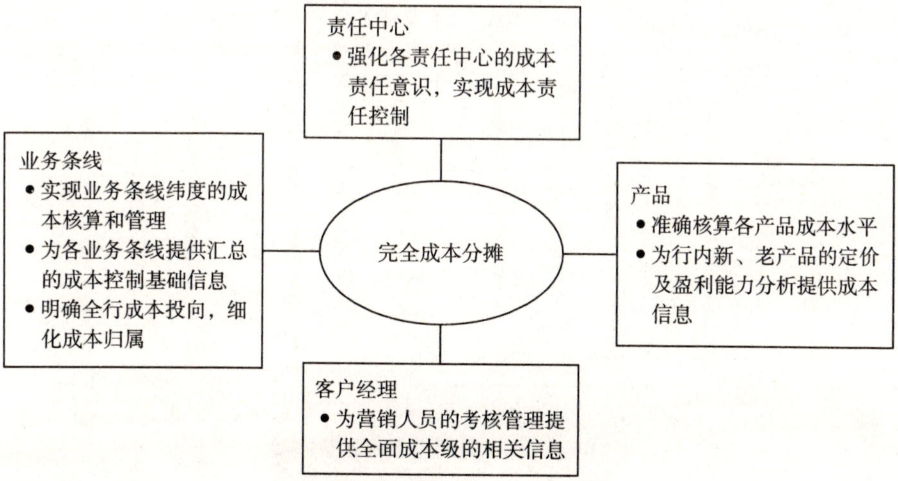

图 10–6　实现成本分摊的意义

第二节 作业成本法

作业成本法于20世纪80年代中期由哈佛大学著名会计学家罗伯特·卡普兰（Robert S. Kaplan）和罗宾·库珀（Robin Cooper）创立，是西方目前最先进、应用范围最广、扩展速度最快的成本制度。到20世纪90年代，作业成本法也得到了成熟的应用，以花旗银行为代表的国际性银行纷纷推出作业成本法，并取得了很好的效果，代表了先进银行成本管理的趋势。

时间驱动的作业成本的理论基础是产品消耗作业，作业消耗时间并导致成本的发生，资源耗费应先按发生的原因汇集到作业，并计算出作业的时间成本，再按成本对象（部门、机构、产品、客户等）所消耗的作业时间量将成本计入。因此，作业成本法是指通过各流程环节的具体分析，根据各流程的时间占用，并以此作为成本分摊的依据。近年来，中国银行业不乏一些中小银行从实际应用需求出发进行了时间驱动作业成本法的尝试，并取得了很好的效果，在这里有必要做一些简单的介绍。其体系框架主要包含作业时间的分类、动作参数的测定、作业时间的测算和作业成本法的应用等，如图10-7所示。

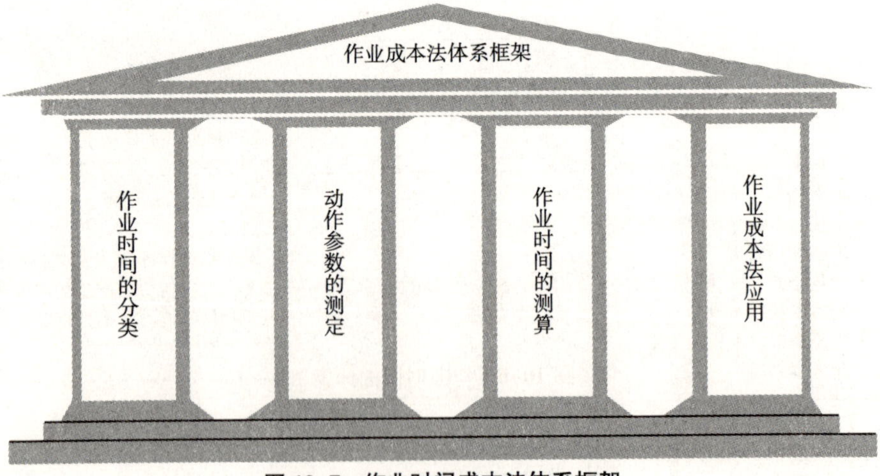

图10-7 作业时间成本法体系框架

借助时间驱动的作业成本法，柜员做每笔交易的时间，客户经理的管贷户数、管贷余额、办理不同类型贷款的时间以及目标绩效工资等都有了一个客观、合理的标准。因此，业务条线、分支机构以及每位员工在考评期间的工作时间、业务量、工作效率得以准确计量，为绩效考核提供了重要的参考。同时，将作业时间作为重要依据，结合成本费用的性质及其动因等要素，全行各项费用由总行逐级分摊到了各个网点，使得成本核算更加科学、客观、精确。这一技术为衡量各个经营单元的经营效益和成本控制水平奠定了基础，也为人力资源配置提供了参考。下面对时间驱动的作业成本法给予简要介绍，主要包括作业时间的分类、动作参数的测定、体系参数的设置，成本分摊及人力资源的应用。

一、作业时间的分类

作业时间的测定是时间驱动的作业时间法的基础，而对其进行分类是实施作业成本法的第一步。商业银行作业成本的计算同制造业企业作业成本计算的基本原理和方法是一致的，不同之处在于银行主要是提供服务的企业，其管理流程和业务流程主要围绕客户服务进行。一般来说，按作业的类别可以分为管理作业时间和业务作业时间，管理作业时间又可以细分为总行管理作业时间、部室作业时间、支行管理作业时间和网点管理时间；业务工作时间主要分为信贷业务作业时间和柜员业务工作时间，如图 10-8 所示。

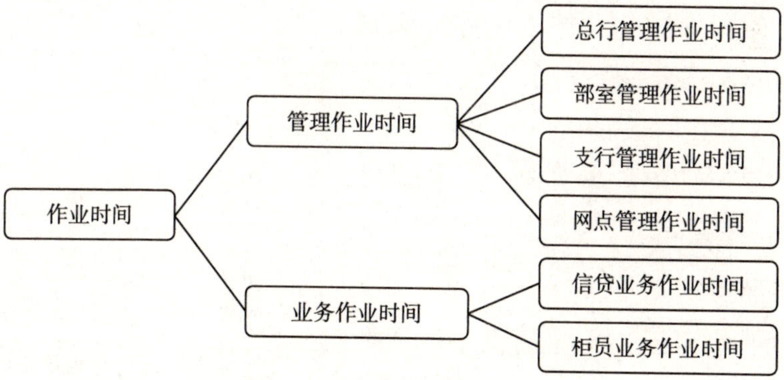

图 10-8　作业时间的分类

二、动作参数的测定

以时间驱动的作业时间法，其实施的关键点在于银行经营管理及日常运作中每个流程的每个节点作业动作的标准时间的合理测定。从中小银行的实施来看，每个作业动作的时间参数的测定是基于银行流程（如管理流程、支持流程和业务流程等）的标准化。因此，对于柜员业务动作参数、信贷业务动作参数及机关操作管理动作参数等，其流程化程度相对较高，可以合理测定其动作参数，但是对于管理及研究人员，其所做的每个工作流程标准化程度低，时间量化较为困难，可以采用固定时间作为动作参数，如每天工作时间的80%，作为工作的有效时间。下面主要针对柜员业务、信贷业务及机关部门操作人员动作参数做一简要介绍。

1. 柜员业务

柜员业务的动作参数主要根据核心系统后台交易码和测定的标准作业时间设定参数，用于计算柜员的作业时间。其标准流程作业的参数测定对外办理存取款、计息业务、ATM机等交易，包括电脑记账、打印凭证、存折、存单、收付现金等超过2000种动作，如表10-1所示。

表10-1 柜员部分业务的动作参数（示例）

交易代码	交易名称	单位（次）	基本作业时间	附加作业时间	总作业时间	附加作业时间说明
508130	ATM加钞	1	10.00	9.00	19.00	ATM机上确认3分钟，点钞5分钟
508140	ATM清箱及加钞确认	1	9.00	8.00	17.00	ATM机上确认3分钟，点钞5分钟
508150	ATM清箱确认	1	5.00	4.00	9.00	登记有关登记簿3分钟
101430	信贷资产回购受让合同审核	1	0.30	—	0.30	
101440	信贷资产买断主合同信息查询	1	0.30	—	0.30	
712620	承兑汇票重打印	1	1.50	3.00	4.50	验印1分钟,客户填写交回申请书2分钟
102210	柜员解锁	1	0.50	—	0.50	
102220	密码延期	1	0.30	2.00	2.30	填写非账务凭证，三人签字
102230	柜员密码修改原交易	1	0.30	—	0.30	
102250	柜员日结	1	0.30	5.00	5.30	柜员先自盘，再由他人盘点
102260	柜员签退	1	0.30	—	0.30	
410550	保证金续存原交易	1	3.00	1.50	4.50	验印1
410560	保证金支取原交易	1	2.00	1.50	3.50	验印1
102340	柜员解锁	1	0.30	—	0.30	
202800	表外收付	1	2.00	2.75	4.75	

续表

交易代码	交易名称	单位(次)	基本作业时间	附加作业时间	总作业时间	附加作业时间说明
102360	柜员操作额度查询	1	0.30	—	0.30	
111420	残币兑换	1	3.00	2.75	5.75	
410144	单位活期存款账户启用	1	2.00	2.00	4.00	
321014	变更抵质押品管理	1	0.30	—	0.30	
106270	柜员代班调整	1	0.30	—	0.30	
……	……	……	……	……	……	……

2. 信贷业务

信贷业务的主要动作参数包括客户贷款的主要流程环节，如贷款申请的受理与初审、贷款的调查、贷款的风险评价、贷款的审批、贷款合同的鉴定、贷款的发放、贷款的支付和贷后的管理等。其示例如表 10–2 所示。

表 10–2　信贷业务动作参数（示例）

项目	10 万元（含）以下个私贷款	10 万~30 万元（含）个私贷款	30 万~100 万元（含）个私贷款	100 万元以上个私贷款	……
受理与初审	5	5	5	5	……
实地调查	50	90	110	120	……
资料审核与复印等	5	5	10	10	……
系统借款人基要信息维护	10	10	10	10	……
客户基本资料扫描	5	10	10	10	……
借款人信用等级评定	10	10	15	15	……
系统担保人信用等级评定	20	20	20	20	……
形成授信调查报告			50	50	……
报支行授信小组评议			10	10	……
授信数据输入			20	20	……
总行授信组				20	……
形成贷款调查报告	40	40	40	40	……
系统维护报批	20	30	30	30	……
基本信息维护\合同维护	20	20	20	20	……
资料整理移交归档	5	15	15	15	……
大额 7 天内贷后检查			30	30	……
季度检查	30	40	40	40	……
每月报表录入					……
五级分类	10	20	20	30	……
季度收息	5	5	5	5	……

续表

项目	10万元（含）以下个私贷款	10万~30万元（含）个私贷款	30万~100万元（含）个私贷款	100万元以上个私贷款	……
贷款收回	5	5	5	5	……
首笔贷款办贷时间合计	305	390	545	595	……
存量贷款办贷时间合计	215	260	310	315	……
……	……	……	……	……	……

3. 机关部门业务

对于机关部门的某些业务，如事后监督、审计审查及档案管理等部门作业，其流程动作时间可以测定。表10–3为审计部门部分作业的动作参数。

表10–3　审计部门业务动作参数（示例）

审计分类	单位	基本作业时间	附件说明
审计分工	1次	180	……
制订审计方案	1个	180	……
审计准备	1次	180	……
审计对象会谈	1次	180	……
审计告示	1次	5	……
签署审计承诺书	1次	5	……
编制查询单	1份	5	……
编写记录单	1份	40	……
复核日志	1份	2	……
编写处罚决定书	1份	180	……
收集、整理档案资料	1份	2	……
问题库汇总	1个	10	……
导审计系统数据	1条	5	……
分析审计系统数据	1笔	10	……
收集问责资料及问责前分工准备	1次	180	……
不良问责办公室讨论	1次	180	……
实地走访抽查	1个	180	……
修改责任追究报告书	1个	5	……
提交不良问责委员会讨论	1次	120	……
编写责任追究通知书	1个	10	……
不良问责会议记录	1次	120	……
不良问责赔款台账	1次	30	……
……	……	……	……

需要注意的是，作业成本法的动作参数比较多，牵涉面广，工作量特别大，其确定方法可以根据不同的业务确定相应的参数，方法主要有从系统提取作业的动作参数、直接观察法确定动作参数、问卷调查方法获取动作参数、专家头脑风暴方法获取动作参数等。

三、作业时间的测算

每个流程节点的动作时间参数测定后，根据员工所做的每笔业务，就可以测算出每个员工的实际工作量，进而员工的工作有效时间和员工的工作效能等。基于上述信息可以掌握各网点、分支机构等工作情况，作为人力资源配置、薪酬分配、成本管理的重要依据。例如，某柜员×××××在某 1 年详细的工作情况如表 10-4 所示，其共办理了柜员移交、现金调拨、回单入账等 31 类交易业务，交易业务次数为 13985 次，根据测定的动作参数标准时间，可以测算该员工相应的有效作业时间约为 109.53 分钟。假如一年的工作日为 239 天（自然天数 366 天，剔除双休日 106 天、节假日 11 天及请假 10 天），一天工作 6.5 个小时，那么该员工的有效工作时间为 109.53 天，无效工作时间为 129.47 天，其工作效率为 47%，如表 10-5 所示。

表 10-4 某柜员详细的业务及工作情况

员工姓名	交易代码	交易名称	交易笔数合计	每笔交易标准时间	笔数作业时间合计	柜员作业时间
×××	102270	柜员移交	4.00	15.00	60.00	60.00
	111100	现金调拨	56.00	3.00	168.00	168.00
	111200	回单入账	1.00	3.00	3.00	3.00
	111830	假币调拨上缴他行	7.00	21.00	147.00	147.00
	111840	假币调拨调入处理	7.00	3.00	21.00	21.00
	121100	重控凭证申领原交易	2.00	4.00	8.00	8.00
	121200	重控凭证调拨	62.00	2.50	155.00	155.00
	121500	重控凭证手工销号	54.00	2.85	153.90	153.90
	121800	凭证销毁	8.00	0.30	2.40	2.40
	230040	内部账传票交易现金收付（新）	74.00	2.50	185.00	185.00
	400030	股金转让继承赠与	6.00	2.00	12.00	12.00
	410234	活期存折存单换发	1.00	1.00	1.00	1.00
	410284	挂失解挂	7.00	10.00	70.00	70.00
	410304	挂失补开	1.00	5.00	5.00	5.00

续表

员工姓名	交易代码	交易名称	交易笔数合计	每笔交易标准时间	笔数作业时间合计	柜员作业时间
×××	410385	客户内码重置	9.00	3.00	27.00	27.00
	410393	账户信息维护修改	4.00	6.25	25.00	25.00
	560100	结汇	1.00	3.00	3.00	3.00
	560500	结售汇手动平盘	514.00	5.00	2570.00	2570.00
	722110	小额往账录入	146.00	7.00	1022.00	1022.00
	722610	小额来账录入	6.00	6.00	36.00	36.00
	725520	应解汇款解付	172.00	8.05	1384.60	1384.60
	730110	登记收妥抵用登记簿	18.00	1.80	32.40	32.40
	730220	交换票据提出确认	349.00	2.00	698.00	698.00
	730920	交换票据提入直接入账	7835.00	3.00	23505.00	23505.00
	730970	交换票据提入清分	2396.00	1.00	2396.00	2396.00
	730990	交换票据提入退票	485.00	4.00	1940.00	1940.00
	731220	收妥抵用批量入账	383.00	1.00	383.00	383.00
	740020	大额往账录入	278.00	4.00	1112.00	1112.00
	740220	大额往账确认	2.00	3.00	6.00	6.00
	740420	大额来账录入	1081.00	6.00	6486.00	6486.00
	990009	通用抹账交易	12.00	3.38	40.50	40.50
	……	……	……	……	……	……

表 10–5 某柜员作业时间测定情况

柜员号	柜员姓名	交易项目合计	交易项目笔数合计	每笔平均时间（分钟）	工作有效时间（天）	工作无效时间（天）	工作效率（%）
8951040	×××	31	13985	3.05	109.53	129.47	46

基于每个员工的有效工作时间、无效工作时间及工作效率的测定，可以把其汇总到银行不同管理对象，如网点、机构、团队等纬度的有效工作时间、无效工作时间及工作效率等，进而为成本分摊、绩效考核、人力资源配置提供依据。但对于各条线（如存款线、贷款线、资金线、理财线、中间业务线等）的工作时间及工作效率，无法把员工的测量结果进行简单的汇总获得，需要把不同员工根据不同岗位的属性，把作业时间分配到各个条线上去并进行汇总得到不同业务条线的有效工作时间、无效工作时间及各业务条线效率。其具体步骤如下：

1. 确定分摊权重

对各业务条线作业时间的测算，是基于员工在不同岗位的作业的属性不同，如不同岗位员工在不同条线上所花费的时间的比例，来确定岗位人员分摊的权重，进而把岗位人员分配到相应的银行条线。因此，确定分配权重是计量条线作业时间的基础环节之一，其权重确定并没有统一的方法，主要采用调查问卷、专家判断法等。例如，某中小银行根据支行不同岗位的性质确定的相应的员工工作时间分配到不同业务条线的权重，如表 10-6 所示，其业务条线主要分为了存款线、贷款线、资金线、理财线、中间业务线等。

表 10-6　某支行不同岗位类别在不同业务条线上分摊权重示例

（%）

岗位分摊类别	存款权重	贷款权重	资金权重	中间权重	理财权重	总权重
行长	40	50	0	5	5	100
副行长	45	40	0	10	5	100
会计主管	70	15	0	10	5	100
分理处主任	25	60	0	10	5	100
网点主管	80	5	0	10	5	100
网点主办	85	5	0	5	5	100
对公客户经理	10	75	0	10	5	100
对私客户经理	10	75	0	10	5	100
存款客户经理	85	5	0	5	5	100
信贷内勤	5	85	0	5	5	100
支行综合柜员 A	65	20	0	10	5	100
支行综合柜员 B	80	5	0	10	5	100
网点综合柜员 A	85	5	0	5	5	100
网点综合柜员 B	90	0	0	5	5	100
大堂经理	75	5	0	10	10	100

例如，支行岗位的会计主管岗，根据其岗位性质，考虑其工作职责的内容，其工作时间主要花费在存款业务条线上，其他业务条线工作时间花费比重较小，因此根据专家意见，讨论后确定会计主管岗工作时间分配到不同业务条线的权重为：存款线占 70%、贷款线占 15%、资金线基本不涉及、中间业务线占 10%，理财业务线占 5%。再比如支行岗位的信贷内勤岗，其工作时间主要花费在贷款业务上，因此其分配权重的比例为：存款线占 5%、贷款线占 85%、资金线基本不涉及、中间业务线占 5%、理财业务线占 5%。同样的方法，可以获得总行机关不同岗位作业时间分摊到各个业务条线的分摊权重，进而把相应的人员按分摊权重比例分配到相应的业务条线。

2. 作业时间的分摊

当银行不同岗位（包括总行、部门、支行、网点的岗位）的分配权重确定后，对应的不同岗位的员工工作时间根据相应的权重分配到不同的业务条线上，然后对每个员工的有效工作时间、无效工作时间和工作效率进行条线汇总计算，就能获得条线的结果。下面举例说明其计算过程，如某中小银行的支行不同岗位人员配备情况如表 10-7 所示。

表 10-7　某支行不同岗位人员配备情况

业务岗位	部门名称	归属机构	岗位分摊类别	岗位类别	标准人员
支行行长	支行本部	895010	行长	管理人员	1
支行助理	支行本部	895010	副行长	管理人员	1
会计主管	支行本部	895010	会计主管	管理人员	1
支行网点主管	支行营业部	895010	网点主管	管理人员	1
对公客户经理	支行营业部	895010	对公客户经理	客户经理	6
对私客户经理	支行营业部	895010	对私客户经理	客户经理	3
信贷内勤	支行营业部	895010	信贷内勤	客户经理	4
网点大堂经理	支行营业部	895010	大堂经理	管理人员	2
综合柜员 A	支行营业部	895010	支行综合柜员 A	综合柜员	7
综合柜员 B	支行营业部	895010	支行综合柜员 B	综合柜员	9

当支行不同岗位的标准人员确定后，根据表 10-8 所示的分配权重，把相应的标准人员分解到不同的业务条线上，然后汇总相应业务条线分解的人员，并根据每个人员的作业情况得到不同业务条线的有效工作时间、无效工作时间及条线的效率。注意，对于岗位类别为管理人员的，可以采用每天工作时间的 80%为工作有效时间。例如，假如管理人员一天的工作时间为 6.5 小时，那么工作有效时间为 6.5×80%=5.2 小时，其无效工作时间为 6.5×20%=1.3 小时。对于岗位类别为客户经理、综合柜员和机关操作人员的，采用每个员工的作业量与每笔业务作业的标准动作时间计算出该员工的有效工作时间，进而计算出无效工作时间和员工的工作效率。

四、作业成本法的应用

以每个业务动作的标准时间为基础，银行对不同管理对象（如机构、网点、岗位、员工、条线等）作业时间的准确计量可以为银行间接成本分摊和人力资源管理提供重要的依据。同时，引入利用作业时间的电子银行替代率考核指标，让银行有更多的动力引导客户更多使用 ATM 机、电子银行等自助设备，节省人力，也可以引入现金控制率考核指标，引导银行提高现金的利用率，如图 10-9 所示。下面简要说明以作业时间为基础，进行间接费用的成本分摊和人力资源的管理。

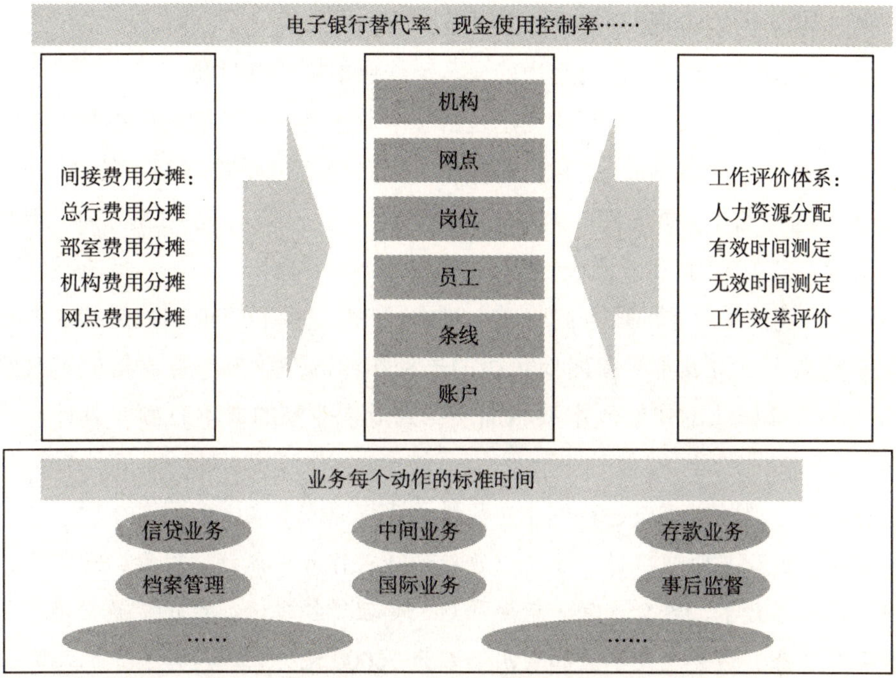

图 10-9 作业时间分摊的应用

1. 间接费用的分摊

以时间驱动的作业成本法依据“成本对象消耗作业、作业消耗时间、时间消耗资源费用”的思想进行间接费用的分摊，其间接费用是指没有找到合适的动因把费用归集到某一成本对象的费用，如总行大楼的日常管理费用等。其分摊的步骤如下：

（1）确定单位时间产能成本。单位时间产能成本是指单位时间所投入的资源能力成本，确定单位时间产能成本就要计算资源成本总额和总有效工作时间。其中，资源成本综合即可以采用需要分摊的间接成本，总的有效工作时间即所有员工的有效工作时间总和。因此，其单位时间产能成本=间接费用之和/总的有效工作时间。但是需要注意的是，其无效工作时间也会产生一定的间接成本，如当某一网点没有一笔业务产生时，也会产生相应的间接成本，但是相比有效工作时间，无效工作时间影响会小很多。因此，在考虑单位时间产能成本时，也会考虑部分无效时间来分摊间接成本，如考虑60%的无效工作时间。

（2）计算成本动因分配率。成本动因分配率实际上是计算银行各单位作业所应分摊的成本，用单位时间产能成本乘以某项作业耗用的时间即作业单位标准时间，便计算得出成本动因分配率，其计算公式为：

成本动因分配率 = 单位时间产能成本 × 作业单位标准时间

其中，作业单位标准时间的测定是由每个业务流程节点的动作参数的时间确定的（详见第七章第三节）。假设通过上一步计算出的单位时间产能成本为 0.6 元/分钟，通过动作参数时间的测算，得到为客户开立账户需要 2.5 分钟，则开立账户的成本分配率为（0.6 元/分钟 × 2.5 分钟）1.5 元。

（3）计算成本对象的成本。将成本对象所耗用的某种作业的数量和成本动因分配率相乘，求得成本对象所应负担的这种作业的作业成本数，将成本对象所应负担的全部作业的作业成本数相加便得到成本对象的成本总额。其计算公式如下：

成本对象的总成本 = ∑耗用作业数量 × 该作业成本动因分配率

案例：假设某商业银行分理处以存款和贷款作为成本计算对象，业务为开立账户、发放银行卡、现金存款、现金取款、受理贷款申请、审核贷款安排、发放贷款七项作业。该分理处某月的费用总额为 76000 元，测算得知员工的总的工作时间为 61400 分钟，则单位时间产能成本为 1.24（76000 元/61400 分钟）元/分钟。根据单位时间产能成本和各项作业单位标准时间，再根据计算得出成本动因分配率，然后根据成本动因分配率和成本计算对象耗用的各项作业的数量计算出成本计算对象所耗费的成本总额，计算过程如表 10-8 所示。

表 10-8　成本对象的作业成本计算（示例）

作业名称	作业单位标准时间（分钟）	成本动因分配率（元/分钟）	存款			贷款		
			耗用作业量	耗用时间（分钟）	作业成本总额（元）	耗用作业量	耗用时间（分钟）	作业成本总额（元）
①	②	③=2×1.24	④	⑤=②×④	⑥=③×④	⑦	⑧=②×⑦	⑨=③×⑦
1.开立账户	1	1.24	3600	3600	4456	500	500	619
2.发放银行卡	1.5	1.86	2200	3300	4085			
3.现金存款	2	2.48	5800	11600	14358			
4.先进取款	2.5	3.09	5600	14000	17329			

续表

作业名称	作业单位标准时间（分钟）	成本动因分配率（元/分钟）	存款			贷款		
			耗用作业量	耗用时间（分钟）	作业成本总额（元）	耗用作业量	耗用时间（分钟）	作业成本总额（元）
①	②	③=2×1.24	④	⑤=②×④	⑥=③×④	⑦	⑧=②×⑦	⑨=③×⑦
5.受理贷款申请	4	4.95				1480	5920	7328
6.审核贷款安排	12	14.85				1280	15360	19012
7.发放贷款	8	9.90				890	7120	8813
合计				32500	40228		28900	35772

从表 10–8 中可知，该支行的成本费用为 71000 元，分配到存款的作业成本总额为 40228 元，分配到贷款的作业成本总额为 35772 元，从上述例子可推理知，银行的不同管理层级的间接费用都可以通过有效作业时间（或者有时考虑部门无效工作时间）进行逐级分摊，最后直到账户层级。

2. 人力资源的管理

除了上述利用有效作业时间进行成本分摊的应用外，人力资源的管理也是重要的应用之一。通过以时间驱动的作业成本法为基础，可以掌握每个员工、每个机构、每个网点甚至每个业务条线的工作量情况，作为配置人员的重要依据，可以避免各个机构无休止要求增加员工的现象。下面举例说明，银行怎样利用时间驱动作业成本法对某网点的综合柜员及客户经理进行合理的配置，如表 10–9 所示。

表 10–9 利用时间驱动作业成本法示例

网点编号	网点名称	有效作业时间（分钟）	工作效率容忍度（%）	年标准工作时间（分钟）	核定人数
		①	②	③	③/(①×②)
1	××××××	876470.78	70	97500	12.84
2	××××××	467465.65	70	97500	6.85
3	××××××	171490.73	70	97500	2.51
4	××××××	139547.01	70	97500	2.04
5	××××××	128317.20	70	97500	1.88
6	××××××	132280.65	70	97500	1.94
7	××××××	131983.08	70	97500	1.93
8	××××××	820735.72	70	97500	12.03
9	××××××	133262.02	70	97500	1.95
	……	……	……	……	……

（1）测定该网点办理各类业务的年有效作业时间和预期各类新增业务的年有效工作时间。例如，网点编号为 1 的网点，经过测算该网点年有效工作时间为 876470.78 分钟。

（2）确定员工的工作效率（工作效率=作业有效时间/总的工作时间）的容忍度，因为在法定工作日内，员工不会时时都处于工作状态，他们需要一定的休息，假设员工工作效率容忍度 70%。

（3）确定员工年标准工作时间，假设 1 年标准工作天数 250 天，每天工作时间 6.5 小时，那么 1 年的标准时间即 250 天 = 250 天 × 6.5 小时 × 60 分钟 = 97500 分钟。

（4）根据工作效率容忍度、年有效工作时间及年标准工作时间，核算出机构、网点等标准配置人员，其人员核算公式为：年有效工作时间/(年标准工作时间 × 工作效率容忍度)。对于网点 1，其核定标准人数为 876470.78/(97500 × 70%) = 12.84 ≈ 13。

结　语

目前，商业银行，特别是中小银行，其对成本管理的迫切性还不是非常强烈，又由于人才“瓶颈”的限制，其成本分摊实施的路径应循序渐进，从应用的实际角度出发，由简单到复杂地分阶段实施。

首先，银行应从简单的传统成本分摊方法出发，如直接利用简单的成本分摊动因（员工数量、存贷款余额），把间接成本逐级进行分摊，应用到考核，并以此为抓手，培养员工成本分摊方法论及规范财务核算等，提升员工的成本管理意识，突破人才的“瓶颈”。

其次，人才“瓶颈”和财务规范等突破后，应考虑简单成本分摊系统的升级，包括责任中心细化，相应的分摊路径的建立，逐级分摊到各利润中心，再根据不同账户对应的不同业务类型以合理的分摊动因将利润中心的成本分摊至账户层级。至此，银行可以与预算相结合进行成本分析和管理，并对不同的管理维度把成本因素作为考核的重要指标引入，实现对成本的事前规划管理、事中监测、事后激励考核，增强银行的管理能力。

另外，必须明确的是，作业时间成本法的实施可以根据银行的管理水平及管理需要进行选择，其有效的应用也是银行先进管理的标志之一，不仅可以作为成本分摊的重要分摊方法，而且可以作为人力资源配置的依据。

第十一章
中小银行经济资本管理应用

以经济资本为核心的标准管理系统主要针对银行的前、中、后台的不同管理对象（机构/网点、部门、客户经理/综合柜员、产品、条线、客户群）、不同的管理业务层级以及不同管理需要，考虑不同的利益相关者后以价值为导向，整合目标的制定和分解、日常的监测与管理、绩效的考核与评价等全过程管理控制，实现由单一系统到系统集群的提升，实现全封闭的管理，其特点如下所述：

一、高效运营模式：将战略化为行动

高效运营的企业一般具有将战略强有力地转化为行动的共同特征，尤其能把高层的管理思想渗透到银行经营管理的各个层面：年初，目标的制定与分解；年中，日常的监测与管理；年末，绩效的考核与评价，这样形成一个闭环的管理过程，提高执行力，因此，标准管理平台以预算为依据、以核算为基础，以考核为目的来承接这一综合化管理的功能，如图 11-1 所示。

二、价值创造理念：追求可持续发展

银行具有经营风险的企业，其风险管理、追求可持续发展是银行发展不变的核心。目前，除了传统风险对银行的冲击外，即将推进的利率市场化更加剧了对中国银行业，特别是中小银行的影响。因此，以经济资本为核心的标准管理平台针对中小银行面临的风险进行全面的管理主要包括以下几方面：①以 EVA、RAROC 为核心的 KPI 绩效评价考核体系；②以经济资本为核心的资源配置体系；③以预期损失、非预期损失为基础的风险计量评估体系；④以风险评估为基础的

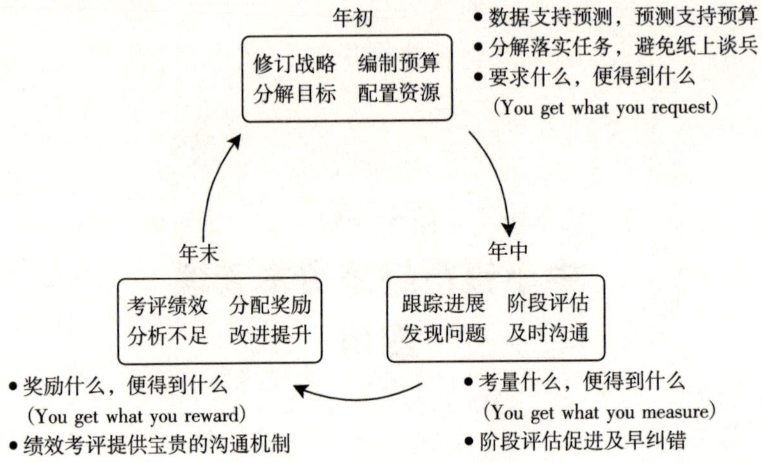

图 11-1　高效运营模式示意图

利率定价体系；⑤以各风险点、各维度风险指标为基础的监控、管理体系；⑥以机构、业务、产品等各维度风险为基础的限额管理体系等。其管理模式由风险的定性控制向定性、定量管理相结合转变，由事后督导性管理向主动性风险管理转变，由单一信用风险管理向信用风险、操作风险等多种风险并行管理转变，如图 11-2 所示。

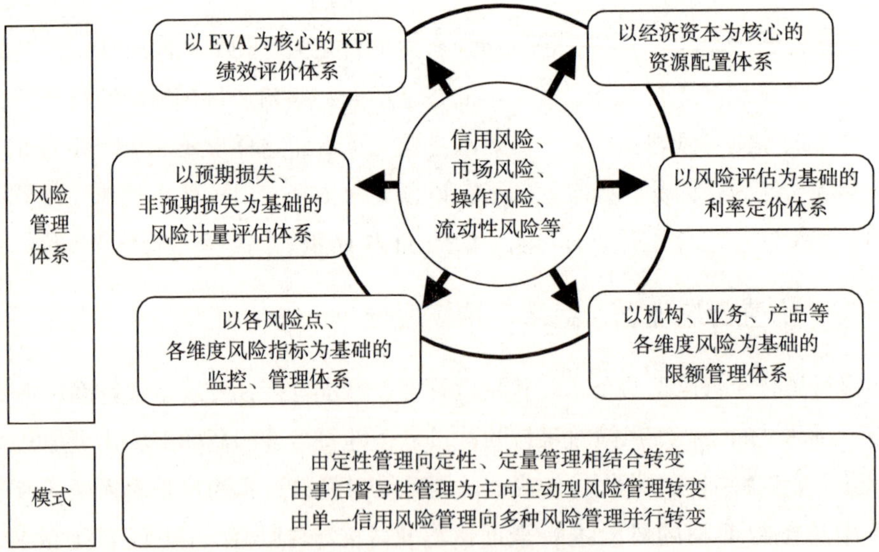

图 11-2　全面风险管理示意图

三、精细管理方法：以测算指导决策

以经济资本为核心的标准化管理平台提供了多种计量工具以实现对维度的精细化管理。其精细化管理就是利用管理模型（如内部资金转移定价、成本分摊、内部评级、经济资本等）准确合理地计量各个核心管理对象（部门、机构/网点、岗位/人员、条线、产品、客户等）的收益、成本和风险，并形成相应的盈利分析及业绩报告，实现现实性与前瞻性相结合，将精细化管理落实到每个主体。

对于银行来说，通过以经济资本为核心的标准管理平台，针对不同的管理对象，建立以 EVA、RAROC 为核心的，覆盖规模、价格、收入、成本、利润、效率、质量等全要素的核算分析体系，为资源配置、业务发展、绩效考核、产品定价、客户管理等提供决策依据。

在本章中，将首先介绍银行的综合管理，即目标的制定和分解、日常的监测和管理、绩效的考核评价，然后介绍以经济资本管理为核心的全面风险管理。

第一节　综合管理方面的应用

本书基于以经济资本管理为核心的标准管理平台，借鉴国内外先进银行的管理经验，结合中小银行多年的实践经验，逐渐形成了一整套适合中小银行的综合管理体系，主要包含目标的制定与分解、日常的监测与管理、绩效的考核与评价，使银行真正做到管理有目标、过程有监控、风险有监测、工作有评价、事后有考核。其架构如图 11–3 所示。

一、目标的制定与分解

1954 年，管理大师彼得·德鲁克在其名著《管理实践》中提出目标管理，其认为，人并不是有了工作才有目标，相反是有了目标才确定每个人的工作。因此，银行管理者应该通过目标对企业进行管理，首先最高层管理应该确定组织目标，然后对其进行有效分解，转变每个部门以及个人的分解目标，管理者根据分解目标的完成情况对其进行考核、评价和奖惩。因此，目标的制定和分解在银行

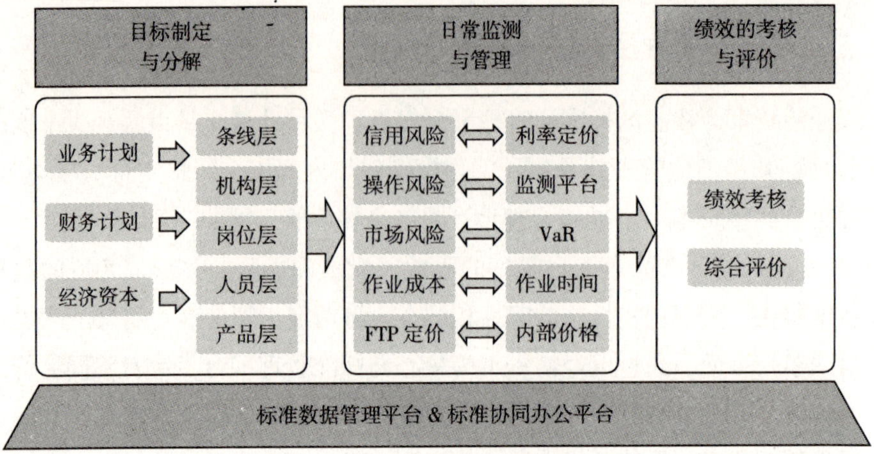

图 11–3 银行综合管理示意图

的经营中占有重要地位，其中目标的制定一般来说主要包含三方面的内容：业务计划、财物计划和经济资本计划。某中小银行目标的制定结果，如表 11–1 所示。另外，目标的分解对象主要包含银行需要管理考核的对象，主要包括部门、机构/网点、岗位、条线、产品、客户群直至每个员工。

表 11–1 某中小银行总行目标制定情况（简化示例）

（单位：元）

项目		2010 年实际	2011 年测算	2011 年决算	2012 年测算
业务计划	时点存款	412240.00	492971.00	518740.00	625195.00
	日均存款	393763.00	467594.00	479788.00	584270.79
	时点贷款	289022.00	344115.00	360177.00	440239.00
	日均贷款	263038.00	326915.00	324016.00	408239.00
财务计划	收入合计	23397.52	31635.44	33203.00	42972.18
	贷款利息收入	19745.80	27350.44	27979.00	37025.98
	资金业务收入	3371.21	4000.00	4701.00	5403.20
	其他业务收入	280.51	285.00	523.00	543.00
	支出合计	17429.93	20655.13	23209.00	29786.01
	利息支出	6022.49	9029.86	9297.00	11942.01
	其他支出				
	经营成本	11407.44	11625.27	13912.00	17844.00
	日常管理费用	2496.78	2812.92		13000.00
	工资性支出	3595.96	4290.50		

续表

项目		2010年实际	2011年测算	2011年决算	2012年测算
财务计划	专项费用	1005.18	1597.49		
	其他支出	4309.52	2880.00		1781.00
	所得税				3063.00
经资计划	预期风险	1204.00	3127.75	3000.93	3805.95
财务计划	内部利润	4763.59	7852.56	6993.07	9380.22
经济资本计划	经济资本		24284.76	24694.94	28895.16
	信用风险		18245.59	17919.40	21053.92
	存款操作风险		862.35	2953.07	1325.67
	贷款操作风险		1706.35		2645.57
	市场风险		150.00	502.00	550.00
	资本性风险		3320.47	3320.47	3320.00
	经济资本成本		3642.71	3704.24	4334.27
	信用风险成本		2736.84	2687.91	3156.09
	存款操作风险成本		129.35	442.96	198.85
	贷款操作风险成本		255.95		396.83
	市场风险成本		22.50	75.30	82.50
	资本性风险成本		498.07	498.07	498.00
	EVA		4209.85	3288.83	5045.95
	RAROC		32.34%	28.32%	32.46%

确定年度战略经营目标主要包括三方面内容，即业务计划、财务计划和经济资本计划，其目标的合理制定不仅受本行经营战略、信息系统等内部环境的制约，还受国内外宏观经济、金融形势、同业竞争态势、市场容量以及区域的客户等外部环境情况的影响，等等。

年度战略目标（含年度经营目标、财务预算计划、经济资本预算的分配计划等）的编制流程一般采用自下而上的方式，但是必须明确总行要确定的目标方针、目标项目和目标值。目标方针需具有方向性、全局性、激励性特征，目标项目是目标方针的具体化，它具体规定了管理组织系统为实现目标方针在各个方面应达到的基本要求和水平；目标值表示了各项目标应达到的标准和层度。其具体编制流程如下：①总行目标管理部门如综合管理部根据银行发展战略及目标方针召开专题会议，启动全行目标任务的制定、下达工作；②总行管理部门及各业务条线事业部为各目标责任单位制定相应的目标任务；③总行管理部门及各业务条线事业部制定的专业工作目标任务，经与支行目标责任单位进行沟通修改，最后提交总行审定；④各分支行按各自的经营状况制订本单位的经营计划及预算，并与总行协调，沟通目标的确准值；⑤汇总各分支行经营目标值及预算情况并进行测算，得到总行的经营计划、财物计划及经济资本计划。

需要注意的是，在银行确定年度计划的时候，需要借助经济资本管理所赋予的准确的经济资本计量和成本收益核算手段，明晰全行的总体风险水平，获得各条业务线、产品线或者各个分支机构和各个岗位价值创造的真实信息。银行要结合前面的宏观信息，确定哪些分支机构或者哪些员工、客户是在为银行创造着更多的价值，需要中小银行投入更多的资源达到进一步激励的目的。哪些产品可以作为中小银行发展的重点，哪些产品又在是损害银行的价值，损害的程度有多大，从而使得管理层可以准确地做出有关核心产品或业务扩张、维持、收缩或退出的决策。管理层同时也能够据此确定全行及分支机构的经济资本总量和经济资本增量控制目标，并预留出一定比例作为战略性分配用途，报总行资产负债管理委员会批准后作为年度战略经营目标的要点。

确定了年度业务计划、财务预算和经济资本预算等目标后，进行矩阵式多维分解，多指标衡量，具体分配落实，最终核算到每个员工。多维度分解是指将目标根据部门、机构/网点、业务线、产品、岗位等维度进行分解，多指标衡量是指将目标按规模、结构、质量和效益进行衡量，如图 11-4 所示。

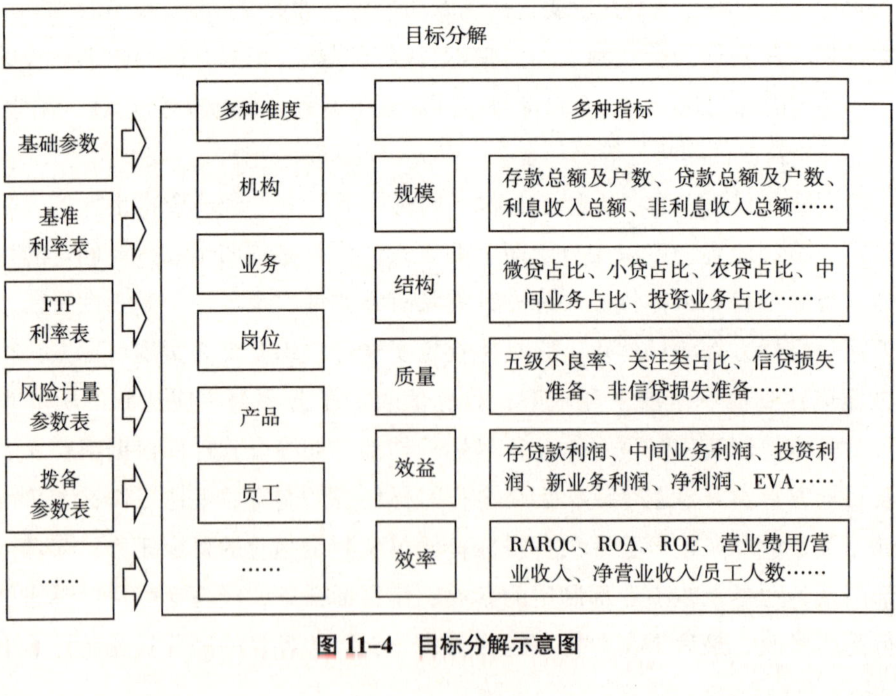

图 11-4　目标分解示意图

必须注意，商业银行目标的制定、分解的总体流程按照自下而上编制、自上而下贯彻的思路贯穿，如图 11–5 所示。在具体把银行的整体目标分解到不同管理对象并确定他们的自身目标时，应掌握以下原则：①全面性原则。即要有全局观念、整体观念，不同层级的目标要能反映银行的全面工作，体现商业银行的基本任务。②重点性原则。分解目标时要有侧重点，必须明确工作重心，把能扭转银行局面、概括银行面貌的问题突出出来，定为目标，集中全力攻关，集中有限的人力、财力和物力优先解决最关键、最迫切的问题。③先进行原则。就是所定目标要能促进员工前进，具有挑战性，一方面制定目标要见识高标准、严要求；另一方面制定目标要着力挖潜。④可行性原则。制定的目标要切实可行。⑤灵活性原则。所制定的目标具有一定的可调性，当环境变化时，有适用的预备方案和有效的应急措施等。

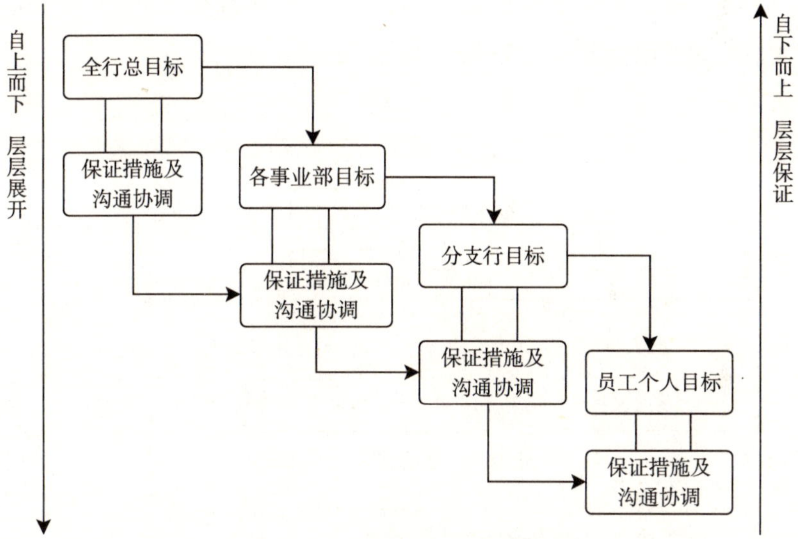

图 11–5 目标制定、分解示意图

根据银行的实践经验，其目标分解的方法很多，都无所谓好与坏，关键是建立公平的分配机制，公开透明，反复沟通并得到员工的认同。下面简单介绍一下驱动因素分析法。驱动因素分析法，顾名思义，就是利用分析和解决问题时常用的“鱼骨图”找到结果产生的关键驱动因素，也就是寻找到结果产生的合理依据并进行量化，确定模型。下面以商业银行分解存款任务为例，详细说明商业银行如何运用驱动因素分析法合理分解任务。

第一步：头脑风暴画鱼骨

首先，可以邀请条线管理的主管行领导、条线管理部门的骨干员工、分支行代表等进行头脑风暴，寻找影响存款任务的关键方面。比如，有人提出网点个数越多，存款就会越多；有人提出当地经济越发达，存款自然越多；等等。归纳起来，影响某银行将存款任务分解到各支行的主要方面有三个：支行的实际能力、支行所在区域的经济发展水平、总行在该区域的资源配置水平。

其次，针对每一关键方面再进行头脑风暴，具体细化到关键因素。比如，如何量化支行的实际能力、当地的经济发展水平以及总行在该区域的资源配置水平？在我们的一个案例中，小组经过讨论，大家认为可以采用以往的业绩水平减去上一年年存款实际完成额，或者采用前 3 年存款任务完成情况的平均值来体现该银行的实际能力；支行所在区域经济发展水平可以通过所在区域 GDP 预计增长占全行覆盖所有区域的比重来表示；总行在该区域的资源配置水平可以通过网点数（或消耗的费用情况）占比反映，见图 11-6。

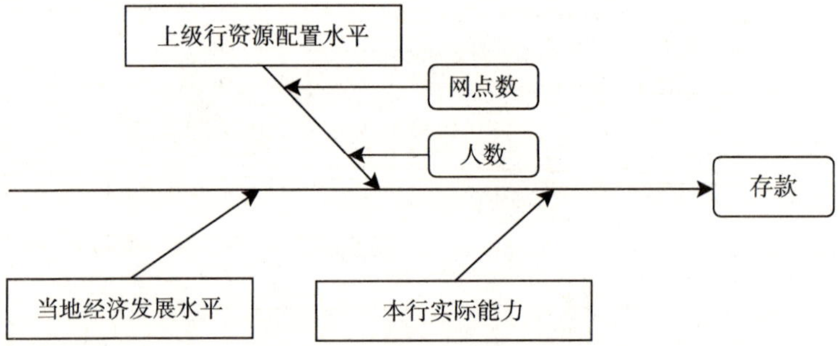

图 11-6　鱼骨图法分解目标

第二步：制定任务分解公式

在通过第一步找到影响存款任务的关键因素后，第二步就需要通过分析建立各因素与存款任务之间的函数关系。通过分析，笔者认为这三个关键因素与分解到的任务之间应该遵循如下原则：

原则一：支行的存量任务等于上一年实际完成值。

原则二：支行的增量任务在全行的占比与所在区域 GDP 预计增长在全行覆盖地区的占比成正比。

原则三：支行的增量任务在全行的占比与该行的网点数在所在区域所有金融

机构网点数（或消耗的费用）的占比成正比。

由此，可以确定某支行的存款任务：

存款任务 = 上一年实际完成额 + 支行增量任务 ×（当年所在区域预计 GDP 增长占全行覆盖地区的比重 × 该支行网点数在所在区域所有金融机构网点数或消耗的费用的占比）/∑（各支行当年所在区域预计 GDP 增长占全省的比重 × 该支行网点数在所在区域所有金融机构网点数的占比）

掌握了驱动因素分析法，各商业银行条线管理部门在实际应用过程中就可以结合本行实际情况和各业务的特点，找到影响各项任务分配的关键因素，从而使任务的分解在公平的基础上更加贴合本行的实际情况。

需要注意的是，在目标制定与分解的过程中，需要对各个指标的历史数据进行测算从而合理制定银行目标并进行分解，以测算指导决策，因此信息系统及与其相关的计量管理模型的支持必不可少。

二、日常的监测与管理

商业银行年初进行目标编制，并分机构/网点、部门、条线、产品、员工等不同维度进行分解后，进入各个执行部门的实际执行阶段。在目标执行过程中，各管理部门需要对目标执行结果进行必要的监控，并根据执行结果反馈的信息进行分析，分别进行适当的目标调整、绩效的考评和奖惩等应对处理。其目的一方面是确保目标的执行效率和效果，另一方面是衡量各执行部门的业绩表现并进行奖惩。

具体来说，日常的监测与管理是利用统一个性化的系统展示平台，对不同的子系统数据进行整合、分析、显示，方便总行、机构、网点等不同的用户获取不同的信息，以便银行对日常经营活动进行监测和管理。例如，高级管理人员可以看到银行的总体发展情况，比如存贷款业务量、市场占比、利息收入、利息支出，贷款平均利率、不良情况、资本充足率，以及相应的变化趋势等；机构管理人员希望看到有关自己的各种目标完成、横向对比情况等，比如业务量、市场占比、差错率、内部利润等；普通员工可以看到自己的业务量、创造的绩效、自己犯的错误等。具体内容主要包括信用风险、操作风险、以作业时间为主的成本分摊、内部资金转移定价、绩效考核等。图 11-7 为日常监测与管理报表示意图。

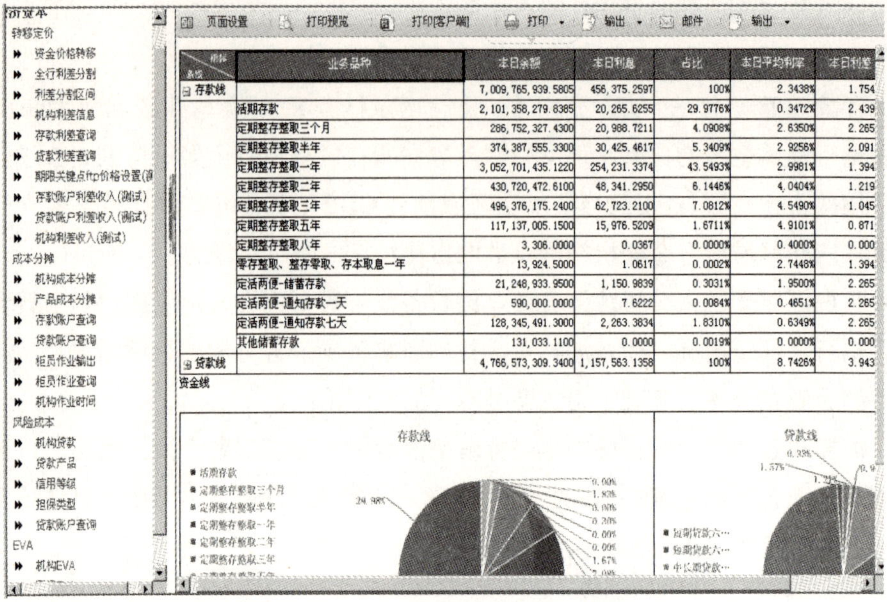

条线	业务品种	本日余额	本日利息	占比	本日平均利率	本日利差
存款线		7,009,765,939.5805	456,375.2597	100%	2.3438%	1.754
	活期存款	2,101,358,279.8385	20,265.6255	29.9776%	0.3472%	2.439
	定期整存整取三个月	286,752,327.4300	20,988.7211	4.0908%	2.6350%	2.265
	定期整存整取半年	374,387,555.3300	30,425.4617	5.3409%	2.9256%	2.091
	定期整存整取一年	3,052,701,435.1220	254,231.3374	43.5493%	2.9981%	1.394
	定期整存整取二年	430,720,472.6100	48,341.2950	6.1446%	4.0404%	1.219
	定期整存整取三年	496,376,175.2400	62,723.2100	7.0812%	4.5490%	1.045
	定期整存整取五年	117,137,005.1500	15,976.5209	1.6711%	4.9101%	0.871
	定期整存整取八年	3,306.0000	0.0367	0.0000%	0.4000%	0.000
	零存整取、整存零取、存本取息一年	13,924.5000	1.0617	0.0002%	2.7448%	1.394
	定活两便-储蓄存款	21,248,933.9500	1,150.9839	0.3031%	1.9500%	2.265
	定活两便-通知存款一天	590,000.0000	7.6222	0.0084%	0.4651%	2.265
	定活两便-通知存款七天	128,345,491.3000	2,263.3834	1.8310%	0.6349%	2.265
	其他储蓄存款	131,033.1100	0.0000	0.0019%	0.0000%	0.000
贷款线		4,766,573,309.3400	1,157,563.1358	100%	8.7426%	3.943

图 11-7 日常监测与管理报表示意图

1. 监控与管理的对象

在银行监控和管理体系中，责任中心（部门、机构和网点）、业务产品、客户和客户经理等是最核心的管理对象。

（1）责任中心（部门、机构/网点）。前文已经详细介绍了责任中心，它享有一定的经营管理权限、承担一定的经济责任，并对自己负责的经济活动进行预算、分析、控制、监测、考核从而达到总体控制。因此，责任中心是日常监测与管理中最重要的维度。

（2）业务产品。业务产品是银行向市场提供的能够满足外部客户需要的服务，并获得相应的利润，是银行监控与管理的基础。业务产品的分类通常以产品的有关属性为依据，其分类方法可以有多种维度。比如，按客户群分类，可以把银行产品分为对私产品、对公产品、第三方机构产品、内部管理产能品等。按业务性质分类，可以把银行分为资产业务、负债业务和中间业务。其中，中间业务是一个庞大的产品群，包括诸如结算、代理、担保、咨询、托管、投行等业务产品。按业务渠道划分，可以分为柜台产品和离柜产品。柜台产品可以分为高柜产品、低柜产品。离柜产品可以分为 ATM 机、POS 机、网上银行、手机银行等产品。

（3）客户维度。对于银行来说，客户是其赖以生存和发展的基础。在制定客户分类标准时，客户划分要便于识别共同的购买和风险模式。比如，按客户大类可以分为对公客户和对私客户。对公客户可以衍生出行业、规模、信用等级等扩展维度，对私客户可以分为 VIP 客户和普通客户，等等。

（4）客户经理（综合柜员）。银行客户经理（综合柜员）是银行与客户交流的桥梁，是银行内直接接触客户并集中银行内部各种可用资源，对外代表银行向目标客户推广金融产品和优质金融服务的人员，其工作主要是以客户为中心，处理客户存贷款及其他中间业务，并负责维护客户关系。

2. 监控与管理

经济资本管理通俗地讲就是以银行价值增加为导向配置资本，形成以经济增加值、风险调整后的收益为核心的管理体系，实现收益、成本和风险协调一致。其核心指标是体现银行价值的 EVA 和 RAROC，其计量粒度最小为账户或交易，从业务收入、运营成本、税务成本、风险成本、资本成本等要素精细化计量角度出发，向机构/网点、产品/条线、客户/客户群、客户经理/综合柜员等不同维度汇总，计量公式如图 11-8 所示。

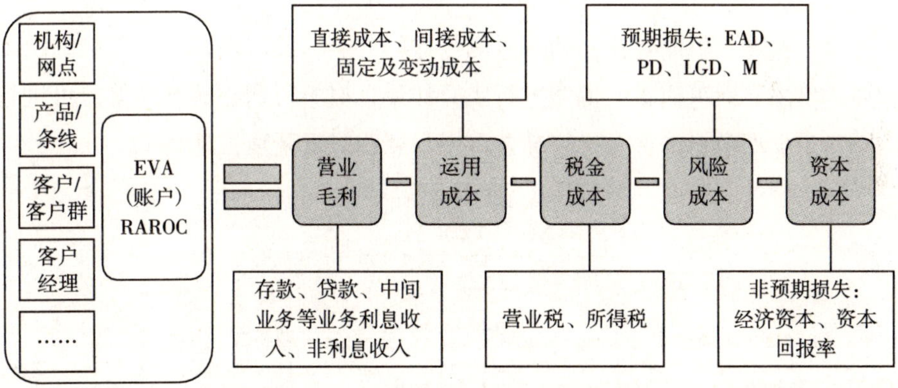

图 11-8　EVA 及 ROROC 计量公式

因此，其监控和管理的要素主要包括计量 EVA 及 RAROC 指标的各种要素，包括各种不同业务的业务信息、收入、成本和风险等，其计量主要通过内部资金转移定价、成本分摊、内部评级、经济资本配置等进行。

监控与管理主要是以多维度组合（部门、机构/网点、产品/条线、客户/客户群、客户经理等）为主线，以多要素计量（业务、利息收入、非利息收入、运营成本、税务成本、风险成本、资本成本，以及 EVA/RAROC）结果为基础，通过表格、图形把不同维度的不同管理要素展现出来，为银行在绩效考核、风险管理、经营决策、客户营销等方面提供数据支撑，见图 11-9。

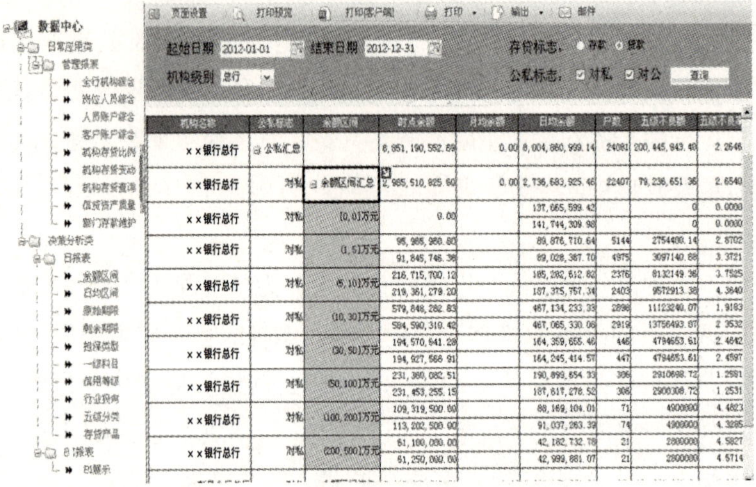

图 11-9　日常的监控与管理示意图

针对银行不同层级（总行、部门、机构/网点、员工等）的目标任务进行监控，并进行横向与纵向对比，动态监测与差异分析，及时反馈，对不同的结果采取相应的措施，对可纠正的偏差进行实时纠偏，对不可纠正的客观偏差可进行调整，对执行完毕的目标任务进行绩效考评与惩罚以及激励，见图 11-10。

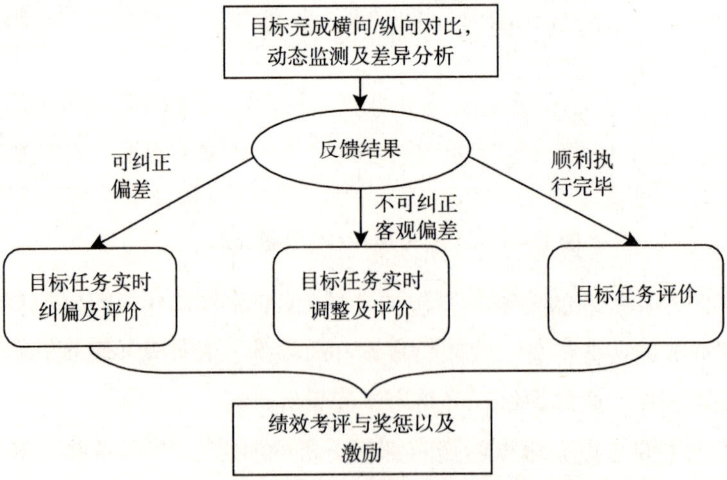

图 11-10　目标任务监测与管理示意图

三、目标的考核与评价

目标的考核与评价是经济资本管理的核心应用，通过引入利息收支、内部资金转移定价、运营成本分摊、预期损失及经济资本等模型，建立适合银行不同发展阶段（规模考核、利润考核和价值考核等）的考核指标库，并以此为基础对机构/网点、部门、员工工作进行目标考核和综合评价。其有效实施能够充分发挥薪酬的杠杆激励作用，对员工为银行付出的劳动和作出的业绩给予合理的回报和激励，是经营理念、经营方向、经营决策的直接反映。下面结合中小银行经济资本管理的探索实践介绍目标考核与评价的体系，如图 11-11 所示。

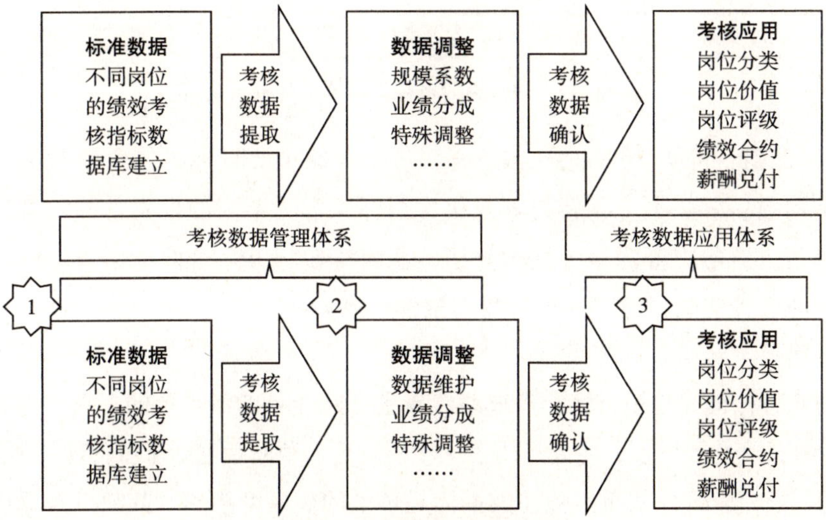

图 11-11　绩效考核的体系

目标的考核与评价体系主要包括考核数据的管理和数据的应用两大部分，其中考核数据的管理包括考核指标数据库的建立、考核数据的提取、考核数据的调整及确认等；考核数据的应用包括岗位的分类、岗位价值评估、岗位等级的评定、绩效合约的签订、绩效薪酬的兑付等。

目标的考核与评价体系能够帮助中小银行建立一套行之有效的指挥系统，提供精细化管理，包括目标管理、行为管理及动力管理，从而切实提高员工的积极性、切实提高银行的各项业绩，如图 11-12 所示。

行为管理（目标的绩效考核与评价）和动力管理（各种奖励计划）建立在目标管理（目标的制定与分解以及日常的监测与管理）基础之上，把不同管理维度

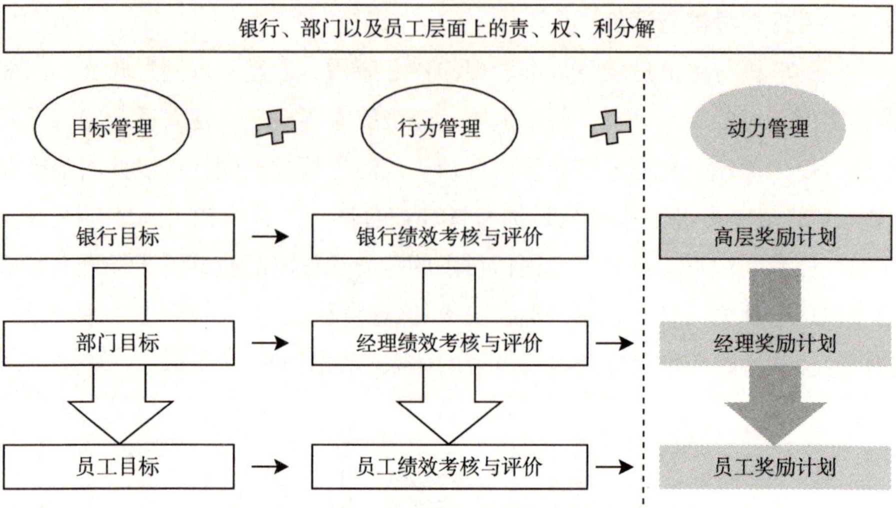

图 11–12　银行绩效考核与评价的结构示意图

（总行、部门、机构/网点、产品/条线、员工）的主要目标，包含效益类、市场类、结构类、效能类、创新类等量化为指标，设置不同的权重，并对其进行目标、排名、竞争力等多个维度的评估，获得综合评分，进而依据责、权、利进行相应的各种奖励，建立各种有效的激励机制。

1. 绩效考核模式

绩效考核模式是银行将宏观战略传导到微观业务的最重要的工具，随着银行经营管理的变化而发展，主要经历了从规模管理、利润管理到价值管理三个阶段。

（1）规模管理模式重点关注的指标是传统的规模型指标，其缺点是显而易见的——单纯追求规模必然导致风险加权资产总量的过度膨胀和资本金的过快消耗。

（2）利润管理模式的重点指标是会计利润，以及基于会计利润派生的权益回报率和资产回报率指标，但传统的盈利性指标只是构建在机构上，无法用于对客户经理、产品、客户的分析与评价。

（3）价值管理模式的重点指标是经济利润剔除风险后的经济资本回报率，反映了银行对于股东的价值。

对于三种经营管理模式三个阶段的特点总结如表 11–2 所示。

表 11–2　三种不同经营模式特点

考核模式	经营策略	考核 KPI 指标	支撑工具
规模管理	追求绝对规模 扩大市场占有率	存款规模（日均和时点）、客户增长率、存贷比等	数据管理平台 绩效考核模块

续表

考核模式	经营策略	考核 KPI 指标	支撑工具
利润管理	增加收入 降低成本 提高效率	利差收入、中间业务收入、投资收益、直接/简介费用、综合利差/收入成本比、ROE/ROC	数据管理平台 绩效考核模块 内部资金转移定价 运营成本分摊
价值管理	相关利息者最大化 提升风险意识 注重可持续发展	EVA、ROROC、资本充足率、杠杆率等	数据管理平台 绩效考核模块 内部资金转移定价 运营成本分摊 内部评级体系 经济资本计量

2. 绩效考核指标体系

绩效考核指标体系是以 EVA 和 RAROC 为核心，兼顾规模、效益、风险、内控、战略等综合指标体系，建立考核体系指标库。基于实践经验，银行常用的指标库如表 11–3 所示。

表 11–3　银行常用的考核指标库

指标类型	指标
规模类	存贷款规模（日均和时点）、中间业务收入、发卡量、卡均余额、客户数、新增客户数、网银开通量、渠道使用量等
效益类	EVA（风险调整后的收益）、RAROC（风险调整后的资本收益率）、模拟利润、利息收入、利息支出、成本费用，存款平均利率、贷款平均利率等
风险类	不良率、不良余额、利息回收率、不良贷款下降、贷款到期收回率、差错率等
综合发展类	人均存款增长率、中间业务收入占比、卡内存款增长率、优质存款客户数占比、贷款客户增幅、电子渠道替代率等
其他类	内控环境评价、违规处罚、现金控制率、客户满意度等

引入 EVA/RAROC 作为绩效指标，可以从根本上改变盲目追求短期利润和规模效应的经营方式，激励各分支机构一方面合理选择客户和科学定价，另一方面自觉地识别、计量、监测和控制所面临的风险。

经济资本管理的重要思想就是体现收益、成本和风险的协调一致。因此，考核指标的设立应主要考虑以资本为核心，从收益管理、成本管理和风险管理三方面在经济增加值和风险调整后的收益率的贡献入手。其中，收益管理注重内外部定价管理对利息收入和非利息收入的经济增加值和资本回报率；成本管理注重 FTP 成本、运营成本、资本成本的管理；风险成本注重预期损失和风险准备、非预期损失和经济资本管理。

但是必须注意，对于银行整体绩效考核与评价来说，仅仅依靠风险调整后的绩效指标是片面的，一套行之有效的 KPI 指标往往需要兼顾领先与滞后、财务与非财务、公司与业务单元、团队与个体之间的平衡。

3. 考核配套机制

绩效考核与评价是进行绩效管理的关键环节之一，其有效的实施有赖与之配套措施的建立，主要包含考核岗位的分类、岗位的价值评估、岗位的等级评定（也包含支行/网点的等级）等的建立，当然还应包含全面预算体系。

（1）考核岗位分类。绩效考核实施的首要任务是根据银行经营管理组织架构下，不同岗位的设置进行分类，针对总行和分支行不同岗位类别设计考核内容。例如，对于银行分支行组织结构，其考核岗位可以划分为：分支行行长、副行长、会计主管、信贷内勤、综合柜员 A、综合柜员 B、大堂经理、分理处主任、对公客户经理、对私客户经理等，针对不同岗位分别设计不同的考核内容。

（2）岗位价值评估。岗位价值评估是实施绩效考核不可缺少的环节，其体现了不同岗位对银行价值与贡献的不同，进而体现岗位之间薪酬的区别。另外，通过合理评估岗位价值设置与优化岗位体系，逐步建立管理、专业、营销和操作等序列职务通道，健全权责对等、操作规范的岗位职责体系，采用竞聘上岗、岗位轮换、工作团队等多种方式合理配置人力资源。其岗位价值评估原则上可以根据不同岗位说明书，从影响/责任、问题解决、管理监督、沟通协调、知识经验、工作环境等方面进行岗位综合评价。例如，表 11-4 显示了分支行不同岗位的价值。

表 11-4　支行不同岗位价值的评估结果

	支行行长	支行副行长	会计主管	分理处主任	网点主管	网点主办	对公客户经理	对私客户经理	存款客户经理	信贷内勤	综合柜员	大堂经理
最高值												
中位值	2.7	1.9	1.4	1.5	1.3	1.1	1.5	1.3	1.1	1.0	1.0	0.9
最低值												

（3）岗位等级评定（支行/网点）。岗位评级是对同一个岗位根据员工的能力、绩效或辛苦程度建立一种公正、有差别的级别体系（类似于信用评分系统），进行排序或量化差异，其目的是根据员工的工作情况将其对应到不同的级别，从而

得到合理的收入回报。

另外，支行/网点的评级主要是通过统一的考核标准，将等级的评定与支行/网点的资源配置和岗位人员的绩效评定挂钩，既能推动行社的规模和业务结构的优化管理，又能推动业务单元的组织发展和团队建设，进而对各分支行及其网点进行分类管理。

（4）绩效合约签订。绩效合约是基于岗位价值评估、岗位评级（或机构评级）及薪酬预算，银行机构或个人在具体的考核周期内必须完成的任务指标或目标责任，达到什么样的岗位（或机构）等级获得什么样的报酬，以书面协议形式签订合约，使各级机构和个人激励措施与关键绩效指标的完成密切关联，实现企业效益与个人收益的分享和“双赢”。例如，表 11–5 显示了某网点主管绩效合约签订示意图。

表 11–5　网点主管绩效合作表

职务名称		员工姓名：			
所属部门		考核周期：	2014 年 1 月 1 日至 12 月 31 日		
考核类别	机构类（权重：%）	所属部门			
考核指标	会计质量评价	OCR 标准差错率	对账单回收率	会计业务考试	……
考核部门	营运管理部	营运管理部	营运管理部	人力资源部	……
指标定义及计算公式	全年会计工作完成质量	标准差错笔数与凭证总数的比例。其中：标准差错笔数=特级差错×8+一类差错×5+二类差错×2+三类差错；凭证总数即标准业务量，指 OCR 系统凭证量，包括主件与附件。OCR 标准差错率=标准差错笔数/凭证总数	批每季发出应对账户数的回函情况，包括重点账户、非重点账户、网银对账单回收率=收回户数/发出总户数	按照总行组织的各类会计业务考试情况,合格与否按每次考试相关规定统计，员工归属以考试时点确定。考试合格率=Σ 每次考试支行合格人数/Σ 每次考试支行报名考试人数	……
计分规则	由营运管理部另行制订评价细则，对会计主管岗位履职情况进行考核，年终提供考核结果折算计入，最高为标准分	对 OCR 标准差错率排名，支行平均 OCR 标准差错率以上的，每上升一名加标准分的 1.3%，全行平均 OCR 标准差错率以下的，每降一名，扣标准分的 1.3%	每季得分=实收回户数/发出总户数×每季标准分。按季考核，一至三季度各为标准分的 24%，四季度为标准分的 28%	支行合格率低于 80% 的每次扣标准分的 20%	……
指标权重					

续表

目标数					……
实际完成值					
指标得分					
绩效得分					
绩效等级					
总体评价	优点：		缺点及改进方向：		
绩效合约签字	被考核者签字：		直接上级审核：		
绩效结果确认	被考核者签字：		直接上级审核：		

（5）薪酬绩效兑付。在考核周期内，以绩效合约为基础，根据员工目标任务完成情况及其横向、纵向对比评价获得相应的绩效评分，进而映射到相应的岗位等级，获得相应的薪酬。需要注意的是，每个岗位等级通过历史数据，经过各种测算，确定不同岗位等级，对应相应的薪酬范围，或根据绩效评分直接对应到确定的薪酬。例如，某对公客户经理签订了 2014 年绩效合约，考核周期为 2014 年 1 月 1 日到 12 月 31 日，通过计算，该客户到 2014 年底绩效得分为 85 分（假设满分为 100 分），对应到对公客户经理等级为 6 级（共 7 级，见表 11–6），其对应的薪酬为 8.5 万元。

表 11–6　对公客户经理薪酬兑付对应表（示例）

级别	得分	薪酬范围（万元）
7	(90 以上]	(9~10]
6	(80~90]	(8~9]
5	(70~80]	(7~8]
4	(60~70]	(6~7]
3	(50~60]	(5~6]
2	(40~50]	(4~5]
1	[0~40]	[1~4]

（6）全面预算体系（目标制定与分解）。全面预算体系也是差别化、精细化，有效提升内部公平考核的办法之一，内容主要包括业务预算、财务预算和经济资本预算。其主要目的在于明确目标、落实权责、配置资源、生成绩效信息。全面预算体系的构建主要从组织、流程、模型系统四个层面进行构建，如表 11–7 所示。

表 11-7　全面预算体系的构成

预算体系	内容
组织	建立总行预算管理委员会和预算管理工作组；建立"机构/条线/产品/客户"等多维预算管理组织；划分预算组织的责任中心属性，明晰各部门的预算责任
流程	明确各部门在预算编制中的角色和责任；增加预算准备和总体目标测算流程，减少预算编制过程中的往复沟通；设定预算与战略目标、绩效管理在流程上的衔接步骤
模型	根据战略目标和绩效指标及责任中心体系，设计预算编制模板，定义预算假设、预算性目标和预算参数；分别建立自上而下的目标测算/分解模型和自下而上的预算编制模型；统一假设、寻求细化动因，建立业务预算、财务预算和经济资本预算的一体化模型
系统	通过系统实现计算基础数据自动收集、预算填报、汇总、下达、预测和审批等；借助系统实现月度预算执行分析/季度预测；实现预算管控功能，提高工作效率

第二节　全面风险管理的应用

从国内外先进银行，特别是中小银行实践来看，全面风险管理中无论是管制架构还是计量方法，都既无现成的成熟经验，也无完善的实践归纳。因此，在中国的现实制度和环境因素的制约下，要真正做到全面风险管理与银行经营管理的契合，就要求人们认真思考全面风险管理的实施问题。下面从中小银行经济资本管理的实践经验入手，总结全面风险管理体系的治理架构及其相应的配套机制，并介绍在经济资本管理框架下中小银行面对的最重要的信用风险及其最基础的操作风险管理方法的实践经验，供中小银行参考和借鉴。

一、全面风险管理体系

对于中小银行全面风险管理，必须立足于各类中小银行的实际。依据中国银行业监督管理委员会发布的《农村中小金融机构风险管理机制建设指引》和一系列关于《巴塞尔新资本协议》的监管指引，参考国内外先进银行经验，从公司的治理架构入手，建立相应的配套机制，完善全面风险管理体系。

1. 治理架构

中小银行机构要建立由董事会、监事会和高级管理层组成的风险管理治理架构，形成决策机构、监督机构和高级管理层之间各司其职、相互协调、有效制衡的工作机制，制订明确、有效的授权方案，明晰董事会和高级管理层在风险管理中的决策范围。应建立相对集中的风险管理组织体系，强化风险管理决策部门对风险管理政策、制度、程序的集中统一决策职能，加强对各类风险的统一管理；在各业务经营单位应设置相应的风险管理岗位或职能，对经营管理中涉及的各主要风险类型进行日常监测和管理，并向风险管理部门报告。有条件的机构可在重要或高风险的经营单位/部门由风险管理部门派驻人员（风险经理），并实行矩阵式报告线路。派驻人员对风险管理部门报告风险信息，并接受其领导、检查和监督，同时向本经营单位（部门）负责人汇报。在风险管理组织体系建设中，中小银行应注意分层管理，集中与分散相结合，即对风险管理的决策和宏观管理层面进行集中统一，统一整个机构的风险管理政策、制度和程序，对风险管理的围观操作层面则实行分散化管理。同时，要将风险管理关口前移，将风险的日常监控职能直接设置到业务经营单位/部门内，使风险管理更贴近风险来源，有利于及时发现风险、控制风险，实现风险管理与业务管理的平行作业和相互制衡。

2. 配套机制

中小银行全面风险管理的有效实施依赖于相应的配套机制建立，主要包含以下几个方面：

(1) 风险计量。中小银行机构要积极推进开发符合自身实际和业务发展的风险计量模型，提高风险的识别、计量和监测能力。各中小银行机构应先进行信用风险内部评级体系中客户评级及债项评级工具的开发，并加强其在实际业务中的应用，尤其是风险计量工具在信贷客户准入、风险限额设定资本管理方面的应用，量化风险容忍度和业务发展的关系，实现风险可控下的经营规模扩张。对于不具备开发风险管理模型的机构，也应建立基于专家判断的方法，同时也要积极开展风险数据的收集、补充和积累工作，逐步建立比较规范的数据仓库管理平台。

(2) 风险管理考核制度。中小银行机构应对本机构各部门、经营单位的风险管理工作实行全面考评，将考评结果作为业务授权、绩效考核的重要依据，加大风险管理在绩效考核中的分值比重，为风险管理提供有效的激励。各中小银行要从完善风险量化入手，结合绩效考核指标，将风险管理考核制度落实到各个条线、各个经营单位并且不断积累经验。

(3) 风险报告制度。风险报告路线通常采取纵向报送与横向报送相结合的矩阵式结构，即下级机构的风险管理部门对本级机构领导机构负责，同时向上级机构风险管理部门报告风险信息，并接受其业务指导、检查和监督。同时，风险报告要从传统的定性分析为主向先进的量化分析的风险报告逐步过渡。

（4）风险文化建设。各中小银行机构要将风险文化全面渗透于各业务条线以及各业务、管理流程，使风险文化与经营管理有机结合，力求处理好风险管理与业务发展、风险与员工利益、权利与风险匹配、风险管理内部建设与外部约束“四个关系”，实现风险管理与业务发展的良性循环。

二、信用风险管理应用

对于中小银行而言，在经济资本管理的框架下，应该结合中小银行经营管理的特点，以贷款利率为抓手，实现对信用风险全过程的管理，如图 11–13 所示。

具体到每笔信贷业务，银行可以从客户信息的真实获取、客户信贷的真实评价、银行经营决策等环节入手，实现科学的贷款利率定价，其利率覆盖经济资本成本在内的各类风险、成本，并综合考虑不同客户的贡献率，从而为业务决策提供科学依据。

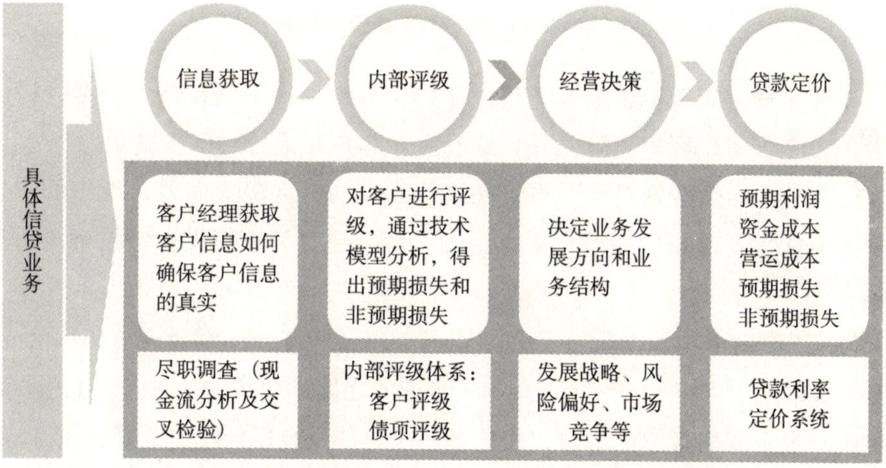

图 11–13　基于经济资本管理平台的信用风险管理

一个运转良好的贷款利率定价体系是现代商业银行经营管理的核心。因此，在经济资本管理规划中，中小银行应将经济资本理念作为核心尺度融入贷款利率定价模型，要求利率能够有效覆盖包含经济资本成本在内的各类风险成本，从而为业务决策提供科学依据，为信贷结构调整提供导向性支持。经济管理体系下的贷款定价示意图如图 11-14 所示，其贷款的利率由贷款的资金成本、运营成本、风险成本、目标利润等组成。需要注意的是，目标利润是考虑了银行战略定位、市场的竞争以及客户和银行的关系等多种因素后的调整结果。比如，假如银行的战略目标是发展小微贷款，那么就可以把小微贷款的目标利润设置得比较低，甚至为负，以改变业务部门的考核导向。

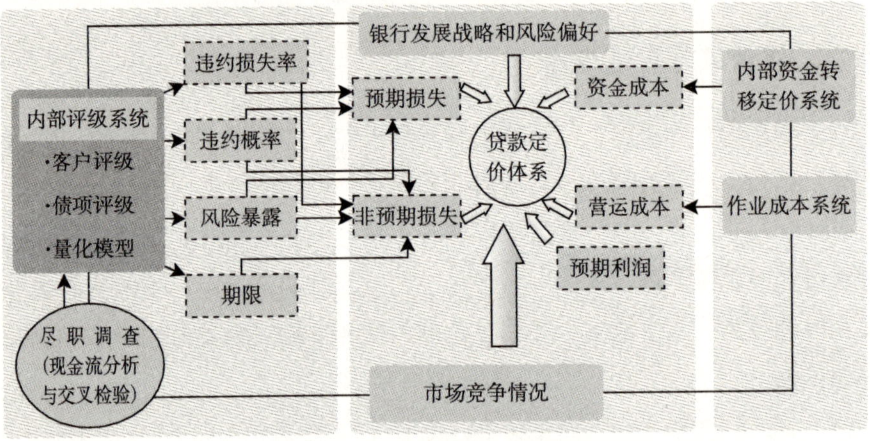

图 11-14 贷款利率定价示意图

一般说来，贷款定价需要考虑以下四个因素：以市场价格为参考，以成本为下限，充分考虑客户风险，并且综合考虑客户和银行的整体关系等。

（1）以市场价格为参考。不管采用什么样的贷款定价模型，得出的贷款价格一定不能远离市场的一般水平，否则必然会导致客户流失和贷款市场份额的萎缩。

（2）以变动成本为下限。变动成本主要包括两部分：资金成本和运营成本。由于一般情况下，银行的资金运用与资金来源之间不存在一一对应的关系，所以在确定某笔贷款的筹资成本时，往往采用按内部资金定价计算的整体资金成本。运营成本指银行运营过程中所产生的成本和费用，其在定价过程中要充分考虑银行的成本因素和利率覆盖成本。

（3）充分考虑客户风险。商业银行在贷款定价过程中，必须充分考虑不同客户的违约风险。这就需要对授信客户进行信用评级，建立一套切实可行的风险评估体系，例如，根据《巴塞尔新资本协议》内部评级法分析、评估客户的违约概率和违约损失率等。

（4）综合考虑客户和银行的整体关系。贷款定价中，必须综合考虑双方的关系与综合回报，采取“综合权衡、互惠互利、区别对待”的原则。对那些与本行有长久的业务往来、具有良好的还贷记录、在银行有大量保证金存款的优质客户，在贷款利率上可适当给予优惠。

总之，贷款定价是一个复杂的系统性工程。要确定合理的贷款价格，需要仔细权衡内、外各种因素，全面考虑主、客观条件。中小银行应以贷款定价的基本原理为指导，在实践中不断改进和修订已有的定价方法，逐步提高本行在贷款市场上的竞争能力。

贷款总额	放贷方式	担保方式	内部利润	损失准备金	经济资本占用	EVA	绩效乘数	绩效调整后EVA计算值	绩效薪酬
500万元	全贷给这家AA级中型企业，利率9%	抵押	17万元	7.5万元	7.5万元	2万元	1	2万元	2000元
500万元	每笔100万元分别贷给5家A级微小企业，利率11%	联保	18万元	8万元	8万元	2万元	1.2	2.4万元	2400元

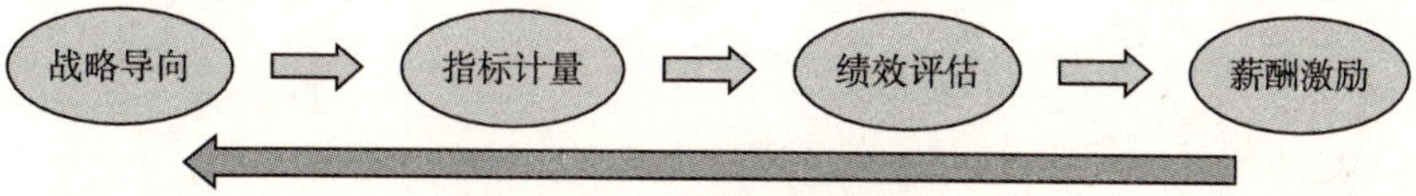

图 11-15　贷款定价示例

三、操作风险管理应用

在经济资本管理体系下，对于操作风险，中小银行可以依托监测平台实现操作风险的全过程管理。操作风险是指由不完善或有问题的内部程序、员工、信息科技系统以及外部事件所造成损失的风险。它是中小银行所面临的最基础的风险，小而分散，无处不在，一旦出现，后果严重，甚至会造成重大风险事件，给银行造成直接和间接损失，同时给银行管理层造成极大的麻烦；同时，操作风险点很多，规章制度数量众多，但多分散于各部门、各岗位和各项业务中，缺少整合，人工检查费时费力，效率低下；另外，对分支、基层机构的检查评估不足，其内部控制不仅要求银行建立相关的制度与流程，还要经常监督检查这些制度和流程是否得到了执行，再加上一些中小银行内部审计不足，对内部控制的检查频率和深度往往与风险程度不匹配。因此，对操作风险监测，建立适合自动化的平台，实现操作风险全过程管理显得越发重要。下面针对中小银行的特点介绍操作风险管控平台，以此为依托实现操作风险全过程管理。

1. 操作风险管控平台体系

操作风险管控是实现对银行日常各类业务的操作流程处理过程中可能出现的问题和可能存在的风险进行监督、检查、整改、反馈、风险计量的一套完整处理体系。这些操作流程涉及的业务包括会计、信贷、中间业务等，通过每日对各类可疑信息的查处，使风险在第一时间被揭示。其检查管控的框架如图 11-16 所示。

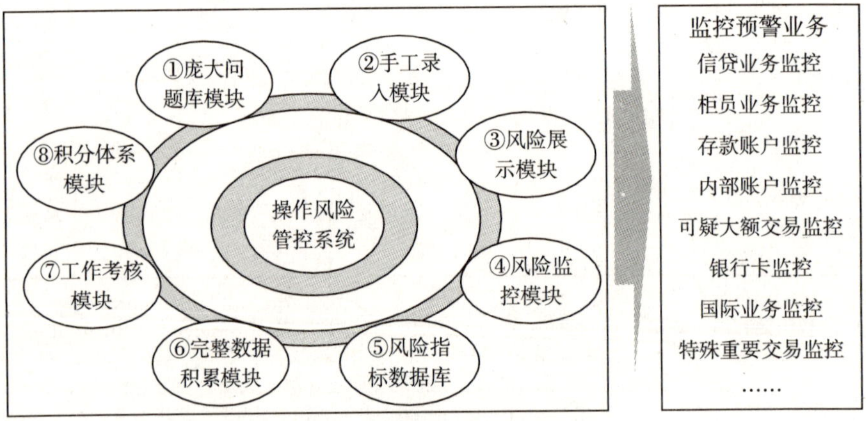

图 11-16　操作风险管控的框架

其操作风险管控系统是符合中小银行业务实际的全面监测预警系统，功能主要包括：庞大的问题库、手工录入、风险展示、风险监控、风险指标、数据积累、工作考核、积分体系等。它能够记录并存储与操作风险损失相关的数据和操作风险损失事件信息，能够支持操作风险及控制措施的自我评估和对关键指标的监测，能够达到帮助银行有效地识别、评估、监测、控制、缓释操作风险的目的。

2. 操作风险管控平台流程

基于操作风险管控平台，结合中小银行管理的特点，可以采取切合自身实际的处理流程来管控操作风险，比较常用的处理流程主要有两种：

(1) 对风险点预警问题处理，支行分管责任人处理，风险合规部门、相关职能部门共同确认。同时，对需要整改的问题系统设置了支行整改，相关职能部门跟踪处理的环节，如图 11–17 所示。

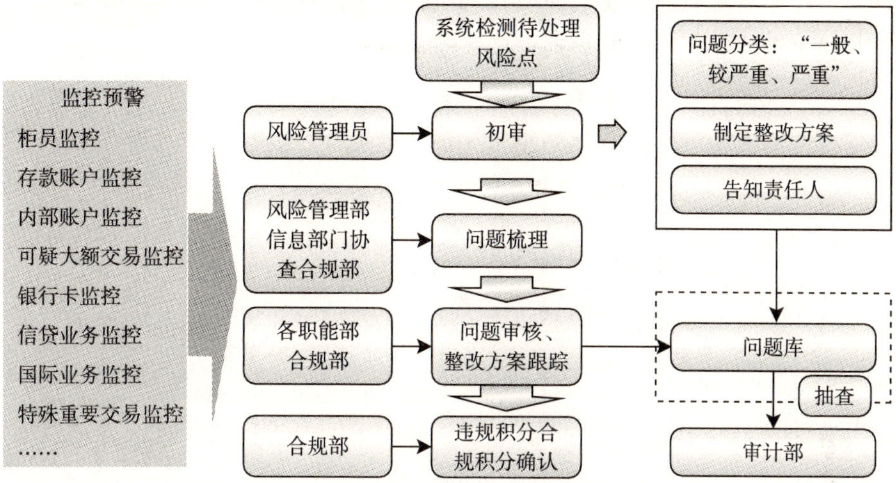

图 11–17　操作风险点管控流程示例（1）

这样的流程设置使得问题的确认更加真实可靠，问题的整改更能落实到位。同时，也使各个部室、支行对自己分管机构存在的问题有及时、全面的认识，为日后的风险管理工作指出了重点及改进方向。

（2）对风险点预警问题处理采取总行集中处理，各分支行、职能部门共同确认的方式。其优势是总行采用专业人才集中管理，效率提高，其支行可以处理预警问题，责任主要在整改方面，可以节省更多时间投入到处理业务中去，见图 11–18。

对于中小银行来说，需要结合银行自身的管理现状，如部门设置、监控重点等，选择操作风险管理流程模式。但必须注意的是，很多中小银行并没有自己单独建立核心系统，一般是省联社统一建立，所以操作风险管控模式并非实时处理。但可以采用 T+1 的模式，实现对各类业务、各操作环节的常态化监控，涉及柜员监控、机构监控、存款账户监控、内部账户监控、中间业务监控、可疑大额交易、银行卡、信贷业务监控、国际业务监控、特殊重要交易监控 10 多个大类、200 余个风险点，并通过各支行、各部门的合规联络员每日逐笔进行流程处理落实可疑信息责任人进行整改、完善，会同专业部门进行督促、跟踪，从而使日常操作风险得到有效监测和改进。另外，经济资本管理的引入，使得操作风险的量

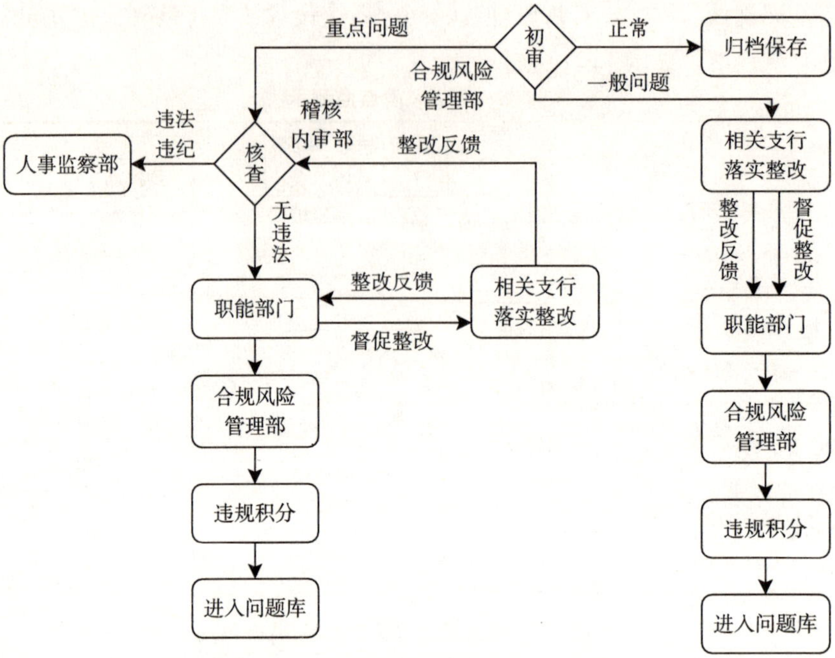

图 11-18　操作风险点管控流程示例（2）

化成为可能，做到了对各个经营单元操作风险管控水平的客观评估，进而促使员工的业务技能和合规意识得到提升，有效降低了操作风险。

另一个重要的内容是银行通过对每日日常操作的可疑行为进行监控、分析、评估和处理后形成完整的问题库，可以用于分析、展示常见问题并进行改进，提高其管理水平。例如，基于问题库，首先可以对问题进行分类并分析其严重程度，也可以对历史问题库进行横向和纵向分析，以了解各类问题在各个机构的分布情况以及在各个时间段的发生频率。其次，可以对长期问题库所积累的违规积分和合规扣分进行统计分析，从而对各机构、人员的风险系数形成可量化的标准，成为操作风险经济资本计量的重要基础数据。另外，历史问题库也可以作为新员工培训的重要内容。

3. 操作风险管控平台举例

操作风险管控平台主要是对银行各类业务，包括信贷、柜员、会计、中间业务、卡业务、国际业务等，进行全面的监测和预警，针对不同问题进行分析处理，提升银行操作风险的管理水平，下面针对信贷及柜员业务举例说明。信贷操作风险点监控是信贷风险管控的重要环节，通过监测能提前暴露信贷中潜在的问题，进而采取相应的措施。表 11-8 显示了常见的信贷操作风险点监测内容。

表 11-8 信贷风险点监测示例

贷前风险检查	担保人主体不符	质押存单被止付
	在不同机构有贷款同名贷款户	同一客户周期频繁放贷检查
	质押物所有人与贷款人不符	有核销记录客户作为担保人
	同一借款人多笔贷款分类既有正常又有不良	不良信用的客户现在的账户余额和发生情况
	贷款实际利率是否符合本行边际利率	债项未结清抵质押物出库
	向有核销贷款的担保人发放贷款	向已经有核销记录客户发放贷款
	……	
贷后风险监控	贷款资金转入保证人账户	信贷资金转入验资户
	贷款取现后存入经办信贷员账户	多户贷款转入同一账户
	有不良信用记录客户发放贷款	月末发放月初收回
	贷款资金转定期	以贷还贷或者贷款资金还利息
	贷款资金长期趴账	担保公司提供还贷资金
	贷款资金现金流向担保人账户	核销贷款客户有存款未及时扣划
	多头贷款	是否用贷款资金兑付到期的银行承兑汇票
	抵质物超规定时间	支行长关系人贷款
	……	

案例：某银行员工吴某在担任该银行营业部信贷员期间（2006 年 1 月至 2008 年 12 月），2006 年 1 月，分管 30 万元以下个人贷款，2008 年 4 月起管理 30 万元以上贷款，并于 2008 年 4 月至 12 月管理营业部和总行各部室员工消费贷款，2009 年轮岗到另一支行。经核查，在任职期间，存在借用其他员工名义取得贷款、借用借款客户资金周转本人贷款、客户资金转入本人账户等一系列违规行为。

判断疑点：根据操作风险管控系统内置的检查多户贷款贷出后转入同一账户的数据模型，涉及的数据库表基础信息表，贷款合同文件表，活期存款账户，机构信息表，柜员信息文件等，对模型筛选的疑点数据进行初步判断和验证，排除多户贷款转入一户的正常可能，得到该模型检查出的疑点，然后进行检查，并进行管控。

案例：2009 年 3 月 31 日，某银行在非营业时间向客户贾某发放贷款 500 万元并全额提取现金。经现场核查，发现该银行为完成考核任务，指示分支机构以做假账手段虚增季末存贷款。

判断疑点：根据操作风险管控系统内置的在非营业时间向客户发放贷款并提取现金据模型，涉及的数据库表基础信息表，贷款合同文件表，活期存款账户交易明细表，机构信息表，柜员信息文件等，对模型筛选的疑点数据进行初步判断和验证，分析时可视情况剔除正常加班和非实体柜员非营业时间办理业务等情况，然后进行检查，并进行管控。

综合上述，中小银行可以针对操作风险管控的需求，在经济资本管理的框架下，依托操作风险管理平台，对银行涉及的各种业务、各操作环节进行常态监控，涉及柜员监控、机构监控、存款账户监控、内部账户监控、中间业务监控、可疑大额交易、银行卡、信贷业务监控、国际业务监控、特殊重要交易等，并通过各部门、总分支行人员每日逐笔进行梳理处理，落实可疑信息责任人进行整改、完善，会同专业部门进行督促、跟踪，日常操作风险得到有效监测和改进。另外，经济资本管理的引入，使得操作风险的量化成为可能，做到了对各个经营单元操作风险管控水平的客观评估，使绩效考核更加客观。这样员工的业务技能和合规意识得到了提升，有效降低了操作风险。

结　语

经济资本管理是一个综合型管理平台，其应用不仅涉及风险管理，也涉及经营管理的方方面面，从经营目标的制定分解，到绩效的考核和资源的分配，等等。本章介绍了经济资本管理体系在实践中的部分应用，也反映出该体系对于银行在实现战略目标，提高精细化管理程度等方面的价值。

附录 1

新昌农村商业银行经济资本管理实践

从 2007 年以来，新昌农村商业银行就开始了经济资本管理方面的探索。在始终坚持支农支小、做精做专的战略定位下，新昌银行实施以经济资本管理为抓手，构建全面风险管理体系，实现银行经营管理转型升级。极大地提升了银行的精细化管理水平，实现了效益、质量、规模的协调发展。

一、新昌农村商业银行对经济资本管理的探索

随着改革的深入推进，特别是在当前中国经济转型的大背景下，银行业面临的经营环境和监管环境正发生着深刻的变化，改革的复杂性和艰难性开始加大，其面临的挑战也更为复杂，以往简单粗放型的经营模式弊端日益凸显，向科学化、精细化、资本集约化的可持续发展模式转型的需要日益迫切。新昌农村商业银行正是在这样的大环境中，以经济资本管理为抓手，构建全面风险管理体系，探索出了适合自己的经营管理转型之路。

新昌农村商业银行根据自身的实际情况，从客户、股东和员工的需要出发，结合成本效益分析，经过反复论证，最终下决心转换经营管理机制，并选择了以经济资本管理为抓手进行改革。

2007 年，为构建全面风险管理体系，实现经营管理机制转型，新昌农村商业银行的领导班子比较研究了多种经营管理模式，经济资本管理作为其中一种已在国内外先进银行中广泛应用的管理体系，被作为研究重点进行了初步的探索。

2008 年，新昌农村商业银行被浙江省农信联社列为实施经济资本管理的试

点单位，通过与中国社会科学院、对外经济贸易大学和外部咨询公司等单位的合作，扎实深入地推进了对经济资本管理的探索。

2010 年，新昌农村商业银行经济资本管理的全面试运行启动。

2011 年，通过对前期试运行过程的不断分析、总结和完善，新昌农村商业银行正式全面实施经济资本管理。

二、实施经济资本管理的主要做法

（一）经济资本管理的主要技术架构

依托外部专业机构、专家和内部研究团队的密切合作，新昌农村商业银行搭建了统一数据库平台，整合信息系统模块，实现了各项管理环节的协调联动，结合“做农做小”的经营导向，基本建成了以经济资本管理为核心的管理体系。目前，其信用风险计量采用初级内评法，考虑到数据不足，加大了专家判断在风险参数计量中的权重，同时逐年积累数据，以确保当前适用方法向未来高级方法的平稳过渡；针对小微企业、个体工商户、农户信用评估的难题，参照了德国 IPC 公司和美国富国银行小微贷款的优点，结合新昌当地实际，开发了独特的信用调查方法和交叉检验技术以获得客户的真实信息。操作风险采用“个性版”标准法计算，依托操作风险监测平台，引入内控调节系数，提高计量结果的敏感性，并规范员工的日常行为。市场风险采用现金流映射的方差/协方差的 VaR 计量方法。采用基于市场收益率曲线，兼顾银行战略导向，核算内部资金转移价格。采用时间驱动的作业成本法，测算员工的作业时间和工作效率，并将其作为成本分摊和人力资源配置的重要依据。采用以 EVA 和 RAROC 为主导，结合 KPI 考核的方法，实现了各类绩效指标的逐级分解和动态监测。

（二）创新金融产品和金融服务方式

新昌农村商业银行坚持把以经济资本管理为抓手，推进管理转型的实践和“服务‘三农’，服务中小微企业”的市场定位相结合，在风险可控的前提下，为更好地服务目标客户群体进行了积极探索。

2005 年底，在中国社会科学院的帮助下，新昌农村商业银行深入辖区各个乡镇、街道进行了广泛的调查研究，对客户群体和客户需求进行了分类，并将其中的富裕型居民、个体工商户和中小微企业作为本银行的重点服务对象。

在这一调研基础上，新昌农村商业银行因地制宜，在全县 415 个行政村设立

附表 1-1

<table>
<tr><th colspan="2">客户分类</th><th>主要融资需求</th></tr>
<tr><td colspan="2">贫困型居民</td><td>政策性贷款，上学、就医等需求</td></tr>
<tr><td colspan="2">温饱型居民</td><td>应急资金需求</td></tr>
<tr><td rowspan="4">市场型居民</td><td>规模种养户</td><td>生产性贷款</td></tr>
<tr><td>经商返销户</td><td>经营性贷款</td></tr>
<tr><td>家庭工厂户</td><td>周转性贷款</td></tr>
<tr><td>生活改善户</td><td>消费性贷款</td></tr>
<tr><td colspan="2">个体工商户</td><td>季节性、增长性资金需求</td></tr>
<tr><td colspan="2">中小微企业</td><td>生产性、经营性贷款</td></tr>
</table>

支农联络员，在小微客户集中的行业设立行业联络员，开办设备按揭贷款、企业（农户）联保贷款、林权抵押贷款以及贫困学生助学贷款、贫困农户奔小康贷款等一系列信贷产品，并积极研发推广针对不同客户群体的“万家乐”、“创业乐”、“农户乐”、“安居乐”等系列特色微贷产品，逐步搭建了切实有效的农村金融服务体系。

同时，通过在细分客户定位、贷款调查技术、贷款决策机制、业务流程等方面的创新，对于一般的贷款从调查到发放，第一次申请贷款的客户只需 3 天就能完成，老客户 1 天就能完成，大大提高了办理贷款的效率。另外，IPC 技术的本土化应用也使得客户经理调查获取的信息更加真实，担保方式更为灵活，加之合理的利率定价，基本解决了农村金融市场普遍存在的抵押担保难问题，贷款风险始终控制在较低的水平。

三、实施经济资本管理的关键环节

（一）立足定位，稳步推进管理创新

清晰的发展定位是有效实施管理创新的基础。新昌农村商业银行始终将中小微企业和“三农”作为可以长期依赖的客户基础，并针对这一客户群体进行了深入的调查研究，积极开发有针对性的金融服务和金融产品，不断完善业务发展中的配套管理机制。

在探索实施经济资本管理的过程中，针对客户群体的特点和农村中小银行的实际情况，新昌农村商业银行对这一先进管理工具的具体内容和应用方式也进行了较多切合实际的改造和优化，表现在风险计量模型选择、系统平台开发、绩效

考核机制、经济资本参数设置、利率定价等多个方面，在推进顺序上选择了先易后难，先简单方法后高级方法，先操作风险、信用风险计量再市场风险计量，并通过持续不断的经济资本管理培训，增强广大干部员工对经济资本管理的理解，转变员工的传统经营理念和经营行为，促进经济资本的理念和方法在全银行的应用和推广，最终实现了以管理创新支撑业务的专业化、特色化经营，管理提升和业务发展得以协调并进。

（二）突出重点，搭建全面风险管理体系

对中小银行而言，信用风险是重点，操作风险是基础，但面对这类甚至可能是致命的风险，传统管理手段捉襟见肘。管理转型的关键就在于解决日常经营中风险识别、计量、监测和管理的难题，实现风险和收益的合理匹配，推动银行从传统的利润管理走向更为科学的价值管理。

在信用风险管理的应用上，借助科学的计量模型和先进的管理平台，使得信用风险状况指标和价值创造能力指标在分支机构、业务品种、行业、信用等级、担保方式等多个维度得到精确测算，结合银行发展战略和风险偏好，综合运用预算编制、计划分配、限额控制等方式，引导经济资本和信贷资源重点向战略优先发展和经济资本回报率高的业务和地区配置，提高了经营效益，有效防范了风险。另外，通过将经济资本理念作为核心尺度融入贷款利率定价模型，要求利率能够有效覆盖包含经济资本成本在内的各类风险成本，从而为业务决策提供了科学依据，为信贷结构调整提供了有力抓手。

新昌农村商业银行应用操作风险管理及其监测平台，采用T+1的模式，实现了对各类业务、各操作环节的常态化监控，涉及柜员监控、机构监控、存款账户监控、内部账户监控、中间业务监控、可疑大额交易监控、银行卡监控、信贷业务监控、国际业务监控、特殊重要交易监控10多个大类、200余个关键风险点，并通过各支行、各部门的合规联络员每日逐笔进行流程处理，落实可疑信息责任人进行整改、完善，会同专业部门进行督促、跟踪，日常操作风险得到有效监测和改进。另外，经济资本管理的引入，使得操作风险的量化成为可能，做到了对各个经营单元操作风险管控水平的客观评估。员工业务技能和合规意识得到了提升，有效降低了操作风险。

经济资本管理还提供了良好的平衡风险和收益的工具，并具体应用在绩效考核中，激励、引导全行各项经营管理活动。经济增加值和经济资本回报率等指标的引入，真实地反映了各经营单元经风险调整后的价值创造能力，将其作为核心指标列入绩效考核和薪酬分配体系，结合业务、财务、结构、风险合规、内部管理等指标，依托科技平台，各类考核指标在业务条线、机构、产品、岗位等维度得到了动态计量和监测，实现了绩效评价的标准化、规范化、公开化，总行的战略目标逐级分解落实至各个经营单元，干部员工对自己及其所在部门的工作目标和工作绩效更加明确，从整体上改善了银行的经营绩效，促进了各项业务的健康、快速发展。

（三）借助外力，合力推进经营管理机制转型

经济资本管理的实施技术要求高、时间周期长、任务复杂、投入较大，需要有数学、计算机及业务知识扎实的复合型研究人才，但农村中小银行普遍缺乏这样的专业人才，又因为资金实力较弱，投入很大成本去开发面临较大风险和压力，因此新昌农村商业银行的做法是以“先进性、实用性、经济性”为标准，选择了中国社会科学院、对外经济贸易大学等作为合作伙伴，共同探索实施经济资本管理。从实践看，这种合作是卓有成效的，借助外部专业机构的经验，解决了银行人才、科技、成本、应用的“瓶颈”，使得实施经济资本管理的探索少走了不少弯路，经营管理机制的转型得以相对顺利地推进，也培养了自己的经济资本管理实施人才队伍。

四、经济资本管理的应用及成效

新昌农村商业银行依托其先进的管理信息系统，围绕以经济资本为核心的精细化管理平台，探索出了适合农村中小金融机构应用的架构，构建了全面风险管理体系。

新昌农村商业银行标准化管理平台的应用体系主要包括两方面：一是全面风险管理，即以贷款利率定价为抓手，实现信用风险的全过程管理和以操作风险点监测体系为平台，实现操作风险全过程管理；二是银行的综合管理，即目标的制定与分解、日常的监测与管理，以及考核与评价。

目前，从实施的效果看，新昌农村商业银行的经营管理水平明显提高，信用风险和操作风险得到了有效的控制，实现了银行的战略转型。

（一）业务结构不断优化

自 2010 年启动经济资本管理的全面试运行以来，新昌农村商业银行的业务

结构不断优化，主要体现在贷款投向更趋中小规模客户、个人客户不断增加、贷款期限更趋合理。到2013年末，新昌农村商业银行200万（含）元以下小客户数量为8822户，贷款余额210606万元；个人客户数为8312户，贷款余额163014万元；中长期贷款余额67429万元，占全部贷款余额的12.44%。

（二）风险管理水平提高，资产质量稳步提升

新昌农村商业银行经济资本管理的实施，实现了风险管理水平的极大提升，使全行合规经营的意识和技能不断提升，有效降低了信用风险和操作风险。另外，全行资产质量稳步提升，不良贷款余额和不良贷款率呈现持续双降。从贷款质量来看，2013年末，新昌农村商业银行不良贷款余额7832万元，不良贷款比率1.44%，不良贷款余额及占比分别比2012年同期下降2310万元、0.84个百分点，不良贷款余额及不良贷款比率实现双降。

（三）各项业务稳健发展，经营效益明显增强

实施经济资本管理以来，全行各项业务得到了快速稳健的发展，在银行同业不断在新昌设立分支机构的情况下，新昌农村商业银行仍然保持了较快的发展势头，在全县金融系统中的市场份额实现持续上升，在绍兴农信系统中，存贷款增长率均名列第一。同时，经营效益明显增强。2013年新昌农村商业银行实现利息收入45403万元，较2012年同期增加6422万元，增长16.41%；全年实现净利润13100万元，较2012年同期增加3400万元，增幅35.05%，自体制改革以来，本行在没有增资扩股的情况下，资本充足率始终保持在11%以上，资产收益率、资本收益率等指标稳步上升。

新昌农村商业银行的实践表明，经济资本管理不仅可以实现与“服务‘三农’，服务中小企业”的有机结合，更能以其对银行管理水平质量的提升，保证农村金融服务的不断完善和持续发展，它是农村合作金融机构战略转型的重要抓手，也是走差异化、特色化发展道路的必要途径。

附录 2

《商业银行资本管理办法（试行）》

中国银行业监督管理委员会令

2012 年第 1 号

《商业银行资本管理办法（试行）》已经中国银监会第 115 次主席会议通过，现予公布，自 2013 年 1 月 1 日起施行。

主　席：尚福林

二〇一二年六月七日

商业银行资本管理办法（试行）

第一章 总 则

第一条 为加强商业银行资本监管，维护银行体系稳健运行，保护存款人利益，根据《中华人民共和国银行业监督管理法》、《中华人民共和国商业银行法》、《中华人民共和国外资银行管理条例》等法律法规，制定本办法。

第二条 本办法适用于在中华人民共和国境内设立的商业银行。

第三条 商业银行资本应抵御其所面临的风险，包括个体风险和系统性风险。

第四条 商业银行应当符合本办法规定的资本充足率监管要求。

第五条 本办法所称资本充足率，是指商业银行持有的符合本办法规定的资本与风险加权资产之间的比率。

一级资本充足率，是指商业银行持有的符合本办法规定的一级资本与风险加权资产之间的比率。

核心一级资本充足率，是指商业银行持有的符合本办法规定的核心一级资本与风险加权资产之间的比率。

第六条 商业银行应当按照本办法的规定计算并表和未并表的资本充足率。

第七条 商业银行资本充足率计算应当建立在充分计提贷款损失准备等各项减值准备的基础之上。

第八条 商业银行应当按照本办法建立全面风险管理架构和内部资本充足评估程序。

第九条 中国银行业监督管理委员会（以下简称银监会）依照本办法对商业银行资本充足率、资本管理状况进行监督检查，并采取相应的监管措施。

第十条 商业银行应当按照本办法披露资本充足率信息。

第二章　资本充足率计算和监管要求

第一节　资本充足率计算范围

第十一条　商业银行未并表资本充足率的计算范围应包括商业银行境内外所有分支机构。并表资本充足率的计算范围应包括商业银行以及符合本办法规定的其直接或间接投资的金融机构。商业银行及被投资金融机构共同构成银行集团。

第十二条　商业银行计算并表资本充足率，应当将以下境内外被投资金融机构纳入并表范围：

（一）商业银行直接或间接拥有50%以上表决权的被投资金融机构。

（二）商业银行拥有50%以下（含）表决权的被投资金融机构，但与被投资金融机构之间有下列情况之一的，应将其纳入并表范围：

1. 通过与其他投资者之间的协议，拥有该金融机构50%以上的表决权。

2. 根据章程或协议，有权决定该金融机构的财务和经营政策。

3. 有权任免该金融机构董事会或类似权力机构的多数成员。

4. 在被投资金融机构董事会或类似权力机构占多数表决权。

确定对被投资金融机构表决权时，应考虑直接和间接拥有的被投资金融机构的当期可转换债券、当期可执行的认股权证等潜在表决权因素，对于当期可以实现的潜在表决权，应计入对被投资金融机构的表决权。

（三）其他证据表明商业银行实际控制被投资金融机构的情况。

控制，是指一个公司能够决定另一个公司的财务和经营政策，并据以从另一个公司的经营活动中获取利益。

第十三条　商业银行未拥有被投资金融机构多数表决权或控制权，具有下列情况之一的，应当纳入并表资本充足率计算范围：

（一）具有业务同质性的多个金融机构，虽然单个金融机构资产规模占银行集团整体资产规模的比例较小，但该类金融机构总体风险足以对银行集团的财务状况及风险水平造成重大影响。

（二）被投资金融机构所产生的合规风险、声誉风险造成的危害和损失足以对银行集团的声誉造成重大影响。

第十四条　符合本办法第十二条、第十三条规定的保险公司不纳入并表范围。

商业银行应从各级资本中对应扣除对保险公司的资本投资，若保险公司存在资本缺口的，还应当扣除相应的资本缺口。

第十五条 商业银行拥有被投资金融机构50%以上表决权或对被投资金融机构的控制权，但被投资金融机构处于以下状态之一的，可不列入并表范围：

（一）已关闭或已宣布破产。

（二）因终止而进入清算程序。

（三）受所在国外汇管制及其他突发事件的影响，资金调度受到限制的境外被投资金融机构。

商业银行对有前款规定情形的被投资金融机构资本投资的处理方法按照本办法第十四条第二款的规定执行。

第十六条 商业银行计算未并表资本充足率，应当从各级资本中对应扣除其对符合本办法第十二条和第十三条规定的金融机构的所有资本投资。若这些金融机构存在资本缺口的，还应当扣除相应的资本缺口。

第十七条 商业银行应当根据本办法制定并表和未并表资本充足率计算内部制度。商业银行调整并表和未并表资本充足率计算范围的，应说明理由，并及时报银监会备案。

第十八条 银监会有权根据商业银行及其附属机构股权结构变动、业务类别及风险状况确定和调整其并表资本充足率的计算范围。

第二节 资本充足率计算公式

第十九条 商业银行应当按照以下公式计算资本充足率：

$$资本充足率=\frac{总资本-对应资本扣减项}{风险加权资产}\times100\%$$

$$一级资本充足率=\frac{一级资本-对应资本扣减项}{风险加权资产}\times100\%$$

$$核心一级资本充足率=\frac{核心一级资本-对应资本扣减项}{风险加权资产}\times100\%$$

第二十条 商业银行总资本包括核心一级资本、其他一级资本和二级资本。商业银行应当按照本办法第三章的规定计算各级资本和扣除项。

第二十一条 商业银行风险加权资产包括信用风险加权资产、市场风险加权资产和操作风险加权资产。商业银行应当按照本办法第四章、第五章和第六章的规定分别计量信用风险加权资产、市场风险加权资产和操作风险加权资产。

第三节　资本充足率监管要求

第二十二条　商业银行资本充足率监管要求包括最低资本要求、储备资本和逆周期资本要求、系统重要性银行附加资本要求以及第二支柱资本要求。

第二十三条　商业银行各级资本充足率不得低于如下最低要求：

（一）核心一级资本充足率不得低于 5%。

（二）一级资本充足率不得低于 6%。

（三）资本充足率不得低于 8%。

第二十四条　商业银行应当在最低资本要求的基础上计提储备资本。储备资本要求为风险加权资产的 2.5%，由核心一级资本来满足。

特定情况下，商业银行应当在最低资本要求和储备资本要求之上计提逆周期资本。逆周期资本要求为风险加权资产的 0~2.5%，由核心一级资本来满足。

逆周期资本的计提与运用规则另行规定。

第二十五条　除本办法第二十三条和第二十四条规定的最低资本要求、储备资本和逆周期资本要求外，系统重要性银行还应当计提附加资本。

国内系统重要性银行附加资本要求为风险加权资产的 1%，由核心一级资本满足。国内系统重要性银行的认定标准另行规定。

若国内银行被认定为全球系统重要性银行，所适用的附加资本要求不得低于巴塞尔委员会的统一规定。

第二十六条　除本办法第二十三条、第二十四条和第二十五条规定的资本要求以外，银监会有权在第二支柱框架下提出更审慎的资本要求，确保资本充分覆盖风险，包括：

（一）根据风险判断，针对部分资产组合提出的特定资本要求；

（二）根据监督检查结果，针对单家银行提出的特定资本要求。

第二十七条　除上述资本充足率监管要求外，商业银行还应当满足杠杆率监管要求。

杠杆率的计算规则和监管要求另行规定。

第三章　资本定义

第一节　资本组成

第二十八条　商业银行发行的资本工具应符合本办法附件 1 规定的合格标准。

第二十九条 核心一级资本包括：

（一）实收资本或普通股。

（二）资本公积。

（三）盈余公积。

（四）一般风险准备。

（五）未分配利润。

（六）少数股东资本可计入部分。

第三十条 其他一级资本包括：

（一）其他一级资本工具及其溢价。

（二）少数股东资本可计入部分。

第三十一条 二级资本包括：

（一）二级资本工具及其溢价。

（二）超额贷款损失准备。

1. 商业银行采用权重法计量信用风险加权资产的，超额贷款损失准备可计入二级资本，但不得超过信用风险加权资产的 1.25%。

前款所称超额贷款损失准备是指商业银行实际计提的贷款损失准备超过最低要求的部分。贷款损失准备最低要求指 100%拨备覆盖率对应的贷款损失准备和应计提的贷款损失专项准备两者中的较大者。

2. 商业银行采用内部评级法计量信用风险加权资产的，超额贷款损失准备可计入二级资本，但不得超过信用风险加权资产的 0.6%。

前款所称超额贷款损失准备是指商业银行实际计提的贷款损失准备超过预期损失的部分。

（三）少数股东资本可计入部分。

第二节 资本扣除项

第三十二条 计算资本充足率时，商业银行应当从核心一级资本中全额扣除以下项目：

（一）商誉。

（二）其他无形资产（土地使用权除外）。

（三）由经营亏损引起的净递延税资产。

（四）贷款损失准备缺口。

1. 商业银行采用权重法计量信用风险加权资产的，贷款损失准备缺口是指商业银行实际计提的贷款损失准备低于贷款损失准备最低要求的部分。

2. 商业银行采用内部评级法计量信用风险加权资产的，贷款损失准备缺口是指商业银行实际计提的贷款损失准备低于预期损失的部分。

（五）资产证券化销售利得。

（六）确定受益类的养老金资产净额。

（七）直接或间接持有本银行的股票。

（八）对资产负债表中未按公允价值计量的项目进行套期形成的现金流储备，若为正值，应予以扣除；若为负值，应予以加回。

（九）商业银行自身信用风险变化导致其负债公允价值变化带来的未实现损益。

第三十三条 商业银行之间通过协议相互持有的各级资本工具，或银监会认定为虚增资本的各级资本投资，应从相应监管资本中对应扣除。

商业银行直接或间接持有本银行发行的其他一级资本工具和二级资本工具，应从相应的监管资本中对应扣除。

对应扣除是指从商业银行自身相应层级资本中扣除。商业银行某一级资本净额小于应扣除数额的，缺口部分应从更高一级的资本净额中扣除。

第三十四条 商业银行对未并表金融机构的小额少数资本投资，合计超出本银行核心一级资本净额 10%的部分，应从各级监管资本中对应扣除。

小额少数资本投资是指商业银行对金融机构各级资本投资（包括直接和间接投资）占该被投资金融机构实收资本（普通股加普通股溢价）10%（不含）以下，且不符合本办法第十二条、第十三条规定的资本投资。

第三十五条 商业银行对未并表金融机构的大额少数资本投资中，核心一级资本投资合计超出本行核心一级资本净额 10%的部分应从本银行核心一级资本中扣除；其他一级资本投资和二级资本投资应从相应层级资本中全额扣除。

大额少数资本投资是指商业银行对金融机构各级资本投资（包括直接和间接投资）占该被投资金融机构实收资本（普通股加普通股溢价）10%（含）以上，且不符合本办法第十二条、第十三条规定的资本投资。

第三十六条 除本办法第三十二条第三款规定的递延税资产外，其他依赖于本银行未来盈利的净递延税资产，超出本行核心一级资本净额 10%的部分应从核心一级资本中扣除。

第三十七条 根据本办法第三十五条、第三十六条的规定，未在商业银行核心一级资本中扣除的对金融机构的大额少数资本投资和相应的净递延税资产，合计金额不得超过本行核心一级资本净额的15%。

第三节 少数股东资本的处理

第三十八条 商业银行附属公司适用于资本充足率监管的，附属公司直接发行且由第三方持有的少数股东资本可以部分计入监管资本。

第三十九条 附属公司核心一级资本中少数股东资本用于满足核心一级资本最低要求和储备资本要求的部分，可计入并表核心一级资本。

最低要求和储备资本要求为下面两项中较小者：

(一) 附属公司核心一级资本最低要求加储备资本要求。

(二) 母公司并表核心一级资本最低要求与储备资本要求归属于附属公司的部分。

第四十条 附属公司一级资本中少数股东资本用于满足一级资本最低要求和储备资本要求的部分，扣除已计入并表核心一级资本的部分后，剩余部分可以计入并表其他一级资本。

最低要求和储备资本要求为下面两项中较小者：

(一) 附属公司一级资本最低要求加储备资本要求。

(二) 母公司并表一级资本最低要求与储备资本要求归属于附属公司的部分。

第四十一条 附属公司总资本中少数股东资本用于满足总资本最低要求和储备资本要求的部分，扣除已计入并表一级资本的部分后，剩余部分可以计入并表二级资本。

最低要求和储备资本要求为下面两项中较小者：

(一) 附属公司总资本最低要求加储备资本要求。

(二) 母公司并表总资本最低要求与储备资本要求归属于附属公司的部分。

第四节 特殊规定

第四十二条 商业银行发行的二级资本工具有确定到期日的，该二级资本工具在距到期日前最后五年，可计入二级资本的金额，应当按100%、80%、60%、40%、20%的比例逐年减计。

第四十三条 商业银行2010年9月12日前发行的不合格二级资本工具，

2013 年 1 月 1 日之前可计入监管资本，2013 年 1 月 1 日起按年递减 10%，2022 年 1 月 1 日起不得计入监管资本。

前款所称不合格二级资本工具按年递减数量的计算以 2013 年 1 月 1 日的数量为基数。

带有利率跳升机制或其他赎回激励的二级资本工具，若行权日期在 2013 年 1 月 1 日之后，且在行权日未被赎回，并满足本办法附件 1 规定的其他所有合格标准，可继续计入监管资本。

第四十四条 商业银行 2010 年 9 月 12 日至 2013 年 1 月 1 日之间发行的二级资本工具，若不含有减记或转股条款，但满足本办法附件 1 规定的其他合格标准，2013 年 1 月 1 日之前可计入监管资本，2013 年 1 月 1 日起按年递减 10%，2022 年 1 月 1 日起不得计入监管资本。

前款所称不合格二级资本工具按年递减数量的计算以 2013 年 1 月 1 日的数量为基数。

第四十五条 2013 年 1 月 1 日之后发行的不合格资本工具不再计入监管资本。

第四章 信用风险加权资产计量

第一节 一般规定

第四十六条 商业银行可以采用权重法或内部评级法计量信用风险加权资产。商业银行采用内部评级法计量信用风险加权资产的，应当符合本办法的规定，并经银监会核准。内部评级法未覆盖的风险暴露应采用权重法计量信用风险加权资产。

未经银监会核准，商业银行不得变更信用风险加权资产计量方法。

第四十七条 商业银行申请采用内部评级法计量信用风险加权资产的，提交申请时内部评级法资产覆盖率应不低于 50%，并在三年内达到 80%。

前款所称内部评级法资产覆盖率按以下公式确定：

内部评级法资产覆盖率 = 按内部评级法计量的风险加权资产/(按内部评级法计量的风险加权资产 + 按权重法计量的内部评级法未覆盖信用风险暴露的风险加权资产) × 100%

第四十八条 商业银行采用内部评级法，应当按照本办法附件 3 的规定计量信用风险加权资产，按照本办法附件 4 的规定对银行账户信用风险暴露进行分类，按照本办法附件5的规定建立内部评级体系。

商业银行采用内部评级法，可以按照本办法附件6的规定审慎考虑信用风险缓释工具的风险抵补作用。

商业银行采用内部评级法，可以按照本办法附件7的规定采用监管映射法计量专业贷款信用风险加权资产。

第四十九条 商业银行应当按照本办法附件8的规定计量银行账户和交易账户的交易对手信用风险加权资产。

第五十条 商业银行应当按照本办法附件9的规定计量资产证券化风险暴露的信用风险加权资产。

第二节 权重法

第五十一条 权重法下信用风险加权资产为银行账户表内资产信用风险加权资产与表外项目信用风险加权资产之和。

第五十二条 商业银行计量各类表内资产的风险加权资产，应首先从资产账面价值中扣除相应的减值准备，然后乘以风险权重。

第五十三条 商业银行计量各类表外项目的风险加权资产，应将表外项目名义金额乘以信用转换系数得到等值的表内资产，再按表内资产的处理方式计量风险加权资产。

第五十四条 现金及现金等价物的风险权重为0。

第五十五条 商业银行对境外主权和金融机构债权的风险权重，以所在国家或地区的外部信用评级结果为基准。

（一）对其他国家或地区政府及其中央银行债权，该国家或地区的评级为AA-（含）以上的，风险权重为0；AA-以下，A-（含）以上的，风险权重为20%；A-以下，BBB-（含）以上的，风险权重为50%；BBB-以下，B-（含）以上的，风险权重为100%；B-以下的，风险权重为150%；未评级的，风险权重为100%。

（二）对公共部门实体债权的风险权重与对所在国家或地区注册的商业银行债权的风险权重相同。

（三）对境外商业银行债权，注册地所在国家或地区的评级为AA-（含）以上的，风险权重为25%；AA-以下，A-（含）以上的，风险权重为50%；A-以下，B-（含）以上的，风险权重为100%；B-以下的，风险权重为150%；未评级的，风险权重为 100%。

（四）对境外其他金融机构债权的风险权重为 100%。

第五十六条 商业银行对多边开发银行、国际清算银行和国际货币基金组织债权的风险权重为 0。

多边开发银行包括世界银行集团、亚洲开发银行、非洲开发银行、欧洲复兴开发银行、泛美开发银行、欧洲投资银行、欧洲投资基金、北欧投资银行、加勒比海开发银行、伊斯兰开发银行和欧洲开发银行理事会。

第五十七条 商业银行对我国中央政府和中国人民银行债权的风险权重为 0。

第五十八条 商业银行对我国公共部门实体债权的风险权重为 20%。我国公共部门实体包括：

（一）除财政部和中国人民银行以外，其他收入主要源于中央财政的公共部门。

（二）省级（直辖区、自治区）以及计划单列市人民政府。

商业银行对前款所列公共部门实体投资的工商企业的债权不适用 20%的风险权重。

第五十九条 商业银行对我国政策性银行债权的风险权重为 0。

商业银行对我国政策性银行的次级债权（未扣除部分）的风险权重为 100%。

第六十条 商业银行持有我国中央政府投资的金融资产管理公司为收购国有银行不良贷款而定向发行的债券的风险权重为 0。

商业银行对我国中央政府投资的金融资产管理公司其他债权的风险权重为 100%。

第六十一条 商业银行对我国其他商业银行债权的风险权重为 25%，其中原始期限三个月以内（含）债权的风险权重为 20%。

以风险权重为 0 的金融资产作为质押的债权，其覆盖部分的风险权重为 0。

商业银行对我国其他商业银行的次级债权（未扣除部分）的风险权重为 100%。

第六十二条 商业银行对我国其他金融机构债权的风险权重为 100%。

第六十三条 商业银行对一般企业债权的风险权重为 100%。

第六十四条 商业银行对同时符合以下条件的微型和小型企业债权的风险权重为 75%：

（一）企业符合国家相关部门规定的微型和小型企业认定标准。

（二）商业银行对单家企业（或企业集团）的风险暴露不超过500万元。

（三）商业银行对单家企业（或企业集团）的风险暴露占本行信用风险暴露总额的比例不高于0.5%。

第六十五条 商业银行对个人债权的风险权重。

（一）个人住房抵押贷款的风险权重为50%。

（二）对已抵押房产，在购房人没有全部归还贷款前，商业银行以再评估后的净值为抵押追加贷款的，追加部分的风险权重为150%。

（三）对个人其他债权的风险权重为75%。

第六十六条 租赁业务的租赁资产余值的风险权重为100%。

第六十七条 下列资产适用250%风险权重：

（一）对金融机构的股权投资（未扣除部分）。

（二）依赖于银行未来盈利的净递延税资产（未扣除部分）。

第六十八条 商业银行对工商企业股权投资的风险权重。

（一）商业银行被动持有的对工商企业股权投资在法律规定处分期限内的风险权重为400%。

（二）商业银行因政策性原因并经国务院特别批准的对工商企业股权投资的风险权重为400%。

（三）商业银行对工商企业其他股权投资的风险权重为1250%。

第六十九条 商业银行非自用不动产的风险权重为1250%。

商业银行因行使抵押权而持有的非自用不动产在法律规定处分期限内的风险权重为100%。

第七十条 商业银行其他资产的风险权重为100%。

第七十一条 商业银行各类表外项目的信用转换系数。

（一）等同于贷款的授信业务的信用转换系数为100%。

（二）原始期限不超过1年和1年以上的贷款承诺的信用转换系数分别为20%和50%；可随时无条件撤销的贷款承诺的信用转换系数为0。

（三）未使用的信用卡授信额度的信用转换系数为50%，但同时符合以下条件的未使用的信用卡授信额度的信用转换系数为20%：

1. 授信对象为自然人，授信方式为无担保循环授信。

2. 对同一持卡人的授信额度不超过 100 万元人民币。

3. 商业银行应至少每年一次评估持卡人的信用程度，按季监控授信额度的使用情况；若持卡人信用状况恶化，商业银行有权降低甚至取消授信额度。

（四）票据发行便利和循环认购便利的信用转换系数为 50%。

（五）银行借出的证券或用作抵押物的证券，包括回购交易中的证券借贷，信用转换系数为 100%。

（六）与贸易直接相关的短期或有项目，信用转换系数为 20%。

（七）与交易直接相关的或有项目，信用转换系数为 50%。

（八）信用风险仍在银行的资产销售与购买协议，信用转换系数为 100%。

（九）远期资产购买、远期定期存款、部分交款的股票及证券，信用转换系数为 100%。

（十）其他表外项目的信用转换系数均为 100%。

第七十二条 商业银行应当按照本办法附件 2 的规定对因证券、商品、外汇清算形成的风险暴露计量信用风险加权资产。

第七十三条 商业银行采用权重法计量信用风险加权资产时，可按照本办法附件 2 的规定考虑合格质物质押或合格保证主体提供保证的风险缓释作用。

合格质物质押的债权（含证券融资类交易形成的债权），取得与质物相同的风险权重，或取得对质物发行人或承兑人直接债权的风险权重。部分质押的债权（含证券融资类交易形成的债权），受质物保护的部分获得相应的较低风险权重。

合格保证主体提供全额保证的贷款，取得对保证人直接债权的风险权重。部分保证的贷款，被保证部分获得相应的较低风险权重。

第七十四条 商业银行采用权重法的，质物或保证的担保期限短于被担保债权期限的，不具备风险缓释作用。

第三节 内部评级法

第七十五条 商业银行应对银行账户信用风险暴露进行分类，并至少分为以下六类：

（一）主权风险暴露。

（二）金融机构风险暴露，包括银行类金融机构风险暴露和非银行类金融机构风险暴露。

（三）公司风险暴露，包括中小企业风险暴露、专业贷款和一般公司风险暴露。

（四）零售风险暴露，包括个人住房抵押贷款、合格循环零售风险暴露和其他零售风险暴露。

（五）股权风险暴露。

（六）其他风险暴露，包括购入应收款及资产证券化风险暴露。

主权风险暴露、金融机构风险暴露和公司风险暴露统称为非零售风险暴露。

第七十六条 商业银行应分别计量未违约和已违约风险暴露的风险加权资产：

（一）未违约非零售风险暴露的风险加权资产计量基于单笔信用风险暴露的违约概率、违约损失率、违约风险暴露、相关性和有效期限。

未违约零售类风险暴露的风险加权资产计量基于单个资产池风险暴露的违约概率、违约损失率、违约风险暴露和相关性。

（二）已违约风险暴露的风险加权资产计量基于违约损失率、预期损失率和违约风险暴露。

第七十七条 商业银行应当按照以下方法确定违约概率：

（一）主权风险暴露的违约概率为商业银行内部估计的1年期违约概率。

（二）公司、金融机构和零售风险暴露的违约概率为商业银行内部估计的1年期违约概率与0.03%中的较大值。

（三）对于提供合格保证或信用衍生工具的风险暴露，商业银行可以使用保证人的违约概率替代债务人的违约概率。

第七十八条 商业银行应当按照以下方法确定违约损失率：

（一）商业银行采用初级内部评级法，非零售风险暴露中没有合格抵质押品的高级债权和次级债权的违约损失率分别为45%和75%。对于提供合格抵质押品的高级债权和从属于净额结算主协议的回购交易，商业银行可以根据风险缓释效应调整违约损失率。

（二）商业银行采用高级内部评级法，应使用内部估计的单笔非零售风险暴露的违约损失率。

（三）商业银行应使用内部估计的零售资产池的违约损失率。

第七十九条 商业银行应当按照以下方法确定违约风险暴露：

违约风险暴露应不考虑专项准备和部分核销的影响。表内资产的违约风险暴露应不小于以下两项之和：（1）违约风险暴露被完全核销后，银行监管资本下降的数量；（2）各项专项准备金和部分核销的数量。如果商业银行估计的违约风险暴露超过以上两项之和，超过部分可视为折扣。风险加权资产的计量不受该折扣的影响，但比较预期损失和合格准备金时，可将该折扣计入准备金。

（一）商业银行采用初级内部评级法，应当按风险暴露名义金额计量表内资产的违约风险暴露，但可以考虑合格净额结算的风险缓释效应。

（二）商业银行采用初级内部评级法，贷款承诺、票据发行便利、循环认购便利等表外项目的信用转换系数为 75%；可随时无条件撤销的贷款承诺信用转换系数为 0；其他各类表外项目的信用转换系数按照本办法第七十一条的规定。

（三）商业银行采用高级内部评级法，应当使用内部估计的非零售违约风险暴露。对于按照本办法第七十一条规定信用转换系数为 100%的表外项目，应使用 100%的信用转换系数估计违约风险暴露。

（四）商业银行应当使用内部估计的零售违约风险暴露。对于表外零售风险暴露，商业银行应按照内部估计的信用转换系数计量违约风险暴露。

第八十条 商业银行应当按照以下方法确定有效期限：

（一）商业银行采用初级内部评级法，非零售风险暴露的有效期限为 2.5 年。回购类交易的有效期限为 0.5 年。

（二）商业银行采用高级内部评级法，有效期限为 1 年和内部估计的有效期限两者之间的较大值，但最大不超过 5 年。中小企业风险暴露的有效期限可以采用 2.5 年。

（三）对于下列短期风险暴露，有效期限为内部估计的有效期限与 1 天中的较大值：

1. 原始期限 1 年以内全额抵押的场外衍生品交易、保证金贷款、回购交易和证券借贷交易。交易文件中必须包括按日重新估值并调整保证金，且在交易对手违约或未能补足保证金时可以及时平仓或处置抵押品的条款。

2. 原始期限 1 年以内自我清偿性的贸易融资，包括开立的和保兑的信用证。

3. 原始期限 3 个月以内的其他短期风险暴露，包括：场外衍生品交易、保证金贷款、回购交易、证券借贷，短期贷款和存款，证券和外汇清算而产生的风险暴露，以电汇方式进行现金清算产生的风险暴露等。

第五章　市场风险加权资产计量

第一节　一般规定

第八十一条　本办法所称市场风险是指因市场价格（利率、汇率、股票价格和商品价格）的不利变动而使商业银行表内和表外业务发生损失的风险。

第八十二条　市场风险资本计量应覆盖商业银行交易账户中的利率风险和股票风险，以及全部汇率风险和商品风险。

商业银行可以不对结构性外汇风险暴露计提市场风险资本。

第八十三条　本办法所称交易账户包括为交易目的或对冲交易账户其他项目的风险而持有的金融工具和商品头寸。

前款所称为交易目的而持有的头寸是指短期内有目的地持有以便出售，或从实际或预期的短期价格波动中获利，或锁定套利的头寸，包括自营业务、做市业务和为执行客户买卖委托的代客业务而持有的头寸。交易账户中的金融工具和商品头寸原则上还应满足以下条件：

（一）在交易方面不受任何限制，可以随时平盘。

（二）能够完全对冲以规避风险。

（三）能够准确估值。

（四）能够进行积极的管理。

第八十四条　商业银行应当制定清晰的银行账户和交易账户划分标准，明确纳入交易账户的金融工具和商品头寸以及在银行账户和交易账户间划转的条件，确保执行的一致性。

第八十五条　商业银行可以采用标准法或内部模型法计量市场风险资本要求。未经银监会核准，商业银行不得变更市场风险资本计量方法。

第八十六条　商业银行采用内部模型法，若未覆盖所有市场风险，经银监会核准，可组合采用内部模型法和标准法计量市场风险资本要求，但银行集团内部同一机构不得对同一种市场风险采用不同方法计量市场风险资本要求。

第八十七条　商业银行采用内部模型法，内部模型法覆盖率应不低于50%。

前款所称内部模型法覆盖率按以下公式确定：

内部模型法覆盖率＝按内部模型法计量的资本要求/（按内部模型法计量的资本要求+按标准法计量的资本要求）×100%

第八十八条 商业银行市场风险加权资产为市场风险资本要求的 12.5 倍，即市场风险加权资产 = 市场风险资本要求 × 12.5。

第二节 标准法

第八十九条 商业银行采用标准法，应当按照本办法附件 10 的规定分别计量利率风险、汇率风险、商品风险和股票风险的资本要求，并单独计量以各类风险为基础的期权风险的资本要求。

第九十条 市场风险资本要求为利率风险、汇率风险、商品风险、股票风险和期权风险的资本要求之和。

利率风险资本要求和股票风险资本要求为一般市场风险资本要求和特定风险资本要求之和。

第三节 内部模型法

第九十一条 商业银行采用内部模型法的，应当符合本办法附件 11 的规定，并经银监会核准。

第九十二条 商业银行采用内部模型法，其一般市场风险资本要求为一般风险价值与压力风险价值之和，即：

K = Max（VaRt-1，mc × VaRavg）+ Max（sVaRt-1，ms × sVaRavg）

其中：

（一）VaR 为一般风险价值，为以下两项中的较大值：

1. 根据内部模型计量的上一交易日的风险价值（VaRt-1）。

2. 最近 60 个交易日风险价值的均值（VaRavg）乘以 mc。mc 最小为 3，根据返回检验的突破次数可以增加附加因子。

（二）sVaR 为压力风险价值，为以下两项中的较大值：

1. 根据内部模型计量的上一交易日的压力风险价值（sVaRt-1）。

2. 最近 60 个交易日压力风险价值的均值（sVaRavg）乘以 ms。ms 最小为 3。

第九十三条 商业银行采用内部模型法计量特定风险资本要求的，应当按照本办法附件 11 的规定使用内部模型计量新增风险资本要求。

商业银行内部模型未达到计量特定市场风险要求的合格标准，或内部模型未覆盖新增风险，应当按标准法计量特定市场风险资本要求。

第六章　操作风险加权资产计量

第一节　一般规定

第九十四条　本办法所称的操作风险是指由不完善或有问题的内部程序、员工和信息科技系统，以及外部事件所造成损失的风险，包括法律风险，但不包括策略风险和声誉风险。

第九十五条　商业银行可采用基本指标法、标准法或高级计量法计量操作风险资本要求。

商业银行采用标准法或高级计量法计量操作风险资本要求，应符合本办法附件 12 的规定，并经银监会核准。

未经银监会核准，商业银行不得变更操作风险资本计量方法。

第九十六条　商业银行操作风险加权资产为操作风险资本要求的 12.5 倍，即：

操作风险加权资产 = 操作风险资本要求 × 12.5

第二节　基本指标法

第九十七条　商业银行采用基本指标法，应当以总收入为基础计量操作风险资本要求。商业银行应当按照本办法附件 12 的规定确认总收入。

总收入为净利息收入与净非利息收入之和。

第九十八条　商业银行采用基本指标法，应当按照以下公式计量操作风险资本要求：

$$K_{BIA}=\frac{\sum_{i=1}^{n}(GI_i\times\alpha)}{n}$$

其中：

K_{BIA} 为按基本指标法计量的操作风险资本要求。

GI 为过去三年中每年正的总收入。

n 为过去三年中总收入为正的年数。

α 为 15%。

第三节　标准法

第九十九条　商业银行采用标准法，应当以各业务条线的总收入为基础计量操作风险资本要求。

第一百条 商业银行采用标准法，应当按照本办法附件 12 的规定将全部业务划分为公司金融、交易和销售、零售银行、商业银行、支付和清算、代理服务、资产管理、零售经纪和其他业务 9 个业务条线。

第一百零一条 商业银行采用标准法，应当按照以下公式计量操作风险资本要求：

$$K_{TSA}=\left\{\sum_{i=1}^{3}Max\left[\sum_{i=1}^{9}(GI_i\times\beta_i),\ 0\right]\right\}/3$$

其中:

K_{TSA} 为按标准法计量的操作风险资本要求。

$Max\left[\sum_{i=1}^{9}(GI_i\times\beta_i),\ 0\right]$是指各年为正的操作风险资本要求。

GI_i 为各业务条线总收入。

b_i 为各业务条线的操作风险资本系数。

第一百零二条 各业务条线的操作风险资本系数（β）如下：

（一）零售银行、资产管理和零售经纪业务条线的操作风险资本系数为 12%。

（二）商业银行和代理服务业务条线的操作风险资本系数为 15%。

（三）公司金融、支付和清算、交易和销售以及其他业务条线的操作风险资本系数为 18%。

第四节 高级计量法

第一百零三条 商业银行采用高级计量法，可根据业务性质、规模和产品复杂程度以及风险管理水平选择操作风险计量模型。

第一百零四条 商业银行采用高级计量法，应当基于内部损失数据、外部损失数据、情景分析、业务经营环境和内部控制因素建立操作风险计量模型。建立模型使用的内部损失数据应充分反映本行操作风险的实际情况。

第七章 商业银行内部资本充足评估程序

第一节 一般规定

第一百零五条 商业银行应当建立完善的风险管理框架和稳健的内部资本充足评估程序，明确风险治理结构，审慎评估各类风险、资本充足水平和资本质量，制定资本规划和资本充足率管理计划，确保银行资本能够充分抵御其所面临的风险，满足业务发展的需要。

第一百零六条 商业银行内部资本充足评估程序应实现以下目标：

（一）确保主要风险得到识别、计量或评估、监测和报告。

（二）确保资本水平与风险偏好及风险管理水平相适应。

（三）确保资本规划与银行经营状况、风险变化趋势及长期发展战略相匹配。

第一百零七条 商业银行应当将压力测试作为内部资本充足评估程序的重要组成部分，结合压力测试结果确定内部资本充足率目标。压力测试应覆盖各业务条线的主要风险，并充分考虑经济周期对资本充足率的影响。

第一百零八条 商业银行应当将内部资本充足评估程序作为内部管理和决策的组成部分，并将内部资本充足评估结果运用于资本预算与分配、授信决策和战略规划。

第一百零九条 商业银行应当制定合理的薪酬政策，确保薪酬水平、结构和发放时间安排与风险大小和风险存续期限一致，反映风险调整后的长期收益水平，防止过度承担风险，维护财务稳健性。

第一百一十条 商业银行应当至少每年一次实施内部资本充足评估程序，在银行经营情况、风险状况和外部环境发生重大变化时，应及时进行调整和更新。

第二节 治理结构

第一百一十一条 商业银行董事会承担本行资本管理的首要责任，履行以下职责：

（一）设定与银行发展战略和外部环境相适应的风险偏好和资本充足目标，审批银行内部资本充足评估程序，确保资本充分覆盖主要风险。

（二）审批资本管理制度，确保资本管理政策和控制措施有效。

（三）监督内部资本充足评估程序的全面性、前瞻性和有效性。

（四）审批并监督资本规划的实施，满足银行持续经营和应急性资本补充需要。

（五）至少每年一次审批资本充足率管理计划，审议资本充足率管理报告及内部资本充足评估报告，听取对资本充足率管理和内部资本充足评估程序执行情况的审计报告。

（六）审批资本充足率信息披露政策、程序和内容，并保证披露信息的真实、准确和完整。

（七）确保商业银行有足够的资源，能够独立、有效地开展资本管理工作。

第一百一十二条 商业银行采用资本计量高级方法的，董事会还应负责审批资本计量高级方法的管理体系实施规划和重大管理政策，监督高级管理层制定并实施资本计量高级方法的管理政策和流程，确保商业银行有足够资源支持资本计量高级方法管理体系的运行。

第一百一十三条 商业银行高级管理层负责根据业务战略和风险偏好组织实施资本管理工作，确保资本与业务发展、风险水平相适应，落实各项监控措施。具体履行以下职责：

（一）制定并组织执行资本管理的规章制度。

（二）制定并组织实施内部资本充足评估程序，明确相关部门的职责分工，建立健全评估框架、流程和管理制度，确保与商业银行全面风险管理、资本计量及分配等保持一致。

（三）制定和组织实施资本规划和资本充足率管理计划。

（四）定期和不定期评估资本充足率，向董事会报告资本充足率水平、资本充足率管理情况和内部资本充足评估结果。

（五）组织开展压力测试，参与压力测试目标、方案及重要假设的确定，推动压力测试结果在风险评估和资本规划中的运用，确保资本应急补充机制的有效性。

（六）组织内部资本充足评估信息管理系统的开发和维护工作，确保信息管理系统及时、准确地提供评估所需信息。

第一百一十四条 商业银行采用资本计量高级方法的，高级管理层还应定期评估方法和工具的合理性和有效性，定期听取资本计量高级方法验证工作的汇报，履行资本计量高级方法体系的建设、验证和持续优化等职责。

第一百一十五条 商业银行监事会应当对董事会及高级管理层在资本管理和资本计量高级方法管理中的履职情况进行监督评价，并至少每年一次向股东大会报告董事会及高级管理层的履职情况。

第一百一十六条 商业银行应当指定相关部门履行以下资本管理职责：

（一）制定资本总量、结构和质量管理计划，编制并实施资本规划和资本充足率管理计划，向高级管理层报告资本规划和资本充足率管理计划执行情况。

（二）持续监控并定期测算资本充足率水平，开展资本充足率压力测试。

（三）组织建立内部资本计量、配置和风险调整资本收益的评价管理体系。

（四）组织实施内部资本充足评估程序。

（五）建立资本应急补充机制，参与或组织筹集资本。

（六）编制或参与编制资本充足率信息披露文件。

第一百一十七条 商业银行采用资本计量高级方法的，相关部门还应履行以下职责：

（一）设计、实施、监控和维护资本计量高级方法。

（二）健全资本计量高级方法管理机制。

（三）向高级管理层报告资本计量高级方法的计量结果。

（四）组织开展各类风险压力测试。

第一百一十八条 商业银行采用资本计量高级方法的，应当建立验证部门（团队），负责资本计量高级方法的验证工作。验证部门（团队）应独立于资本计量高级方法的开发和运行部门（团队）。

第一百一十九条 商业银行应当明确内部审计部门在资本管理中的职责。内部审计部门应当履行以下职责：

（一）评估资本管理的治理结构和相关部门履职情况，以及相关人员的专业技能和资源充分性。

（二）至少每年一次检查内部资本充足评估程序相关政策和执行情况。

（三）至少每年一次评估资本规划的执行情况。

（四）至少每年一次评估资本充足率管理计划的执行情况。

（五）检查资本管理的信息系统和数据管理的合规性和有效性。

（六）向董事会提交资本充足率管理审计报告、内部资本充足评估程序执行情况审计报告、资本计量高级方法管理审计报告。

第一百二十条 商业银行采用资本计量高级方法的，内部审计部门还应评估资本计量高级方法的适用性和有效性，检查计量结果的可靠性和准确性，检查资本计量高级方法的验证政策和程序，评估验证工作的独立性和有效性。

第三节 风险评估

第一百二十一条 商业银行应当按照银监会相关要求和本办法附件 13 的规定，设立主要风险的识别和评估标准，确保主要风险得到及时识别、审慎评估和有效监控。

主要风险包括可能导致重大损失的单一风险，以及单一风险程度不高，但与其他风险相互作用可能导致重大损失的风险。风险评估应至少覆盖以下各类风险：

（一）本办法第四章、第五章和第六章中涉及且已覆盖的风险，包括信用风险、市场风险和操作风险。

（二）本办法第四章、第五章和第六章中涉及但没有完全覆盖的风险，包括集中度风险、剩余操作风险等。

（三）本办法第四章、第五章和第六章中未涉及的风险，包括银行账户利率风险、流动性风险、声誉风险、战略风险和对商业银行有实质性影响的其他风险。

（四）外部经营环境变化引发的风险。

第一百二十二条 商业银行应当有效评估和管理各类主要风险。

（一）对能够量化的风险，商业银行应当开发和完善风险计量技术，确保风险计量的一致性、客观性和准确性，在此基础上加强对相关风险的缓释、控制和管理。

（二）对难以量化的风险，商业银行应当建立风险识别、评估、控制和报告机制，确保相关风险得到有效管理。

第一百二十三条 商业银行应当建立风险加总的政策和程序，确保在不同层次上及时识别风险。商业银行可以采用多种风险加总方法，但应至少采取简单加总法，并判断风险加总结果的合理性和审慎性。

第一百二十四条 商业银行进行风险加总，应当充分考虑集中度风险及风险之间的相互传染。若考虑风险分散化效应，应基于长期实证数据，且数据观察期至少覆盖一个完整的经济周期。否则，商业银行应对风险加总方法和假设进行审慎调整。

第四节 资本规划

第一百二十五条 商业银行制定资本规划，应当综合考虑风险评估结果、未来资本需求、资本监管要求和资本可获得性，确保资本水平持续满足监管要求。资本规划应至少设定内部资本充足率三年目标。

第一百二十六条 商业银行制定资本规划，应当确保目标资本水平与业务发展战略、风险偏好、风险管理水平和外部经营环境相适应，兼顾短期和长期资本需求，并考虑各种资本补充来源的长期可持续性。

第一百二十七条 商业银行制定资本规划，应当审慎估计资产质量、利润增长及资本市场的波动性，充分考虑对银行资本水平可能产生重大负面影响的因素，包括或有风险暴露，严重且长期的市场衰退，以及突破风险承受能力的其他事件。

第一百二十八条 商业银行应当优先考虑补充核心一级资本，增强内部资本积累能力，完善资本结构，提高资本质量。

第一百二十九条 商业银行应当通过严格和前瞻性的压力测试，测算不同压力条件下的资本需求和资本可获得性，并制定资本应急预案以满足计划外的资本需求，确保银行具备充足资本应对不利的市场条件变化。

对于重度压力测试结果，商业银行应当在应急预案中明确相应的资本补充政策安排和应对措施，并充分考虑融资市场流动性变化，合理设计资本补充渠道。商业银行的资本应急预案应包括紧急筹资成本分析和可行性分析、限制资本占用程度高的业务发展、采用风险缓释措施等。

商业银行高级管理层应当充分理解压力条件下商业银行所面临的风险及风险间的相互作用、资本工具吸收损失和支持业务持续运营的能力，并判断资本管理目标、资本补充政策安排和应对措施的合理性。

第五节 监测和报告

第一百三十条 商业银行应当建立内部资本充足评估程序的报告体系，定期监测和报告银行资本水平和主要影响因素的变化趋势。报告应至少包括以下内容：

（一）评估主要风险状况及发展趋势、战略目标和外部环境对资本水平的影响。

（二）评估实际持有的资本是否足以抵御主要风险。

（三）提出确保资本能够充分覆盖主要风险的建议。

根据重要性和报告用途不同，商业银行应当明确各类报告的发送范围、报告内容及详略程度，确保报告信息与报送频率满足银行资本管理的需要。

第一百三十一条 商业银行应当建立用于风险和资本的计量和管理的信息管理系统。商业银行的信息管理系统应具备以下功能：

（一）清晰、及时地向董事会和高级管理层提供总体风险信息。

（二）准确、及时地加总各业务条线的风险暴露和风险计量结果。

（三）动态支持集中度风险和潜在风险的识别。

（四）识别、计量并管理各类风险缓释工具以及因风险缓释带来的风险。

（五）为多角度评估风险计量的不确定性提供支持，分析潜在风险假设条件变化带来的影响。

（六）支持前瞻性的情景分析，评估市场变化和压力情形对银行资本的影响。

（七）监测、报告风险限额的执行情况。

第一百三十二条 商业银行应当系统性地收集、整理、跟踪和分析各类风险相关数据，建立数据仓库、风险数据集市和数据管理系统，以获取、清洗、转换和存储数据，并建立数据质量控制政策和程序，确保数据的完整性、全面性、准确性和一致性，满足资本计量和内部资本充足评估等工作的需要。

第一百三十三条 商业银行的数据管理系统应当达到资本充足率非现场监管报表和资本充足率信息披露的有关要求。

第一百三十四条 商业银行应当建立完整的文档管理平台，为内部审计部门及银监会对资本管理的评估提供支持。文档应至少包括：

（一）董事会、高级管理层和相关部门的职责、独立性以及履职情况。

（二）关于资本管理、风险管理等政策流程的制度文件。

（三）资本规划、资本充足率管理计划、内部资本充足评估报告、风险计量模型验证报告、压力测试报告、审计报告以及上述报告的相关重要文档。

（四）关于资本管理的会议纪要和重要决策意见。

第八章 监督检查

第一节 监督检查内容

第一百三十五条 资本充足率监督检查是银监会审慎风险监管体系的重要组成部分。

第一百三十六条 银监会根据宏观经济运行、产业政策和信贷风险变化，识别银行业重大系统性风险，对相关资产组合提出特定资本要求。

第一百三十七条 银监会对商业银行实施资本充足率监督检查，确保资本能够充分覆盖所面临的各类风险。资本充足率监督检查包括但不限于以下内容：

（一）评估商业银行全面风险管理框架。

（二）审查商业银行对合格资本工具的认定，以及各类风险加权资产的计量方法和结果，评估资本充足率计量结果的合理性和准确性。

（三）检查商业银行内部资本充足评估程序，评估公司治理、资本规划、内部控制和审计等。

（四）对商业银行的信用风险、市场风险、操作风险、银行账户利率风险、流动性风险、声誉风险以及战略风险等各类风险进行评估，并对压力测试工作开展情况进行检查。

第一百三十八条 商业银行采用资本计量高级方法，应按本办法附件 14 的规定向银监会提出申请。

第一百三十九条 银监会依照本办法附件 14 的规定对商业银行进行评估，根据评估结果决定是否核准商业银行采用资本计量高级方法；并对商业银行资本计量高级方法的使用情况和验证工作进行持续监督检查。

第一百四十条 商业银行不能持续达到本办法规定的资本计量高级方法的运用要求，银监会有权要求其限期整改。商业银行在规定期限内未达标，银监会有权取消其采用资本计量高级方法的资格。

第二节 监督检查程序

第一百四十一条 银监会建立资本监管工作机制，履行以下职责：

（一）评估银行业面临的重大系统性风险，提出针对特定资产组合的第二支柱资本要求的建议。

（二）制定商业银行资本充足率监督检查总体规划，协调和督促对商业银行资本充足率监督检查的实施。

（三）审议并决定对商业银行的监管资本要求。

（四）受理商业银行就资本充足率监督检查结果提出的申辩，确保监督检查过程以及评价结果的公正和准确。

第一百四十二条 银监会通过非现场监管和现场检查的方式对商业银行资本充足率进行监督检查。

除对资本充足率的常规监督检查外，银监会可根据商业银行内部情况或外部市场环境的变化实施资本充足率的临时监督检查。

第一百四十三条 商业银行应当在年度结束后的四个月内向银监会提交内部资本充足评估报告。

第一百四十四条 银监会实施资本充足率监督检查应遵循以下程序：

（一）审查商业银行内部资本充足评估报告，制定资本充足率检查计划。

（二）依据本办法附件 13 规定的风险评估标准，实施资本充足率现场检查。

（三）根据检查结果初步确定商业银行的监管资本要求。

（四）与商业银行高级管理层就资本充足率检查情况进行沟通，并将评价结果书面发送商业银行董事会。

（五）监督商业银行持续满足监管资本要求的情况。

第一百四十五条 商业银行可以在接到资本充足率监督检查评价结果后 60 日内，以书面形式向银监会提出申辩。在接到评价结果后 60 日内未进行书面申辩的，将被视为接受评价结果。

商业银行提出书面申辩的，应当提交董事会关于进行申辩的决议，并对申辩理由进行详细说明，同时提交能够证明申辩理由充分性的相关资料。

第一百四十六条 银监会受理并审查商业银行提交的书面申辩，视情况对有关问题进行重点核查。

银监会在受理书面申辩后的 60 日内做出是否同意商业银行申辩的书面答复，并说明理由。

第一百四十七条 银监会审查商业银行的书面申辩期间，商业银行应当执行资本充足率监督检查所确定的监管资本要求，并落实银监会采取的相关监管措施。

第一百四十八条 商业银行应当向银监会报告未并表和并表后的资本充足率。并表后的资本充足率每半年报送一次，未并表的资本充足率每季报送一次。

如遇影响资本充足率的特别重大事项，商业银行应当及时向银监会报告。

第三节 第二支柱资本要求

第一百四十九条 商业银行已建立内部资本充足评估程序且评估程序达到本办法要求的，银监会根据其内部资本评估结果确定监管资本要求；商业银行未建立内部资本充足评估程序，或评估程序未达到本办法要求的，银监会根据对商业银行风险状况的评估结果，确定商业银行的监管资本要求。

第一百五十条 银监会有权根据单家商业银行操作风险管理水平及操作风险事件发生情况，提高操作风险的监管资本要求。

第一百五十一条 银监会有权通过调整风险权重、相关性系数、有效期限等方法，提高特定资产组合的资本要求，包括但不限于以下内容：

（一）根据现金流覆盖比例、区域风险差异，确定地方政府融资平台贷款的集中度风险资本要求。

（二）通过期限调整因子，确定中长期贷款的资本要求。

（三）针对贷款行业集中度风险状况，确定部分行业的贷款集中度风险资本要求。

（四）根据个人住房抵押贷款用于购买非自住用房的风险状况，提高个人住房抵押贷款资本要求。

第四节　监管措施

第一百五十二条　银监会有权对资本充足率未达到监管要求的商业银行采取监管措施，督促其提高资本充足水平。

第一百五十三条　根据资本充足状况，银监会将商业银行分为四类：

（一）第一类商业银行：资本充足率、一级资本充足率和核心一级资本充足率均达到本办法规定的各级资本要求。

（二）第二类商业银行：资本充足率、一级资本充足率和核心一级资本充足率未达到第二支柱资本要求，但均不低于其他各级资本要求。

（三）第三类商业银行：资本充足率、一级资本充足率和核心一级资本充足率均不低于最低资本要求，但未达到其他各级资本要求。

（四）第四类商业银行：资本充足率、一级资本充足率和核心一级资本充足率任意一项未达到最低资本要求。

第一百五十四条　对第一类商业银行，银监会支持其稳健发展业务。为防止其资本充足率水平快速下降，银监会可以采取下列预警监管措施：

（一）要求商业银行加强对资本充足率水平下降原因的分析及预测。

（二）要求商业银行制定切实可行的资本充足率管理计划。

（三）要求商业银行提高风险控制能力。

第一百五十五条　对第二类商业银行，除本办法第一百五十四条规定的监管措施外，银监会还可以采取下列监管措施：

（一）与商业银行董事会、高级管理层进行审慎性会谈。

（二）下发监管意见书，监管意见书内容包括：商业银行资本管理存在的问题、拟采取的纠正措施和限期达标意见等。

（三）要求商业银行制定切实可行的资本补充计划和限期达标计划。

（四）增加对商业银行资本充足的监督检查频率。

（五）要求商业银行对特定风险领域采取风险缓释措施。

第一百五十六条 对第三类商业银行，除本办法第一百五十四条、第一百五十五条规定的监管措施外，银监会还可以采取下列监管措施：

（一）限制商业银行分配红利和其他收入。

（二）限制商业银行向董事、高级管理人员实施任何形式的激励。

（三）限制商业银行进行股权投资或回购资本工具。

（四）限制商业银行重要资本性支出。

（五）要求商业银行控制风险资产增长。

第一百五十七条 对第四类商业银行，除本办法第一百五十四条、第一百五十五条和第一百五十六条规定的监管措施外，银监会还可以采取以下监管措施：

（一）要求商业银行大幅降低风险资产的规模。

（二）责令商业银行停办一切高风险资产业务。

（三）限制或禁止商业银行增设新机构、开办新业务。

（四）强制要求商业银行对二级资本工具进行减记或转为普通股。

（五）责令商业银行调整董事、高级管理人员或限制其权利。

（六）依法对商业银行实行接管或者促成机构重组，直至予以撤销。

在处置此类商业银行时，银监会还将综合考虑外部因素，采取其他必要措施。

第一百五十八条 商业银行未按本办法规定提供资本充足率报表或报告、未按规定进行信息披露或提供虚假的或者隐瞒重要事实的报表和统计报告的，银监会依据《中华人民共和国银行业监督管理法》的相关规定实施行政处罚。

第一百五十九条 除上述监管措施外，银监会可依据《中华人民共和国银行业监督管理法》以及相关法律、行政法规和部门规章的规定，采取其他监管措施。

第九章 信息披露

第一百六十条 商业银行应当通过公开渠道，向投资者和社会公众披露相关信息，确保信息披露的集中性、可访问性和公开性。

第一百六十一条 资本充足率的信息披露应至少包括以下内容：

（一）风险管理体系：信用风险、市场风险、操作风险、流动性风险及其他重要风险的管理目标、政策、流程以及组织架构和相关部门的职能。

（二）资本充足率计算范围。

（三）资本数量、构成及各级资本充足率。

（四）信用风险、市场风险、操作风险的计量方法，风险计量体系的重大变更，以及相应的资本要求变化。

（五）信用风险、市场风险、操作风险及其他重要风险暴露和评估的定性和定量信息。

（六）内部资本充足评估方法以及影响资本充足率的其他相关因素。

（七）薪酬的定性信息和相关定量信息。

商业银行应当按照本办法附件 15 的要求充分披露资本充足率相关信息。

第一百六十二条 商业银行应当保证披露信息的真实性、准确性和完整性。

第一百六十三条 本办法规定的披露内容是资本充足率信息披露的最低要求，商业银行应当遵循充分披露的原则，并根据监管政策变化及时调整披露事项。

第一百六十四条 商业银行采用资本计量高级方法的，并行期内应至少披露本办法规定的定性信息和资本底线的定量信息。

第一百六十五条 商业银行可以不披露专有信息或保密信息的具体内容，但应进行一般性披露，并解释原因。

第一百六十六条 商业银行信息披露频率分为临时、季度、半年及年度披露，其中，临时信息应及时披露，季度、半年度信息披露时间为期末后 30 个工作日内，年度信息披露时间为会计年度终了后四个月内。因特殊原因不能按时披露的，应至少提前 15 个工作日向银监会申请延迟披露。

第一百六十七条 商业银行应当分别按照以下频率披露相关信息：

（一）实收资本或普通股及其他资本工具的变化情况应及时披露。

（二）核心一级资本净额、一级资本净额、资本净额、最低资本要求、储备资本和逆周期资本要求、附加资本要求、核心一级资本充足率、一级资本充足率以及资本充足率等重要信息应按季披露。

（三）资本充足率计算范围、信用风险暴露总额、逾期及不良贷款总额、贷款损失准备、信用风险资产组合缓释后风险暴露余额、资产证券化风险暴露余额、市场风险资本要求、市场风险期末风险价值及平均风险价值、操作风险情况、股权投资及其损益、银行账户利率风险情况等相关重要信息应每半年披露一次。

第一百六十八条 经银监会同意，在满足信息披露总体要求的基础上，同时符合以下条件的商业银行可以适当简化信息披露的内容：

（一）存款规模小于 2000 亿元人民币。

（二）未在境内外上市。

（三）未跨区域经营。

第十章 附 则

第一百六十九条 农村合作银行、村镇银行、农村信用合作社、农村资金互助社、贷款公司、企业集团财务公司、消费金融公司、金融租赁公司、汽车金融公司参照本办法执行。外国银行在华分行参照本办法规定的风险权重计量人民币风险加权资产。

第一百七十条 本办法所称的资本计量高级方法包括信用风险内部评级法、市场风险内部模型法和操作风险高级计量法。商业银行采用资本计量高级方法，应当按照本办法附件 16 的规定建立资本计量高级方法验证体系。

第一百七十一条 银监会对获准采用资本计量高级方法的商业银行设立并行期，并行期自获准采用资本计量高级方法当年底开始，至少持续三年。并行期内，商业银行应按照本办法规定的资本计量高级方法和其他方法并行计量资本充足率，并遵守本办法附件 14 规定的资本底线要求。

并行期第一年、第二年和第三年的资本底线调整系数分别为 95%、90%和 80%。

并行期内，商业银行实际计提的贷款损失准备超过预期损失的，低于 150%拨备覆盖率的超额贷款损失准备计入二级资本的数量不得超过信用风险加权资产的 0.6%；高于 150%拨备覆盖率的超额贷款损失准备可全部计入二级资本。

第一百七十二条 商业银行应在 2018 年底前达到本办法规定的资本充足率监管要求，鼓励有条件的商业银行提前达标。

第一百七十三条 达标过渡期内，商业银行应当制定并实施切实可行的资本充足率分步达标规划，并报银监会批准。银监会根据商业银行资本充足率达标规划实施情况，采取相应的监管措施。

第一百七十四条 达标过渡期内，商业银行应当同时按照《商业银行资本充足率管理办法》和本办法计量并披露并表和非并表资本充足率。

第一百七十五条 达标过渡期内，商业银行可以简化信息披露内容，但应当至少披露资本充足率计算范围、各级资本及扣减项、资本充足率水平、信用风险加权资产、市场风险加权资产、操作风险加权资产和薪酬的重要信息，以及享受过渡期优惠政策的资本工具和监管调整项目。

第一百七十六条 商业银行计算并表资本充足率，因新旧计量规则差异导致少数股东资本可计入资本的数量下降，减少部分从本办法施行之日起分五年逐步实施，即第一年加回 80%，第二年加回 60%，第三年加回 40%，第四年加回 20%，第五年不再加回。

第一百七十七条 本办法中采用标准普尔的评级符号，但对商业银行选用外部信用评级公司不做规定；商业银行使用外部评级公司的评级结果应符合本办法附件 17 的规定，并保持连续性。

第一百七十八条 附件 1、附件 2、附件 3、附件 4、附件 5、附件 6、附件 7、附件 8、附件 9、附件 10、附件 11、附件 12、附件 13、附件 14、附件 15、附件 16、附件 17 是本办法的组成部分。

（一）附件 1：资本工具合格标准。

（二）附件 2：信用风险权重法表内资产风险权重、表外项目信用转换系数及合格信用风险缓释工具。

（三）附件 3：信用风险内部评级法风险加权资产计量规则。

（四）附件 4：信用风险内部评级法风险暴露分类标准。

（五）附件 5：信用风险内部评级体系监管要求。

（六）附件 6：信用风险内部评级法风险缓释监管要求。

（七）附件 7：专业贷款风险加权资产计量规则。

（八）附件 8：交易对手信用风险加权资产计量规则。

（九）附件 9：资产证券化风险加权资产计量规则。

（十）附件 10：市场风险标准法计量规则。

（十一）附件 11：市场风险内部模型法监管要求。

（十二）附件 12：操作风险资本计量监管要求。

（十三）附件 13：商业银行风险评估标准。

（十四）附件 14：资本计量高级方法监督检查。

（十五）附件 15：信息披露要求。

（十六）附件 16：资本计量高级方法验证要求。

（十七）附件 17：外部评级使用规范。

第一百七十九条 本办法由银监会负责解释。

第一百八十条 本办法自 2013 年 1 月 1 日起施行。《商业银行资本充足率管理办法》（中国银行业监督管理委员会 2004 年第 2 号令颁布实施，根据 2006 年 12 月 28 日中国银行业监督管理委员会第五十五次主席会议《关于修改〈商业银行资本充足率管理办法〉的决定》修正），《商业银行银行账户信用风险暴露分类指引》、《商业银行信用风险内部评级体系监管指引》、《商业银行专业贷款监管资本计量指引》、《商业银行信用风险缓释监管资本计量指引》、《商业银行操作风险监管资本计量指引》（银监发［2008］69 号）、《商业银行资本充足率信息披露指引》（银监发［2009］97 号）、《商业银行资本计量高级方法验证指引》（银监发［2009］104 号）、《商业银行资本充足率监督检查指引》（银监发［2009］109 号）、《商业银行资产证券化风险暴露监管资本计量指引》（银监发［2009］）116 号）、《商业银行市场风险资本计量内部模型法监管指引》（银监发［2010］13 号）、《商业银行资本计量高级方法实施申请和审批指引》（银监发［2010］114 号）同时废止。本办法施行前出台的有关规章及规范性文件如与本办法不一致的，按照本办法执行。

参考文献

[1] Basel Committee on Banking Supervision, "Basel III: A Global Regulatory Framework for more Resilient Banks and Banking Systems - Revised Version", June 2011.

[2] Basel Committee on Banking Supervision, " Basel III: The Liquidity Coverage Ratio and Liquidity Risk Monitoring Tools", January 2013.

[3] FSF-BCBS Joint Working Group, "Reducing Procyclicality Arising from the Bank Capital Framework", March 2009.

[4] Drumond I. and J. Jorge. " Basel Ⅱ Capital Requirments, Firms Heterogenity, and the Business Cycle." FEP Working Paper No.307. 2009.

[5] Kashyap, A.K. and J.C. Stein. "Cyclical Implications of the Basel II Capital Standards." Economic Perspective (Federal Reserve Bank of Chicago) 28 (1st Quarter): 18-31. 2004.

[6] Lowe, G. " Credit Risk Measurement and Procyclicality." BIS Working Paper No.116. 2002.

[7] Repullo, R., and J. Suarez. "The Procyclical Effects of Basel II." CEMFI Working Paper. 2007.

[8] Segoviano, M.A., and P. Lowe. "Internal Ratings, the Business Cycle and Capital Requirements: Some Evidence from an Emerging Market Economy." BIS Working Paper No. 117. 2002.

[9] Zhu, H. "Capital Regulation and Banks's Financial Decisions." International Journal of Central Banking, 4, 165-211. 2008.

[10] Zicchino, L. "A Model of Bank Capital, Lending and the Macro Economy: Basel Ⅰ vs Basel Ⅱ." The Manchester School, vol.74, pp.50-77. 2006.

［11］Zsamboki，B. “Basel Ⅱ and Financial Stability：An Investigation of Sensitivity and Cyclicality of Capital Requirments Based on QIS5.” Central Bank of Hungary Occasional Paper No.67. 2007.

［12］中国银行业监督管理委员会:《第三版巴塞尔协议》，中国金融出版社，2012 年。

［13］中国银行业监督管理委员会：《商业银行资本管理办法（试行）》，2012 年 6 月。

［14］中国银行业监督管理委员会：《商业银行流动性管理办法（试行）》，2014 年 2 月。

［15］巴曙松：《巴塞尔新资本协议研究》，中国金融出版社，2003 年。

［16］巴曙松、朱元倩：《巴塞尔协议Ⅲ研究》，中国金融出版社，2011 年。

［17］武剑：《商业银行经济资本配置与管理》，中国金融出版社，2009 年。

［18］克里斯·马腾：《银行资本管理》，机械工业出版社，2004 年。

［19］吉恩·德米内等：《资产负债管理》，中国金融出版社，2003 年。

［20］廖继全：《银行经济资本管理》，企业管理出版社，2009 年。

［21］罗平：《巴塞尔新资本协议研究文献及评述》，中国金融出版社，2004年。

［22］曹国强：《商业银行管理会计理论与实务》，中信出版社，2013 年。

［23］曹国强：《商业银行资金转移定价实务》，中信出版社，2012 年。

［24］陈小宪：《风险、资本、市值》，中国金融出版社，2004 年。